国家社科基金一般项目"解释论视野下财产法体系研究"
（14BFX080）成果

Legal Interpretation of
Property System

财产法体系的解释
《中华人民共和国民法典》的财产法逻辑

李国强/著

北京大学出版社
PEKING UNIVERSITY PRESS

图书在版编目(CIP)数据

财产法体系的解释:《中华人民共和国民法典》的财产法逻辑 / 李国强著. —北京:北京大学出版社,2022.5
ISBN 978-7-301-32953-5

Ⅰ. ①财… Ⅱ. ①李… Ⅲ. ①家庭财产—研究—中国 Ⅳ. ①D923.904

中国版本图书馆 CIP 数据核字(2022)第 057124 号

书　　　名	财产法体系的解释——《中华人民共和国民法典》的财产法逻辑 CAICHANFA TIXI DE JIESHI——《ZHONGHUA RENMIN GONGHEGUO MINFADIAN》DE CAICHANFA LUOJI
著作责任者	李国强　著
责任编辑	靳振国　杨玉洁
标准书号	ISBN 978-7-301-32953-5
出版发行	北京大学出版社
地　　　址	北京市海淀区成府路 205 号　100871
网　　　址	http://www.pup.cn　http://www.yandayuanzhao.com
电子信箱	yandayuanzhao@163.com
新浪微博	@北京大学出版社　@北大出版社燕大元照法律图书
电　　　话	邮购部 010-62752015　发行部 010-62750672 编辑部 010-62117788
印　刷　者	北京中科印刷有限公司
经　销　者	新华书店
	650 毫米×980 毫米　16 开本　23 印张　277 千字 2022 年 5 月第 1 版　2022 年 5 月第 1 次印刷
定　　　价	89.00 元

未经许可,不得以任何方式复制或抄袭本书之部分或全部内容。
版权所有,侵权必究
举报电话: 010-62752024　电子信箱: fd@pup.pku.edu.cn
图书如有印装质量问题,请与出版部联系,电话: 010-62756370

序 一

社会经济的发展变化是一个正在发生的过程,学术研究已经越来越无法简单地对其特征进行静态的概括,即使在研究中提供一些结论性的东西,它们也可能早已经落后于社会发展的脚步。信息技术、基因技术等高新科技的高度发达和大规模产业化,正在把人们抛掷于一种新的生活状况和社会景观之中,民法理论的更新步伐也随之加快,现代财产法制度必须在这一背景下应用和解读。同时,我们对任何一种思想只有在其历史根基之处进行反思,才能确信无疑地获得真理。如果不对民法学理论中习以为常的债权物权二分的财产法体系进行解构或重新审视,我们就不可能真正地洞察知识经济背景下财产法发展的内在机理,领悟财产法发展的内在逻辑,也不可能在财产法解释和应用中获得自主创新能力。

国强的这本书利用中外文资料和相关学科发展的最新成果,深入考察了财产法理论在现代民法学中的发展趋向,据此探讨了我国财产法理论的解释论体系构造问题以及现行法律制度的解释适用和改进问题。一方面,本书尝试解决知识经济背景下财产法的制度解释和理论创新问题。我国已经编纂完成了《民法典》,但在具体的解释适用中还存在许多问题,例如新型物权客体和传统财产权理论不兼容的问题、数据权利和网络虚拟财产权利问题等,都需要在制度体系中寻找答案,应该在民法研究中予以考量。另一方面,本书也尝试探索财产法理论变迁的规律性,建构财产法解释论体系,追问现代财产法理论体系的真相。换言之,本书试图在《民法典》的背景下明确财产法基本概念和基本原理的时代功能,更重要的是为现行民法制度的解释适用提供合理的理论依据并强化其现实适用性。

以此出发,本书首先深入分析了社会的变迁途径与财产法理论的应然模式,进而分析了财产法理论发展的规律性。从权利的作用特别是请求权和支配权的属性出发,通过对公开案例的类型分析,明确财产权存在中间地带,确认财产法体系已经突破债权物权二分的框架。其次,以权利客体为中心构建了解释论上的财产权体系。当前,随着融资需求的增长,以权利为客体的担保物权制度在金融担保领域得到广泛应用;因应信息时代和知识经济发展的要求,诸如无体的知识产权等也在民法解释上不断作为新的"财产"进入物权法调整的范围。对这些所谓的"物",所有人无法靠自己在"物"上进行符号标示加以支配,他们更多的是通过法律赋予的"独占的权利"来显示自己权利的存在。随着民法解释对物权客体范围的不断扩张,所有人对物的支配更多地强调"价值上的支配",本书据此区分了有形财产、无形财产、集合财产在体系中的不同地位。再次,对财产权进行了体系化整理,实现了与现行立法解释在逻辑上的一致性。其根据在于,财产法需要规定的不仅有各种类型的绝对权,而且有相对权即债权,同时还有与两类财产关系皆有联系的法律制度,必须在理论上确立一个既承认绝对权与相对权的区分,同时又能包容二者的财产法。最后,基于对物权法定主义和债权相对性等财产法基本理念的全新认识,解释了财产法具体制度。在现代的财产法理论中,物权法定原则与债权的相对性都受到了挑战,需要重新整合财产权概念,拆除横亘在有形财产与无形财产之间以及物权与债权之间的藩篱,使所有具有经济价值的资源的享有和流转都能够在共通的财产概念之下进行,共享法律秩序的承认、保护、便利和安全,进而克服以往财产权理论在功能和价值上的片面性,实现财产权的经济效用与政治、伦理等价值之间,以及个体利益与社会利益之间的会通与平衡。

本书的创新之处在于,其研究思路是在传统大陆法系的理论框架下实现财产权理论的进化,而不是单纯地构筑新的制度框架;所以其分析的重点在于解释论背景下财产法理论的创新逻辑即其规律性,而不是一味地否定传统理论和立法;其所谓财产法解释论体系的建构也是对传统财产法理论不适应时代内容的反思,是对现实存在的理论需求的承认,而不是一种完全颠覆性的全新创造。在研究过程中,坚持用历史分析方法和经济分析方法论证观点,同时也涉及了文化人类学的一些研究方法,努力全面展现解释论背景下的财产法理论体系。其创新之处还在于,既尝试全面理解知识经济时代的特点和变化,又对财产法理论进行历史的、比较的分析和把握,在实证研究中注意区分财产法理论因其所处的历史时期、法系等不同而具有的不同内涵,明确只有基于社会需求的"功能"是相同的;在坚持功能主义的前提下对财产法理论体系进行全面而深刻的建构,通过对现行理论的理解和反思,打破债权物权二分的封闭体系,建构开放的财产法体系,为如何更新财产法基本理论体系和解释适用我国法律找到了一个合理的衔接点。

国强是我指导的博士生,博士毕业后他以博士学位论文为基础出版了第一本关于财产法的专著;现在我又欣喜地看到他的第二本财产法专著的出版,其视野有进一步的拓宽,其内容也更加丰富。尤其是在《民法典》实施后的当下,其对财产法体系的思考必将对民法理论的进步带来帮助。期待他未来的学术之路越走越宽。

是为序。

马新彦
2021 年 9 月 9 日

序　二

近代民法传统已经构造了较为稳定的财产法体系,人和物的对立、物权和债权的区分等都成为民法中不容怀疑的观念,但是,随着社会经济的发展,财产权的具体规则被不断突破,现代民法理论的更新步伐正在不断加快,诸如财产法体系等理论问题也必须放诸新的时代背景下解读。随着2021年1月1日《民法典》和相关司法解释的实施,财产法体系的解释论构造成为民法理论界亟须研究的课题。当然,作为历史范畴的民法也需要寻找财产法理论变迁的规律性,进而追问现代财产法理论体系的真相,这就需要依循历史的脉络去探究财产法理论的变迁,按照逻辑和历史的一致性展开问题的研究。财产法体系不仅是一个立法和司法实践的重大问题,也是一个复杂的基础理论问题,而且《民法典》适用中的若干重大问题尚在讨论中,有的问题还存在较大分歧,针对财产法体系解释的诸多问题,学界尚未形成定论。

本书尝试对我国民法的财产法体系进行解释论的研究,明确财产法基本概念和基本原理的时代功能,更重要的是为现行民法制度的解释适用提供合理的理论依据,并强化其现实适用性。这本书的研究坚持运用马克思主义的基本原理,通过对中外乃至不同法系财产法的历史逻辑的梳理,以及对中国的现实问题的分析解读,对《民法典》的解释适用提供了知识准备,也为学界提供了新的思考框架和视野。在坚持近代传统民法逻辑的立场上,这本书明确了财产法体系的基础是"人—物"对立区分的理念,人格利益的保护和财产利益的保护要依循不同的逻辑展开。虽然人格和财产能简单区分的时代已经过去,但人格权和财产权遵循不同逻辑的时代还在延续,与人格利益相关的具有财产利益内容的权利应该被认定为财产权,并遵循财产权的逻辑。这本书强调,财产法体系应以物债二分的体系逻辑为基础展开,一些新生事物如网络虚拟财产的出现会对既有规范产生影响,一方面仍然要遵循财产法的逻辑,另一方面也要关注其具有的和物权、债权皆有联系的新特征,在法律没有准备好新规则的情况下,参照物权或债权规则解决问题,以防止司法实践中存在的物债混淆现象冲击、破坏财产法的体系逻辑。这本书比较有中国特色的一点是,运用财产法的逻辑深入分析具有中国特色的土地制度,尤其是农村土地制度,强调传统民法的财产法体系基于经济基础的不同发生了变化,承包地"三权分置"等政策进一步改变了用益物权的体系构造,但物债二分的思维在土地制度中还需要继续贯彻。

国强教授曾经在我负责的吉林大学财产法研究中心工作,其独立思考、敢于创新的研究精神令我钦佩。虽然他现在调离了吉林大学,但是我们还有很多研究上的合作。本书也是他在吉林大学财产法研究中心完成的成果,其选题紧密结合我国《民法典》编纂完成的实际,对《民法典》的实施具有很强的现实意义。全书观点明确,逻辑严谨,对相关问题的解决提出了可行性的方案并予以充分论证,值得向学界同人推荐。希望国强教授能够以本书的出版为起点,继续努力,为我国民法学理论的发展作出更大的贡献。

是为序。

房绍坤
2021 年 11 月 11 日

目 录

凡 例 ··· 001

绪 论 财产法体系是什么？ ·· 001
 一、如何解读《民法典》的财产法体系 ······················· 003
 二、法学研究是否为《民法典》解释准备了成熟的
   理论 ··· 010
 三、财产法体系的解释论展开路径 ···························· 016

第一章 "人—物"对立的逻辑对财产法体系的影响 ············ 025
 第一节 "人"和"物"区分界限的模糊与"人—物"对立的
    逻辑校正 ··· 027
  一、民事主体的法律人格是确定"人—物"对立的
    根据 ·· 029
  二、《民法典》仍然确定权利客体必须是法律人格
    之外的存在 ·· 034
  三、《民法典》体系解释下"人—物"对立逻辑的两种
    观念 ·· 042
  四、多重利益结合下财产关系构成——财产权客体指向
    多变 ·· 049

第二节 人格权保护衍生的财产权——从姓名、肖像的商业化
　　　利用展开 …………………………………………………… 055
　一、从侵犯人格权的财产责任迂回到财产权的逻辑 ……… 056
　二、人格标识商业化利用实质是成立财产权 ……………… 063
　三、人格利益和财产利益纠结一处仍遵循两种权利
　　　逻辑 ………………………………………………………… 069

第二章 物债二分的财产法体系逻辑的异化与校正 ………… 076
第一节 返还原物请求权行使与"合法占有"的关系 ………… 078
　一、返还原物请求权和"合法占有"的冲突 ………………… 079
　二、无权状态下并不存在"合法占有" …………………… 082
　三、物债二分体系下债务不履行并不影响物权归属的
　　　确定 ………………………………………………………… 086
　四、混淆物权和债权解决不构成善意取得问题是
　　　错误的 ……………………………………………………… 090
第二节 网络虚拟财产权利在物债二分的财产法体系中
　　　的定位 ……………………………………………………… 099
　一、类比物权思维解读网络虚拟财产权利的支配权
　　　属性 ………………………………………………………… 101
　二、网络虚拟财产权利准用物权规则的选择困境 ………… 105
　三、在物债二分的财产法体系中定位网络虚拟财产
　　　的路径 ……………………………………………………… 108
第三节 以物债二分的财产法体系逻辑解读共同继承
　　　遗产 ………………………………………………………… 115
　一、共同继承遗产不能直接适用物权共有规则 …………… 117
　二、共同继承遗产归属只是准用物权共有规则 …………… 131

三、共同继承遗产归属的特殊具体规则 …………………… 140

第三章 以不动产为核心的物权体系逻辑演化 …………… 149

第一节 公有制经济基础上土地权利体系构造的逻辑 ……… 150

一、土地等自然资源作为物权客体的非特定性
——公有制经济基础对物权客体界定的影响 ………… 152

二、公有制经济基础上土地权利主体异化于典型民事主体 …………………………………………………… 158

三、在用益物权的层面实现土地上权利的平等保护 …… 169

四、土地用益物权的私益同质性解释 …………………… 177

第二节 以团体主义思维解读建筑物区分所有权的内涵 ………………………………………………… 186

一、抽象的理解客体特定性是解释建筑物区分所有权内涵的起点 ………………………………………… 187

二、专有权和共有权复合是建筑物区分所有权的表现形式 ……………………………………………… 194

三、以团体主义思维解释业主共同管理权的行使机制 …… 201

四、行政管制对确定建筑物区分所有权具体规则的影响 ……………………………………………… 208

第三节 《民法典》中两种"土地经营权"的体系构造 …… 215

一、两种土地经营权的客体均为土地 …………………… 217

二、两种土地经营权通过设立物权的方式发生 ………… 224

三、两种土地经营权再流转的条件 ……………………… 230

四、以土地经营权为基础设定担保物权的规则 ………… 233

五、两种土地经营权对《民法典》物权体系构造的影响 ……………………………………………… 238

第四章　债与责任分离的债法体系逻辑 …………………… 242

第一节　现代合同关系构成要素的演化
——基于合意、公权力介入的解释论展开 ………… 243
一、合同关系中真的存在合意吗——难以确定的合意 …… 243
二、合同关系的现代构成与替代合意的要素 ……… 252
三、公权力介入及合同关系构成的限制要素 ……… 257

第二节　超越债的观念的违约金调整规范逻辑 …………… 263
一、违约金的功能定位与违约金调整根据 ………… 265
二、违约金调整考量的各种因素 …………………… 273
三、合同关系内违约金调整的限制条件 …………… 285

第三节　民事责任与债分离的制度演进逻辑 ……………… 290
一、《民法通则》规定了与债分离的民事责任 …… 291
二、《物权法》规定了与民事责任关系不明的物权
请求权 ……………………………………………… 302
三、《侵权责任法》规定的"侵权责任"扩大了民事责任
的范围 ……………………………………………… 307
四、《民法典》最终确立作为民法独立范畴的民事
责任 ………………………………………………… 312

结论 …………………………………………………………… 318

参考文献 ……………………………………………………… 321

后记 …………………………………………………………… 345

凡　例

本书涉及的法律规范均按以下体例使用简称。

一、现行法律

1.《中华人民共和国宪法》,简称《宪法》。

2.《中华人民共和国民法典》,简称《民法典》。

3.《中华人民共和国著作权法》,简称《著作权法》。

4.《中华人民共和国专利法》,简称《专利法》。

5.《中华人民共和国商标法》,简称《商标法》。

6.《中华人民共和国公司法》,简称《公司法》。

7.《中华人民共和国土地管理法》,简称《土地管理法》。

8.《中华人民共和国城市房地产管理法》,简称《城市房地产管理法》。

9.《中华人民共和国保险法》,简称《保险法》。

10.《中华人民共和国旅游法》,简称《旅游法》。

二、已废止法律

1.《中华人民共和国民法通则》,简称《民法通则》。

2.《中华人民共和国物权法》,简称《物权法》。

3.《中华人民共和国合同法》,简称《合同法》。

4.《中华人民共和国婚姻法》,简称《婚姻法》。

5.《中华人民共和国继承法》,简称《继承法》。

6.《中华人民共和国侵权责任法》,简称《侵权责任法》。

7.《中华人民共和国民法总则》,简称《民法总则》。

三、现行有效司法解释

1.《最高人民法院关于适用〈中华人民共和国民法典〉物权编的解释(一)》,简称《物权编解释(一)》。

2.《最高人民法院关于适用〈中华人民共和国民法典〉继承编的解释(一)》,简称《继承编解释(一)》。

3.《最高人民法院关于适用〈中华人民共和国民法典〉婚姻家庭编的解释(一)》,简称《婚姻家庭编解释(一)》。

4.《最高人民法院关于适用〈中华人民共和国民法典〉有关担保制度的解释》,简称《担保制度解释》。

5.《最高人民法院关于审理买卖合同纠纷案件适用法律问题的解释》,简称《买卖合同解释》。

6.《最高人民法院关于确定民事侵权精神损害赔偿责任若干问题的解释》,简称《精神损害赔偿解释》。

7.《最高人民法院关于审理人身损害赔偿案件适用法律若干问题的解释》,简称《人身损害赔偿解释》。

8.《最高人民法院关于审理建筑物区分所有权纠纷案件具体应用法律若干问题的解释》,简称《建筑物区分所有权解释》。

9.《最高人民法院关于审理物业服务纠纷案件具体应用法律若干问题的解释》,简称《物业服务解释》。

10.《最高人民法院关于审理涉及农村土地承包纠纷案件适用法律问题的解释》,简称《农村土地承包解释》。

四、已经废止司法解释

1.《最高人民法院关于贯彻执行〈中华人民共和国民法通则〉若干问题的意见(试行)》,简称《民法通则意见》。

2.《最高人民法院关于适用〈中华人民共和国合同法〉若干问题的解释(一)》,简称《合同法解释(一)》。

3.《最高人民法院关于适用〈中华人民共和国合同法〉若干问题的解释(二)》,简称《合同法解释(二)》。

绪论　财产法体系是什么？

人类对于物质资源的追求源于和动物一样的本能需求,但是人的追求和动物的本能需求也有很大的不同:其一,人类的追求是永无止境的,而动物的本能需求是有限的,在某种意义上,人类追求物质资源很多是源于超出本能需求的心理需求,相对于动物满足生理的本能需求而言,心理需求是无穷大的[1];其二,既然人类追求物质资源主要是源于心理需求,那么人类用主观意识来解决物质资源分配规则也是可行的。人类超越了动物界的"丛林法则",以抽象的法律秩序解决物质资源的分配问题,并且在主观上认同了"财产"的范畴,进而在法学上导出"财产权"的概念。法律秩序作为历史的范畴,其内涵随着社会变迁不断演变。法律秩序中的"财产权"作为法学的核心概念由来已久,是人们对物质资源主观追求的规范表达。"财产权"可以说是一个让人"不明觉厉"[2]的词语,学术研究本来应该简单地说明"什么是财产权",但是从哲学、经济学到法学,所有论及财产权的著述无不把这个概念的内涵说得玄之又玄,并且在法

---

[1] 物质资源是指人类开展社会经济活动依托的客观存在物。人和动物相比可以说是"欲壑难填",动物通常不会在吃饱了之后还继续寻找食物,更不会理性地储备以后生活需求的物质资源,即使某些动物会储备一些食物也都是基于进化的本能而不是理性的无限占有欲望。动物的需求在另一种意义上是非理性的,是没有支配范围限定的。而人则不同,人不仅在行为上表现为无止境地追求物质资源,甚至会在观念中认同对物质资源的控制。
[2] 该词语是网络时代的新式词语,意为"虽然不知道你说什么,但是觉得你很厉害的样子"。

律秩序中演化形成了庞大的"财产法体系"。但是如果仅从法律解释立场出发，其实法律秩序中财产法体系的演化发展不外乎反映人类对物质需求的变化，为了既明确分配物质资源，又不至于在结果上让人类个体无法接受，法律秩序会假定一个前提——个体对于物质资源的追求是有度的，而形成一种对于财产的有限欲求的观念。这种观念的极端表现为中国传统法律文化中表现出的对"财产"的"鄙夷"之气，但同时也当然会从另一个角度表达为"君子爱财，取之有道"[1]。需要说明的是，现代的"财产权"乃至于"财产法""物法""物权法"等名词都不是从中国传统的"财"的概念演化而来，而是纯粹的舶来品，是自欧洲大陆引进的外国法的概念，从根源上更准确地说是主要来自罗马法的法律概念。[2] 当然，这种引进外国法并非完全的照搬，其中包含了一个中西法律文化混合的过程，尤其是中国传统观念中的"财产"观念，会融入道德秩序范围让人被动地信仰。黄宗智就认为，中西方法律文化的混合绝对不是一个简单的全盘西化的过程，也不是一个简单的传统文化延续的过程，而是两者的并存和互动。[3] 但有一些学者没有清醒地认识到这一点，法学研究所表现出来的一些内容要么是全盘西化，要么是纯粹坚持中国传统，表现出一种非左即右的倾向。[4] 但或左或右的东西其实并不存在，面对混合在一起无法用具体标准来区分的法律秩序的现实，必须借助于想象的合理区分出左或者右的内容，民法典这种十九世纪开始的"时髦"成为今日中国社会深入建设社会主义法治的选择，用民法典来统

---

[1] 这是《增广贤文》中的通俗说法，语出孔子，见于《论语·里仁》，原文为："富与贵，是人之所欲也；不以其道得之，不处也。"
[2] 参见徐国栋：《罗马私法要论——文本与分析》，科学出版社2007年版，第121页。
[3] 参见〔美〕黄宗智：《实践与理论——中国社会、经济与法律的历史与现实研究》，法律出版社2015年版，第9页。
[4] 此处读者诸君可以自己感受，笔者没有必要注释这些表现的出处，因为无论如何表达都可能引起一些学者的不快，我们学界的很多人都或多或少属于两种类型之一。

一法律适用,用民法典来凝聚共识,更重要的是让现实复杂的法律制度看起来好像有秩序了。

一、如何解读《民法典》的财产法体系

我国没有近代民法传统的历史包袱,因而民事立法可以更好地适应社会高速发展的要求,改革开放以来,我国在民商事领域有针对性地制定了数量众多的单行立法,从内容上看,其已经替代了传统民法典的功能,但是中国共产党第十八届中央委员会第四次全体会议通过的《中共中央关于全面推进依法治国若干重大问题的决定》仍然提出"编纂民法典"。因为单行立法并不能替代民法典体系思维的贯彻,我国学者王利明认为,我国民法典的编纂应该在总结我国民事立法、司法经验和借鉴国外民事立法经验的基础上,对现行制度进行重新解释,才能确立民法典中的合理制度。[1] 2017年3月15日,民法典编纂"两步走"的"第一步"——制定《民法总则》的工作已经完成。"第二步"制定民法典分则编的任务则更加繁重,分则编不只是将既有的民事单行法纳入民法典中,还要做到分则编内容的自我完善性质的修正,并且要和《民法总则》以及其他法律相互协调。[2] 2020年5月28日,《民法典》颁布,民法典编纂的"第二步"工作历时3年终于大功告成,《民法典》的财产法体系也终于在形式上得以明确。实际上,在民法典编纂"第一步"工作中就已经初步明确了财产法体系,《民法总则》(也就是编纂完成后的《民法典》总则编)第五章规定的民事权利就已经表明了财产法体系的基本框架,表现为:其一,《民法总则》第113条规定了财产权平等保护,从而明确了财产权成为立

---

[1] 参见王利明:《全面深化改革中的民法典编纂》,载《中国法学》2015年第4期,第35页。
[2] 参见孙宪忠:《如何理解民法典编纂的"两步走"》,载《中国人大》2017年第7期,第21页。

法概念,为进一步展开财产法体系确立了基本逻辑;其二,《民法总则》第114—127条基本上是关于具体财产权的规定,尤其是第114条和第118条的规定,很好地明确了物权与债权区分的观念[1],至少从形式上已经表现出财产法体系安排的逻辑。但其中的深层逻辑究竟是什么?或者说确立逻辑的根据是什么?《民法典》总则编并未(也无法)用规则予以明示,而财产法体系在分则编的立法中也并未完全贯彻总则编的逻辑安排,表现出若干具体规则上的偏差,如何对这些具体规则进行体系解释也是需要明确的问题。这些都构成了《民法典》财产法体系的解释论研究的问题指向,也是笔者研究展开的基础。解释论本就有漏洞填补的意义,假如仅就《民法典》总则编第113条以下的规则内容进行体系化研究,只是罗列清楚基本内容恐怕就是几本书的容量,而且这也不是笔者研究的目的,笔者仅试图通过对体系偏差的梳理解决对财产法体系正确理解的逻辑问题。

(一)财产法体系是民法典体系偏好的表现形式

民法发展经历了"托古改制"的嬗变,从解释罗马法的具体制度到真正拥有了近代民法独有的构建要素——体系思维。民法的体系化源自于民法调整对象的复杂多样,从德国法学家萨维尼的研究就可以看出,民法体系化的目的就在于将多样化的素材纳入一个统一体中,本质在于对内在关联或亲和性进行认识和描述,由此将个别

---

[1] 《民法总则》第126条(即《民法典》第126条)规定:"民事主体享有法律规定的其他民事权利和利益。"从该条规定的表述看,应该是对人身权和财产权等所有权利的兜底规定,所以对于第127条规定的网络虚拟财产权利、数据权利是否还是财产权就产生了争议,但是考虑到第127条已经使用了"财产"一词,所以笔者倾向于认为第127条规定的还是财产权。

法律概念和法律规定整合为一个大的统一体。[1] 体系思维最主要的目的还在于通过简单类型化的方法使法律的适用变得简单,任何问题都可以很容易在民法的体系中找到恰当位置,明确适用的具体规则。当然,另一个难题也产生了,究竟现实问题是否能够精确地匹配规则?答案是否定的。现实问题是很难精确匹配规则的,因为体系之下的制度构成也是纷繁复杂的。但无论如何,在法学理想的视野中,体系化已经成为一个共识,通过体系化形成一个逻辑整体,进而形成一个形式上的民法的有机整体,其在立法上的表现就是民法典。[2] 对应我国的现实,民法典的编纂虽然看起来似乎就是把既有的单行法汇编到一部法律中,但实际上绝不是单行法的汇编,其编、章、节、目、条、款、项等顺序的背后表现为有机的整体,虽然被分类为各个部分,但其内在逻辑是协调一致的,解读这种逻辑一致性的关键就是基本原则,它是法律概念和具体规则的内在联系。

从法学研究的角度讲,人们将法律制度整体作为一个体系加以建构,在民法的体系中,单个人以一种社会决定的方式根据赋予自己的角色而发挥作用。[3] 人类按照法律秩序限定的方式生活,其思维也不自觉地发生了变化。因此,即使一个没有系统受过法律教育训练的人也掌握一套其"自以为是"的体系化的法律语言,他所使用的名词和民法使用的名词经常是一样的,但是其概念内涵往往与之大相径庭,从法学研究精确性的角度会认为他们使用错误了,但是由于

---

[1] 参见朱虎:《法律关系与私法体系——以萨维尼为中心的研究》,中国法制出版社2010年版,第7页。
[2] 民法的体系还包括所谓的"外在体系"和"内在体系"。外在体系是指对法律事实和法律制度所作的概念上的整理和阐明;内在体系是指支配整个民法的基本原则以及这些原则之间的实质联系。参见〔德〕卡尔·拉伦茨:《德国民法通论》(上册),王晓晔、邵建东、程建英、徐国建、谢怀栻译,法律出版社2003年版,沃尔夫序,第1页。
[3] 参见〔德〕罗尔夫·克尼佩尔:《法律与历史——论〈德国民法典〉的形成与变迁》,朱岩译,法律出版社2003年版,第3页。

生活实践普遍接受了这种"错误"的使用,反而影响了法学研究的精确性,对于"建筑物区分所有权"概念"三权复合"的解释就是其著例。[1] 究其原因,固然由知识水平差异导致,是多数无知无畏者的冲动表达不断侵蚀少数精确表达的结果,这就像古代生产力落后的游牧民族征服生产力远高于其的农耕民族一样,落后者的表达冲动更容易改变既有秩序。另一个不为人注意的原因可能是民法的体系化思维所产生的简单化思考方式,表面的简单掩盖了体系背后更深层的内容,有时候所谓的专业人士也表现得很业余,也愿意庸俗地解释理论。

　　民法调整的内容涉及生活的方方面面,尤其是社会的发展越来越迅疾,生活世界的交互行为导致民法的规则也变化极快,但是民法对体系化的偏好却没有改变,尤其是在法学研究中,即使是反对编纂民法典的学者也要按照民法体系的内在要求思考问题。[2] 体系偏好之下产生了更多的体系问题,其中,财产法体系的相对独立就是明显的表现,而且不管民法典体例如何编排,财产法的内容都占据了主要的篇幅。近代民法典兴起之始,在处理体量庞大的财产法规则和现实问题中适用问题的时候,法学理论已经显得捉襟见肘,面对新的社会生活变化时,体量庞大的规则仍应对不及的问题更加严重,于是既要解释适用既有的规则,还要不停地修订民法典补充新的规则,无论是适用既有规则,还是制定新规则,都应该遵循同样的体系逻辑。新旧规则的关系亦如萨维尼的说法,一部法典的内容乃是双重的,它部分系由现行法律所构成,部分包含了新的法律规定,至于后者,甚

---

[1] 对于建筑物区分所有权,不仅仅是普通人的理解千差万别,即使民法学者也存在严重的分歧,从比较法的经验看,普通人的理解和法律规范的精确表达有很大的差距。后文将专门用一节来讨论。
[2] 参见石佳友:《民法法典化的方法论问题研究》,法律出版社2007年版,第10—19页。

为显然,它们之发生于一部法典之上,乃属偶然。[1] 虽然是偶然,但其中亦有其必然,或者说规律性是什么值得考虑。

法律系统通过一系列制度性机制,努力保持自身的连贯性、中立性、可预期性和正当性。[2] 民法典的体系孕育了太多看起来美好的形式美,但现实无法完美,例如合同,民法典视野中合同的世界在现实中并不存在,交易中合同的订立表面上是按照民法预设的合意形式展开,实际上却总是突破合意而考虑更多的因素,面对民法典预设好的完美形式,法律实践却告诉我们其实根本不是那么回事,所以每个具体民法问题的研究会以特殊性为研究的关键点。当然,特殊性问题的选择也不是任意的。于是,无论是日新月异的各种新形式典型合同的出现,不动产物权内容的进化,还是民事责任的承担方式都发生了翻天覆地的变化。最初理论预设的财产法体系已经不能包容现有的特殊规则,好似颠覆了传统,但其实只有体系偏好是不变的,因为不仅民法典没有消失,而且还赋予民法典新的生命力,原有的财产法制度发生了变化,但体系还在。唯需要不断解释的是正在运行的财产法体系是什么,以及财产法具体规则究竟是依据什么逻辑存在。

(二)确定民法典中财产法体系的根据

民法典中,财产法不仅仅是占篇幅最多的内容,而且越来越独立,财产法游离于民法典体系仿佛自成体系。很多时候我们都会有一种错觉,仿佛民法研究的对象只有财产法,财产法之外的民法似乎只是作为特殊规则而存在的,而且给人的感觉也好像没有体系化似

---

[1] 参见〔德〕弗里德里希·卡尔·冯·萨维尼:《论立法与法学的当代使命》,许章润译,中国法制出版社2001年版,第15页。
[2] 参见赵廉慧:《财产权的概念——从契约的视角分析》,知识产权出版社2005年版,第143页。

的。从某种意义上说,民法典中财产法体系取代了民法体系受到主要的关注,甚至表现出婚姻家庭法与民法典体系的脱离。[1] 这种表现只不过是民法学界习惯于在财产法的语境下讨论民法典体系而已,财产法的内容和婚姻家庭法的内容是不能真正分离的。

当然,一个前置的问题是财产法的范围并不具有共识,理论上对于财产法的范围界定主要是沿袭了自清末修律以来移植的民法传统,将债法和物权法作为财产法的主要内容,但是长期以来我国的民事立法以单行法为主,每一部作为民法的部门存在的单行立法其实也都自成体系,在每一部法律的体系中,都试图对涉及交易领域的各种问题给出解决的答案,进而导致相关立法之间存在对问题解读的冲突,例如,对《合同法》第 51 条的解释,虽然最高人民法院《买卖合同解释》修订前的第 3 条对此问题做了体系的处理,依据物权债权二分的财产法体系逻辑作出了解释[2],但是并不改变现实中对于处分行为和负担行为未作明确区分,表现为物债混淆的现实。这实际上是一种没有贯彻民法体系化思维的表现,在民法典体系的构成中,首先是取消这些自成一系的单行法体系,在整个民法典的范围内考虑财产法的构成,或者说财产法体系不过是民法典的构成而已,并不存在独立于民法典的财产法体系,财产法的内容和婚姻家庭法的内容也是不能真正分离的,只不过我们习惯于在财产法的语境下讨论民法典体系而已。

理论上还可以从交易内容的表现去确定民法典体系中的财产法

---

[1] 苏俄民法典和俄罗斯联邦民法典都没有婚姻家庭法,以婚姻家庭关系为内容的亲属法脱离民法一方面是因为人身关系和财产关系的区别,以及人身关系本身重要性的提高,另一方面原因则是亲属法和财产法遵循了不同的基本原则,但不可否认的一点是,现代婚姻家庭关系中财产内容也占据了相当大的比例。

[2] 参见奚晓明主编,最高人民法院民事审判第二庭编著:《最高人民法院关于买卖合同司法解释理解与适用》,人民法院出版社 2012 年版,第 35 页。

体系,民法典需要安排财产法的内容包括所有权、担保、合同、侵权、继承等领域,从形式的安排上看,表现为物权、合同、继承等编排形式,我国民法研究和司法实务领域普遍接受移植于德国的五编制体例,只不过五编制体例在中国被任性地放大,在 2002 年民法典编纂推出最初的立法草案的时候,最庞大的形式编排是将民法典分为十编,分别为总则、人格权、物权、知识产权、债权总则、合同、侵权行为、亲属、继承、涉外民事法律关系适用[1],仔细看来,所谓的十编也不过就是五编的放大版而已。但无论如何放大,都无法改变五编制的传统逻辑,这种传统逻辑自 1929 年中华民国时代制定民法典开始就已经基本固定,按照梅仲协的说法:"现行民法,采德国立法例者,十之六七;瑞士立法例者,十之三四;而法、日、苏联之成规,亦尝撷取一二,集现代各国民法之精英,而弃其糟粕,诚巨制也。唯以当时起草,时间局促,其未能斟酌尽善之处,亦颇不鲜。著者特参考德、瑞、法、日、苏联诸国民法判例暨学者之著述,益以己见,略加补正。异日修订法典,或亦少有所助益欤。"[2]当然,更深层地联系法律文化层面去审视,这种仓促上马缺乏传统积淀的立法体系的影响在某种程度也是有限的,观念上虽言十之六七,应用于实践则大打折扣,因为中国的法律实践,民法已经注入了新的内容,所谓德国式五编制的体系只有躯壳而已。但即使只有形式,我们也已经接受了这些形式的名词,于是在现实中用物权、债权、合同、侵权、继承等名词来解读现行立法,只不过我国的立法是针对问题的单行立法而放弃民法整体逻辑的。所以这些法律表现为《继承法》《合同法》《物权法》《侵权责任法》等等,直到《民法总则》制定时,民法学界才发

---

[1] 这是王家福的主张,作为专家意见并未为 2002 年民法草案所采纳。参见苗延波:《中国民法体系研究》,知识产权出版社 2010 年版,第 75 页。
[2] 梅仲协:《民法要义》,中国政法大学出版社 1998 年版,序言。

现,我们一直忽略了体系化思维,虽然理论上言之凿凿民法体系或者财产法体系,却徒有其型而已,无论理论上怎么解释中国的财产法体系,在现实中,立法和司法都没有明确真正的财产法体系。

如前所述,由于中国的民法传统是移植于欧陆,民法体系中的财产法从来就不是一个纯粹的存在,影响财产法体系生成与存续的因素多种多样,其中,中国传统文化的影响不可忽视,这里所说的传统文化并不特指法律文化,而是指中国传统的道德化表达的财产内容,或者说中国人虽然和所有国家的人一样对物质资源贪婪获取,却排斥用法律途径来解决财产问题,更多希望是君子远庖厨的效果。黄宗智从经验证据逐步得出的结论是,中国法律体系是一个既包含高度道德化表达也包含高度实用性实践的体系,两者所组成的是既矛盾又抱合的统一体,也就是说:"说的是一回事,做的是另一回事,合起来又是另一回事。"[1]中国的财产法体系也因为上述原因而表现出很多变动不拘的内容,无论合同还是所有权,都表现出多重内涵的特点。因此,在解释中国的财产法体系的时候,不能仅按照传统民法理论的逻辑展开,必须考虑各种社会因素等更多的变量。

二、法学研究是否为《民法典》解释准备了成熟的理论

当前,"民法典"已经成为民法学界乃至于整个法学界最热的关键词,盖因为于2014年10月23日中国共产党第十八届中央委员会第四次全体会议通过的《中共中央关于全面推进依法治国若干重大问题的决定》提出"编纂民法典",并且历时近6年于2020年5月28日颁布了《民法典》。当前,我国正处于社会主义初级阶段的转型时期,转型时期的社会变化内容太多也太快,在社会转型的情况下编纂

---

[1] 〔美〕黄宗智:《实践与理论——中国社会、经济与法律的历史与现实研究》,法律出版社2015年版,第6页。

新的民法典是具有真知灼见的,而民法典符合社会的需要,关于法典和历史的理论论著恰恰能够使人确信:应给予这一进程以建议并参加到这一进程中去作咨询,并且应参加到引导法典的实践中。[1] 基于中国民事立法和民法理论的传统,源自大陆法系的"人—物"区分对立和物权债权二分成为财产法体系的基础理念,也是民法典编纂从形式到内容都必须坚持的原则;但是在现阶段,无论是民事立法、司法实践还是民法理论都没有真正坚持、贯彻这些基本理念。或者说,我们的民法典编纂已经在某种程度上抛弃了传统,进行了中国化的创新。但完全的创新几乎是不可能的,例如,在民法典编纂的探讨中,也有学者给出财产法体系的创新设计方案,将财产法区分为三部分:有体财产权、无体财产权、其他财产权[2],当然其并未被立法采纳。这种体系区分表面上具有很强的创新意义,但其实质上仍为物债二分的传统财产法体系的演变形态而已,我国的民法理论既没有脱离大陆法系传统,又基于社会主义市场经济的现实需求而发生了变异或修正。总而言之,我国的民法理论没有全新的理念代替传统民法的理念,但是对民法的理论阐释也需要重新理解和运用基础理念,在继受的基础上本土化创新应该是确定的结论。

另外,对于转型时期的社会需求的认知是很难固定的,也可以说是多元的,考虑到理想主义的民法典应该是总结成熟经验的产物,我国《民法典》也只能是在继受传统的基础上的阶段性创新,而对于如何解释这样一部对转型时期经验进行总结的民法,我们基本可以断言:现阶段的民法学研究还没有为《民法典》的解释准备好成熟的理论,正在努力争取作中国式的理论创新。主要原因在

---

[1] 参见〔德〕罗尔夫·克尼佩尔:《法律与历史——论〈德国民法典〉的形成与变迁》,朱岩译,法律出版社 2003 年版,第 296 页。
[2] 参见吴汉东:《论财产权体系——兼论民法典中的"财产权总则"》,载《中国法学》2005 年第 2 期,第 78 页。

于以下两个方面。

(一)永远在路上的社会发展

近代历史上,所有民法典编纂的准备都是不充分的。就编纂民法典的准备,萨维尼早就指出了问题所在:"一切法律均缘起于行为方式,在行为方式中,用习常使用但却并非十分准确的语言来说,习惯法渐次形成;就是说,法律首先产生于习俗和人民的信仰(popular faith),其次乃假手于法学——职是之故,法律完全是由沉潜于内、默无言声而孜孜矻矻的伟力,而非法律制定者(a law-giver)的专断意志所孕就的。"[1] 但我们可以想见,习俗与人民的信仰并不是简单明确的,首先在事实上价值多元,其次在认知过程中的解读也是多元的,如此多层次的多元认知导致法学研究的有力观点近乎是影响立法者最大的因素。当然,在中国是否真的存在有力说也是个争议的问题,或者说在转型时期的中国现代社会有力说的形成异常困难,在所谓的学术成果汗牛充栋的今天,民法学界既缺乏凝聚共识的自我约束,又常常有人妄言某种观点已是通说,但其实只是各说各话而已。亦如美国学者斯图加特·班纳所说的那样,财产权作为一项人类制度,是为了服务广泛的目的而存在的,这些目的因时而变,而随着它们的改变,关于"财产实际是什么"的一般观点也将变化。[2] 这种不断的变化决定了成熟的理论难以客观生成和存续。

民法学界流传一种说法,萨维尼反对德国民法法典化。因为他在阐明了对一部优秀民法典的认识之后,也明确地表达:"总括上述有关一部真正优秀的法典所当具备条件之论述,很显然,几乎没有发

---

[1] [德]弗里德里希·卡尔·冯·萨维尼:《论立法与法学的当代使命》,许章润译,中国法制出版社2001年版,第11页。
[2] 参见[美]斯图尔特·班纳:《财产故事》,陈贤凯、许可译,中国政法大学出版社2017年版,第4页。

现任何一个时代够格。"[1]但这段话就能证明萨维尼反对民法法典化吗？不妨反过来想，如果没有任何一个时代够格，那么只不过没有真正理想化、优秀的民法典而已，其实对于不优秀或者说一般意义上能用的民法典的制定，每个时代都是够格的，关键的问题是民法典要和这个时代的精神相契合。很大程度上，一直在发展的社会，尤其是处于转型时期的中国社会，可能需要的是一个灵活的、多变的、体系不是特别简单僵硬的民法典，社会主义市场经济建立的过程中，法律制度的进化主要指向的就是财产制度，只不过民法理论界没有做好财产法理论的准备而已。另外，人们对于法典的接受程度，应该从普通知识界的理解水平来判断。从文艺作品的表达水平可以看出法典深入人心的程度，在一部名叫《老农民》的电视剧最后一集中有一个重要的情节，农民们庆祝国家颁布了《人大物权法》，对于法律界的人士来说，"人大物权法"这一名称似乎只是一个笑话，但是也同时说明了被称为非法律人的普通人对于《物权法》这样一部民事基本法的认知，或者说民法典编纂和《民法典》的解释都不能要求包括作为知识分子的电视剧编剧、导演在内的非法律人了解"民法典"。编纂民法典的时代是这样的，解释适用《民法典》的时代更是如此。因此，在解释《民法典》的财产法体系时，纠结于在名词使用上是用"物"好，还是用"财产"好，普通民众如何理解"财产"概念等，其实都是无关紧要的小事情，真正需要明确的是普通民众所面对的生活是什么，具体到财产法体系问题，应该明确的是交易现实和人们具体的财产观念是什么样的，更重要的是法律人对于社会生活指向的财产及其规律性的认识，在结果上能够解决社会生活中的问题就好。

---

[1] [德]弗里德里希·卡尔·冯·萨维尼：《论立法与法学的当代使命》，许章润译，中国法制出版社2001年版，第20页。

（二）依赖对现实法律制度机制的解读

在确定一个国家的财产法体系的时候，探讨一个国家现实法律制度机制可能比起立法或者法典显得更重要。[1] 我国的法律制度机制在转型时期表现得非常不明确，"改革"是社会发展中的核心关键词，再加上几千年的带有工具论色彩的传统中国法律文化的影响，我国的法治建设一直处于不稳定的状态，政策先行成为转型时期法治建设主要的特点。例如，在财产法领域，土地承包经营制度一直为中央政策所主导，无论是立法还是司法都缺乏稳定性，不能为农村土地问题的解决提供确定的制度机制，"先行先试"成为随意取代既有规则的依据，并且在这种思维主导之下，中国的法律充满随意性而影响法律的体系的建构。[2] 因此，在解释我国《民法典》的财产法体系的时候，不得不考虑制度机制的运行机理。

由于受到苏联式计划经济思维的影响，我国民法学界对财产法的认识一直存在许多偏差，最主要的表现是对于"公有"的认识，把马克思分析生产关系所使用的所有制和法律制度中的所有权等同[3]，按照马克思的本意，所有制是一定生产关系的总和，要说明所有制必须把社会的全部生产关系描述一番[4]。而显然，很多民法学者在使用所有制的时候并不是如此认识的。对马克思观点认识的误区导致整个财产法制度都带有强烈反对私有的色彩，有些学者甚至

---

[1] 参见赵廉慧：《财产权的概念——从契约的视角分析》，知识产权出版社2005年版，第146页。

[2] 承包地"三权分置"政策最终入法，2018年修订的《农村土地承包法》中规定了"土地经营权"，其规范目的与政策完全契合，但如何在现有的法律体系中解释土地经营权的性质进而如何适用成为难题，土地经营权表现出既不是物权也不是债权的模糊属性，或者可以说既是债权也是物权。这在《民法典》中也没有解决，需要在解释论上进行更深入的阐释，笔者将专设一节讨论这一问题。

[3] 参见李永杰、靳书君：《马克思主义所有制术语的汉译与概念生成——以〈共产党宣言〉汉译为线索》，载《北京行政学院学报》2018年第1期，第68页。

[4] 参见《马克思恩格斯全集》第一卷，人民出版社1995年版，第191页。

认为对于广大劳动者和全国人民来说，公有制和国家财产是他们每个人的物权最重要和最根本的基础和物质体现，没有国家财产权和集体财产权，每个公民的财产权就没有实现的可能。[1] 但是，实际上作为市场经济条件下具体制度的私有和马克思所阐释的私有制不能直接画等号，或者可以说，资本主义和社会主义都有私有的现象存在，但社会主义的民法制度是建立在公有制的生产关系基础上，有别于建立在私有制经济基础上的资本主义的民法制度。来自苏联的影响对我国的法律制度构建，尤其是民法制度构建的影响深远，导致我们今天在解释中国民法典的财产法体系时无法给出一个完整的确定的答案。当然，没有任何制度机制不受外来因素的影响，萨维尼提到德国民法形成时就认为，即使没有罗马法的掺入，亦不可能有一个不受外来因素扰乱的德国法之逐渐形成；其之形成的一切条件均付阙如，而需由在古罗马的法律嘉惠者甚多。[2] 正确地认识外来因素的影响，才是解释中国财产法体系正常进路，但是对于这方面恐怕民法学界并没有做好准备，而立法、司法机关更没有认识到关键问题的所在。

萨维尼还认为，良好的法律状况仰赖于三件事："首先，胜任有为、圆融自洽的法律权威；其次，一个胜任有为的司法机构；最后，良好的程序形式。"[3] 但是这三件事显然在中国的当下并没有真正有效地实现，无休止的涉诉信访是"司法无权威"的表象，深层的表现当然是"司法无公信力"以及"司法工具论"，司法机构疲于完成各种考核机制，这只是把司法工作当成是一项流水线工人一样的标准进行

---

[1] 参见苗延波：《中国民法体系研究》，知识产权出版社2010年版，第130页。
[2] 参见〔德〕弗里德里希·卡尔·冯·萨维尼：《论立法与法学的当代使命》，许章润译，中国法制出版社2001年版，第30页。
[3] 〔德〕弗里德里希·卡尔·冯·萨维尼：《论立法与法学的当代使命》，许章润译，中国法制出版社2001年版，第83页。

衡量，而以实现所谓"实质正义"为口实随意的无视法律程序的做法也比比皆是，所幸现在正在进行的司法改革已经意识到了这些问题。当然，如果司法改革不按照尊重司法权威的逻辑展开，那么可能还是换汤不换药的结果。而如果不能初步实现萨维尼所说的"三件事"的结果，中国财产法体系的解释论研究只能走向徒劳无功的结局。

综上所述，无论是现实的社会背景还是我国的民法学研究，都没有为《民法典》的解释做好财产法体系的理论准备，即使有相对全面具体的财产法制度，如果没有财产法体系逻辑的明确，也不可能让《民法典》真正地发挥其作用。当然，理想的财产法体系的理论准备工作同样可能永远也不能实现，所以，很多研究工作只要找对了方向，至于能实现多少预期的成果并不是追求的目标。在立法机关已经编纂完成了文本意义上的民法典的基础上，从解释论的角度研究我国财产法体系的内在逻辑，应该是当前研究工作的正确进路。

三、财产法体系的解释论展开路径

民法理论研究大致可以区分为两类：解释论与立法论。民法的解释论，是通过解释既存的民法规范而形成的理论，其目的在于正确地理解和适用民法规范。民法的立法论，是围绕着如何设计出合理的民法规范或者如何改进既有的民法规范而发表的见解、观点和理论，其目的在于指导或者影响民事立法实践。[1] 在《民法典》颁布之后，笔者更希望从解释论的角度研究财产法体系的问题，因为在确立了中国特色社会主义法律体系的背景下，所立之法多如牛毛，但如何真正解释适用是个非常现实的问题。或者更准确点说，立法已经不能解决法律秩序建构的问题了，"徒法不足以自行"[2]就是这个道

---

[1] 参见韩世远：《民法的解释论和立法论》，载《人民法院报》2005年5月18日，第5版。
[2] 出自《孟子·离娄上》。

理,《民法典》编纂完成也并不意味着财产法体系的理论已经成熟。而且解释论的研究规范性更强,更具有现实意义。我国学者韩世远认为,如果说民法解释论所关注的是民法规范的现实结构,民法立法论所关注的则是民法规范的理想状态,与解释论相比,立法论的拘束要少一些,发表立法论见解者可以天马行空、任意发挥,只要能够言之成理、自圆其说。因而,你可以参考英美法系的做法,我可以推崇大陆法系的实践;可以公说公理,婆说婆理,不必强求意见一致、观点统一。[1] 德国学者雅科布斯在论及德国民法典编纂时也表达,德国的法典编纂的真正特点是在法典编纂的过程中对立法者的诸多限制,尤其是它对人们期待得到答案的问题都没作出回答,没有作出决定,将文义解释工作留给科学界和实务界,由此承认了法学是法典之外具有持续影响力、超出立法行为本身的力量。稍微夸张一点说,德国法典编纂的特点不是它所规定的内容,而是它所欠缺的内容。[2] 另外,需要特别注意的是,立法论和解释论从来都不是泾渭分明的,脱离了解释论的立法论是不能存在的,对于财产法体系的研究也应该从解释论开始但绝不仅仅是单纯的解释论。

(一)财产法体系解释论展开的方法

解释论展开的基础方法是民法解释学,而确认共识是民法解释学追求的目标,立法者、司法者乃至学者都要达成共识才可以称之为民法解释学目标的实现。[3] 亦如前述,现在的学界缺乏凝聚共识的意识,但必须逐渐学会凝聚共识的方法。法律解释学认为就是要将法律解释活动的规律和解释经验总结出来,形成普遍的共识,从而运

---

[1] 参见韩世远:《民法的解释论和立法论》,载《人民法院报》2005年5月18日,第5版。
[2] 参见〔德〕霍尔斯特·海因里希·雅科布斯:《十九世纪德国民法科学与立法》,王娜译,法律出版社2003年版,第168页。
[3] 参见许中缘:《论民法解释学的范式——以共识的形成为研究视角》,载《法学家》2015年第1期,第69页。

用于实践中。[1] 但是,理论是清晰的、抽象的和符合逻辑的,其目标是跨时空和普适的,而实践则常是模糊的、具体的和不符合逻辑的,是在某一特定时空中的特殊行为,两者之间可能是相符的,但也可能是背离和互动的,或充满张力和矛盾的。[2] 财产法体系的解释需要依循历史的逻辑展开,就中国民法的历史渊源来看,即使是历史的逻辑也不是唯一的一条,既包括中国社会历史变迁和财产法制度的演进,又包括民法理论移植的根源——近代以来民法财产法理论的演进逻辑,这两条历史的线索既相互关联,又相互分离,应该说我国财产法体系中的多重分裂元素也是其解释的重点和难点,财产法体系基本框架和话语来自于外国,但诸多核心的思想要素却是中国的。

　　财产法体系的解释自然不能忽略民法解释方法,韩世远在提到民法解释论研究时指出,进行民法解释论的作业要遵循民法解释方法;而研究这些方法的学问也就是民法解释学或者法学方法论,它大体包括狭义的法律解释方法、法律漏洞的补充方法等内容,民法解释学或者法学方法论之所以成为一门学问,当今的民法学者之所以强调这门学问,一个很重要的原因在于,要为法律的解释适用及相关问题探寻出一套大致可循的章法,并以此来确保法律的适用具有统一性和可预测性。[3] 否则,解释适用法律规范而不循章法,你这样解释,我那样理解,不免产生混乱,法制的统一也就无从谈起。当然,解释论研究不同于法律解释,梁慧星就指出,民法解释学具有自

---

[1] 参见王利明:《法律解释学导论——以民法为视角》(第 2 版),法律出版社 2017 年版,第 122 页。
[2] 参见[美]黄宗智:《实践与理论——中国社会、经济与法律的历史与现实研究》,法律出版社 2015 年版,第 1 页。
[3] 参见韩世远:《民法的解释论和立法论》,载《人民法院报》2005 年 5 月 18 日,第 5 版。

己的独立性,既不同于民法解释,又不同于不具有解释性质的民法学。[1] 漏洞填补方法是明确财产法立法逻辑的结果,也是明确财产法体系的一般方法。民法的解释论强调遵循一定的章法(解释方法)[2],从事此项作业者,发表任何言论和见解,都要强调有根有据、循规蹈矩,不能凭空而来、妄下断言。在当下的法律秩序中,利益是权利的核心,法律是权利的外壳[3],对于权利这样的规范认识,不能脱离共识随意地解释。这就要求首先胸中掌握中国现行有效的民事法律体系,明了何为现行有效的民事法律规范,进而判断对于所要解决的问题,是否有现成的法律规范可以援引适用;如果没有现成的法律规范可以适用,才是探讨在现有的框架下如何填补法律漏洞的问题。在文义解释、体系解释、历史解释和目的解释等民法解释方法中,适用的顺序和考量的解释事实都是法律实践和理论研究必须明确遵循的规则要素,诸如违背文义的所谓目的性限缩等错误解释都是与民法研究的科学性要求相违背的,最终都走向对法律秩序的彻底破坏。

  财产法体系的解释还需要解决不同规范适用之间的冲突协调问题,由简单类型化的方法导致的类型区分存在片面和简单的问题,进而与现实世界不完全符合,重复地适用于同一交易领域的规范大量存在。表现最明显的就是请求权规范竞合的内容,但是,对于纠纷解决来说,争议各方往往寻求的只是单一利益的实现,所以解决众多规范在同一交易场合的适用,更重要的是建立复杂的规范同时适用的方法,这也是财产法体系解释的目的。由类型化的方法导致在同

---

[1] 参见梁慧星:《民法解释学》,中国政法大学出版社1995年版,第163页。
[2] 参见王利明:《法律解释学导论——以民法为视角》(第2版),法律出版社2017年版,第120页。
[3] 参见吴从周:《民事法学与法学方法:概念法学、利益法学与价值法学——探索一部民法方法论的演变史》,中国法制出版社2011年版,第25页。

一交易场合出现多种权利的救济途径,往往规则适用的过程就会产生多种重合的利益,所谓的请求权和利益本身并不是直接画等号的内容,所以体系解释就必须兼顾到此种问题,给出明确的解决出路。

近来我国民法学的研究和司法实践高频地出现"请求权基础"一词,这基本上是受我国台湾地区学者王泽鉴的影响[1],但需知请求权基础理论体系是学习自德国的理论,虽然我国民法形式上主要移植了德国法传统,但后来又受到苏联法学的影响,再加上学习得有些走样和中国法律思想的影响,我国的民法理论体系并未真正按照请求权基础理论来构筑财产法体系,实际上形成的是按照"权利—义务—责任"的逻辑来构筑的体系,对于财产法的各个部分来说,并不能概括出每一部分均有独立的救济性请求权的结果,而是最后都归结为民事责任的承担,不经意间我国的财产法理论的发展还暗合了民事责任多元化的趋势,在债和责任越来越分离的情况下,"权利—义务—责任"的构成获得新的生命力。因此,在研究财产法体系的解释时,应该坚持用我国立法事实上采纳的"权利—义务—责任"的逻辑来分析解释问题,不能完全照搬德国式的请求权基础理论来解释问题,在财产法体系的构成上也不能照搬德国的理论。

(二)财产法体系解释论展开的具体问题列举

笔者不想单纯从基础理论的层面展开财产法体系的研究,而是试图围绕四个方面的关键问题去探讨财产法体系构成的逻辑。我国台湾地区学者吴从周认为,在民法方法论上已经从概念法学过渡到利益法学的主导,揭示了法学只沉迷于概念的天堂计算的时代,开启

---

[1] 王泽鉴先生的民法丛书于2001年在中国政法大学出版社出版的时候,书名为《法律思维与民法实例——请求权基础理论体系》,2009年在北京大学出版社出版时改名为《民法思维——请求权基础理论体系》,此书对包括笔者在内的许多民法学人影响甚大。

了法律人重新拥吻人间利益土地的情怀。[1] 这种观点虽然看起来有些偏激,但在某种意义上真实地说明了今天民法学研究的价值多元和知识多元,或者说民法学研究考量的因素越来越多了。另外,民法研究指向的民法体系包括外在体系和内在体系[2],本书的讨论既包括对外在体系的研究,也包括对内在体系的思考,由于经历了较长时间的历史沉淀,尤其是还有成文立法的主导,形式上的财产法体系构成可能已经很难改变,即使是在《民法典》编纂已经完成的当下,也是谨小慎微不能轻易撼动既成事实。财产法体系解释论展开的具体问题包括:

第一,"人—物"区分对立是财产法体系构成的起点。自近代民法以来,人只能是主体而不能是客体。这固然是因为自由主义的发展,但同时也僵硬地区分了客观世界。沃尔夫在《自然法与万民法阶梯》中表达:"物的名称在这里是指人使用的任何实体。"[3] 但是,很容易发现,法律上人的构成一开始就不是纯粹的,法人就是拟制的人而非真正的人,人的要素也在保护人格权的形式之下产生了交易的可能,比如肖像权保护中的许可使用,甚至产生了专门用于交易的形象权。因此,探讨"人—物"区分对立这个财产法体系构成起点的内在逻辑,是研究财产法体系解释的第一个关键问题。同时随着社会的发展,"人—物"对立的理念虽然未被颠覆,但也发生了区分模糊的问题,如何真正有效地坚持人和物保护不同的体系逻辑,是现代民法必须解决的更深层次的问题。

---

[1] 参见吴从周:《民事法学与法学方法:概念法学、利益法学与价值法学——探索一部民法方法论的演变史》,中国法制出版社2011年版,第25页。
[2] 参见〔德〕卡尔·拉伦茨:《德国民法通论》(上册),王晓晔、邵建东、程建英、徐国建、谢怀栻译,法律出版社2003年版,沃尔夫序,第1页。
[3] 转引自李中原:《欧陆民法传统的历史解读——以罗马法与自然法的演进为主线》,法律出版社2009年版,第338页。

第二,"物债二分"是大陆法系成文法中财产法体系构成逻辑基础。虽然严格地说,只有德意志法系民法典传统才有物债二分,但由于我国历史上自清末修律开始就形式地接受了这一传统,所以必须坚持这一传统本源的理念来解释财产法体系,物债二分决定了用这些形式来解决交易中简单类型化的问题,当然,也因为这种简单类型化的模式而产生了更多的问题,同时也由于我国的法律移植的传统而产生了一些特有的问题,当然有些问题实际上是伪问题,比如所谓物权变动模式的问题,因为并不能简单类型化各种复杂的物权变动规则,而且在很大程度上各国的物权变动制度在功能上是殊途同归的。现代社会产生了一些挑战物债二分逻辑的新问题,例如网络虚拟财产问题就挑战了物债二分体系的严谨性,在法律没有为这种新生事物准备好新的制度的情况下,如何通过解释既有规则解决问题成为当务之急。另外,在形式上继续坚持物债二分的情况下,如何给中国特有的制度安排一个体系上的位置,给物债混淆现象一个明确的分析逻辑,成为现代民法必须彻底解决的问题。

第三,不动产物权是物权法体系构建的潜在逻辑依据。在物的分类标准愈来愈模糊的今天,规范逻辑和解决问题的方法才是财产法体系继续存在的依据,整个物权法看似区分动产和不动产来确定规则,实际上不动产物权规范才是真正核心的物权规则,而且随着社会的发展,不动产物权规则越来越扩张到其他重要的财产领域,典型的就是权利质权的一些规则。另外,不动产物权规则本身也不断发生内涵的变迁,其原因在于社会生活的不同和创新的交易形式。我国的不动产物权制度首先是建立在社会主义公有制的基础之上;其次,对于某些现代制度是建立在团体主义思维之下也必须重新审视;最后,中国特有的一些问题,如农地"三权分置"等法律关系也必须在财产法体系中明确其位置,确定"土地经营权"等概念的体系定位。

所以,对于不动产物权的现代规范逻辑需要深入地追问和思考。

第四,债的观念的坚持和债与责任分离的制度变迁。其一,逐渐摆脱合意的标准合同规范是合同法的潜在逻辑,典型合同是合同法发展的一个方向,但现实中往往充斥的又是不标准的合同,典型合同的逻辑依然起作用的理由是需要真正探讨的问题。真实的交易中恰恰是反标准合同的,规定的典型合同越来越多,但是非典型的合同才是合同规则调整的对象,理论和立法与实践仿佛处于一种拔河的状态,但其实只是一根绳子的角力。合意确定的约定义务被越来越多的法定义务代替,合意之债的合同越来越需要考虑合意之外的因素对合同关系的影响。其二,责任承担是财产法保护形式综合的逻辑,并且发生了与债分离的结果。民事责任是财产法体系的最后保障,侵权行为在立法形式上和理论上都还具有债的发生原因的表现,但是实质上作为侵权责任早已包含了更多的救济方式。侵权责任发展为和合同并列的独立的一编,也在一定意义上颠覆了传统债的观念。

上述四个方面的内容被解释清楚,我国《民法典》的财产法体系就会被解释得相对清楚,但究竟是否存在可以解释清楚的完美的财产法体系,恐怕没有人可以确定回答,另外还需要注意的是,有些财产权关系是为体系中例外规定,如知识产权、股权和其他投资性权利、继承权、网络虚拟财产权利以及数据权利等,由于特殊性这些内容各有很多关联,因此在每一部分都会探讨到,但继承由于和身份关系密切,一直有一种声音将其放在和婚姻家庭关系一起称为家族法,但是继承在脱离了历史上存在的身份继承(如日本的家督继承)之后,财产的流转成为其核心关键内容,其形式和影响流转原则的因素也日益变化和增多,与其说是脱离婚姻家庭关系的继承权,不如说是新的社会发展背景下的继承权,其中人和财产之间的和谐共存是关键,因此虽然没有单列继承权为一个财产法体系的独立部分,但其更强的特殊性值得关注。

总而言之,基于法律所表现的权威、仪式、传统和普遍性,不管解释的对象如何变化多端,我们姑且信仰需要解释的中国法律秩序中的财产法体系是真实存在的。

第一章 "人—物"对立的逻辑对财产法体系的影响

近代以来的民法体系是建立在"人—物"区分对立的逻辑基础上的,因为康德的哲学观点成为近代民法的哲学依据,人是主体,物是客体,这成为民法体系构建一个不言而喻的先决条件,从近代民法典开端的《法国民法典》到近代民法典顶峰的《德国民法典》都按照这一逻辑基础展开,康德哲学表达的伦理意义上的人的设定成为法学上先验的结论,无法从法学的逻辑反驳。[1] 但近来民法的发展给"人—物"对立的逻辑带来了一定的冲击,也产生了许多对"人—物"对立逻辑进行批判和试图变革的学说。[2] 某种意义上,原有观念上"人—物"对立区分的基础变得越来越不稳固,即使不是推倒重来,也必须修补或加固。因此,民法财产法体系也需要应对社会变革和观念更新,进行重新细致的解释。

现实社会的发展改变了近代民法所依据的传统社会中人和物之间的截然界限,在近代民法图景中,物是无言无知的身外之物,与之映对的人也是无情无感的抽象之人。[3] 表面看起来,人和物被截然区分是当然的事实,但是在近代以前的社会或法律观念中,人和物并不能当然的区分开。实际上,"人—物"对立的理论最初是为了解决

---

[1] 参见〔德〕康德:《道德形而上学》(注释本),张荣、李秋零译注,中国人民大学出版社2013年版,第39页。

[2] 参见陈传法:《人格财产及其法律意义》,载《法商研究》2015年第2期,第56页。

[3] 参见常鹏翱:《物权法的展开与反思》(第2版),法律出版社2017年版,第1页。

人被当成客体的问题，因为在古代生物意义上的人可以被当成奴隶并成为权利客体，只有到了近代由于人的解放的需求，生物意义上的人才只能是主体。荷兰法学家格劳秀斯在论述权利的时候揭示到：权利指某种关系，该关系中一方是具备理性之人，另一方则是可以取得之事务（something），或基于道德（merit），或基于财产。[1] 而在格劳秀斯之前，人虽然可以是权利主体，但也可称为权利客体，罗马时代的财产权当然包括奴畜使用权。除此之外，格劳秀斯还把通过人而实现财产利益的权利概括为对人权，从而彻底解放理性人，财产意味着何物可为我等所有：包括对物权（Jus Reale）与对人权（Jus Personale）。[2] 此处对人权并非支配人的权利，而是通过请求人为一定行为而实现利益的权利，人本身只能作为主体而存在，不再作为客体被支配，从而更加明确"人—物"对立区分的理念。近代以来的民法学说都是在伦理意义上人的前提下解释人作为民事主体，并进而明确人和物之间的关系，确定物（或者"财产"）对于塑造独立人格的意义。德国学者拉伦茨认为，意识到自身的存在和价值的人，要为发展符合自己特点的个性、实现自己制定的生活目标而努力，为了实现这些目的，他需要具备属于自己，并且只能属于自己的物。[3] 没有支配物的现实，恐怕人很难被确认为市场经济语境下的"主体"，这种主体和"财产"是相伴而生的，通过控制财产人变相被"支配"的现象在现代社会中很常见，因此，日本学者我妻荣主张：作为抽象概念的"人格"，并不能防止因贫富差异所产生的人与人之间的事实上的支配关

---

[1] 参见〔荷〕胡果·格劳秀斯：《格劳秀斯私法导论》，张淞纶译，法律出版社2015年版，第1页。
[2] 参见〔荷〕胡果·格劳秀斯：《格劳秀斯私法导论》，张淞纶译，法律出版社2015年版，第1页。
[3] 参见〔德〕卡尔·拉伦茨：《德国民法通论》（上册），王晓晔、邵建东、程建英、徐国建、谢怀栻译，法律出版社2003年版，第52页。

系。近来的法律正着眼于具体的"人"(Mensch),并对此试图为保障事实上"像人似的生活"而努力。[1] 这些学说对于"人—物"对立界限的解释成就了近代民法的基础,其影响至今仍坚实可靠,但不可忽略的是体系的稳固并不是建立在完美无瑕的基础上,"人—物"的对立解决了近代民法构建时期的问题,却在社会发展到今天表现出诸多的、些许的不适应。因此以下内容在解释财产法体系的时候,更多地揭示现代社会发展变化出现的一些具体问题的解决。

第一节 "人"和"物"区分界限的模糊与"人—物"对立的逻辑校正

我国的民法制度和理论主要源自以《德国民法典》为代表的近代民法传统,其价值出发点是以人为本,围绕人的某种特定的观念来展开民法典体系。[2] 但是,生物意义上的人显然并不是在任何时代都是主体,有人类以来的社会发展历程告诉我们人很大程度上是可以为其他人所支配的,也就是其可能作为客体而存在。[3]《普鲁士普通邦法》第 1 条规定就表明,自然人可以是法律规范中的主体,有时甚至也可以是法律上的人所支配的客体。[4] 生物意义上的人都成为法律意义上的"人"看起来是人的地位的提高,实际上隐含着"物"

---

[1] 参见〔日〕我妻荣:《新订物权法》,〔日〕有泉亨补订,罗丽译,中国法制出版社 2008 年版,第 9 页。
[2] 参见〔德〕卡尔·拉伦茨:《德国民法通论》(上册),王晓晔、邵建东、程建英、徐国建、谢怀栻译,法律出版社 2003 年版,第 45 页。
[3] 参见彭诚信:《论民事主体》,载《法制与社会发展》1997 年第 3 期,第 15 页;又见李拥军:《从"人可非人"到"非人可人":民事主体制度与理念的历史变迁——对法律"人"的一种解析》,载《法制与社会发展》2005 年第 2 期,第 46 页。
[4] 参见〔德〕汉斯·哈腾鲍尔:《民法上的人》,孙宪忠译,载《环球法律评论》2001 年冬季号,第 392 页。

的范围的相对清晰[1],明确"财产"是人的身外之"物",人与物的界限的清晰造就了伦理人格主义,人不能作为其他人达到目的的手段,人具有其"尊严"[2]。

但是在现代社会,相对清晰的界限被轻易打破,科学技术的发展和人类需求的提高导致对于生物意义上的人的"利用"不再是简单的奴役其身体,"人—物"对立被相对化了,或者说人还是主体,物仍为客体,但什么是人、什么是物却越来越不好简单判断了,本为人体构成成分的器官在医疗行为中的使用就是其著例。即使现代公法规范禁止人体器官的交易,但脱离了人体的毛发、血液究竟是人格的负载还是属于有体物的一种并未在现有法律体系中有明确的定位,甚至对于已经用于医疗器官移植的人体器官如何定性,法律都似乎采取了回避的态度。在近来现实生活中,用于人工生殖目的的冷冻胚胎和用于医疗目的的脐带血干细胞出现的概率大大提高,其中涉及的法律争议也越来越多,其所带来的问题恐怕不是传统人与物的区分能够完全解释的。但可以明确的是,无论"财产"的范围如何扩大,在没有一个新的理论可以解释财产法体系中人的存在的情况下,"人—物"对立的逻辑就仍然是解释基础,那么现代民法理论的进化需要解释的就是人和物区分界限的相对化,或者说需要在财产法体系中重新解释"人"的定位和"物"的界限。

---

[1] 还有一个比较有意思的副产品,因为界定人的起点为"出生",所以胎儿并不是人,但其后胎儿成为人之后表现的独立的利益不得不让立法作出例外规定,如关于胎儿继承的问题(《德国民法典》第 1 923 条、《日本民法典》第 886 条)、胎儿被侵权的问题(《德国民法典》第 884 条、《日本民法典》第 721 条)。进而有概括式赋予权利能力的规定(《瑞士民法典》第 31 条),我国《民法典》第 16 条亦作类似的表达。这个问题也完全表明了人的界限的不清晰。

[2] 参见〔德〕卡尔·拉伦茨:《德国民法通论》(上册),王晓晔、邵建东、程建英、徐国建、谢怀栻译,法律出版社 2003 年版,第 47 页。

一、民事主体的法律人格是确定"人—物"对立的根据

财产法的体系解释从民事主体的法律人格开始讨论,恐怕有离题万里的嫌疑,但是按照"人—物"对立的逻辑,如果不能确定主体则不能明确客体,所以首先讨论主体资格是完全必要的。现代民法理论和立法以面对既成事实的态度来看待财产法的存在,立法时只是讨论所有权和合同制度如何作体系安排,虽然有时也在不甚精确的意义上使用"财产"一词,但主要是在面对混淆不清的非典型问题和社会发展所产生的新问题的时候才使用。面对不断发展的社会所产生的新问题,民法理论研究中总会有理论创新和制度创新的冲动,认为民法理应接受开放性的财产观,构建具包容性和逻辑性的财产权体系[1],但是体系思维所对应的简单类型化方法必须将对象进行封闭的分类,而且在坚持传统的法学领域,恐怕所谓开放性是不可能存在的,首要的问题是明确"物"的起点和分类的基础究竟是什么,而法律人格概念在事实上起到了这个作用。

(一)生物意义上的"人"的法律人格是确定"物"的起点

在民法理论中讨论"人"的法律人格,其理论基础来源于康德的哲学观点。康德认为,人是主体,他有能力承担加于他的行为,物是指那些不可能承担责任主体的东西。[2] 自由意志成为人和物区分的标准,拉伦茨认为,伦理学意义上人的内涵是指人依其本质属性,有能力在给定的各种可能性的范围内,自主地负责地决定他的存

---

[1] 参见吴汉东:《财产权的类型化、体系化与法典化——以〈民法典(草案)〉为研究对象》,载《现代法学》2017年第3期,第31页。
[2] 参见〔德〕康德:《法的形而上学原理——权利科学》,沈叔平译,商务印书馆1991年版,第26页。

在和关系,为自己设定目标并对自己的行为加以限制。[1] 与之相对,与法律意义上人相对概念的物,是指人以外的、可供人支配和处分的一切东西。[2] 当然,民法理论上有时会回避按照人的自由意志来确定物的表述,苏联民法学的观点认为,物是指处于自然状态、天然状态的物体以及由人的劳动创造的物体。[3] 实际上这种表达也隐含人只能为主体的逻辑。但需要注意的是,显然纯粹的自由意志是不存在的,婴儿和精神耗弱的成年人都不能正确地表达意志,抑或并无真正的自由意志,但这些人的独立的利益是存在的,法律也会为其提供保障。换句话说,虽然从伦理学意义上确立了"自由意志"的标准,但这种概括只能作宽泛的解释,因为"自由意志"并不是确定的可以区分人和物的标准,以"自由意志"为标准只是在价值判断上为了使生物意义上的"人"具有民事主体的法律人格而人为抽象的标准而已。当然,这一标准在一般的场合还是能够简单判断的。与此相对,物是人体之外的物质对象,人和物具有清晰的界限。但是这种清晰只是表层的,其下涌动的是难以说清道明的模糊,特别是随着生物科技、医疗技术的进步,人与物之间的关系究竟如何界定,并不像百余年前那么清晰,如胎盘、血液、肾脏、受精卵、胚胎等人体器官和组织在人体中构成人体的一部分,一旦脱离人体,它们很难再被说成是人体,但也很难说成是物。[4] 因为人的认识能力的局限,在既有的法律体系中,并没有确定冷冻胚胎、脐带血等客观存在以法律地位,一旦这些为人所利用,就对传统封闭的"人—物"对立区分的体系

---

[1] 参见〔德〕卡尔·拉伦茨:《德国民法通论》(上册),王晓晔、邵建东、程建英、徐国建、谢怀栻译,法律出版社2003年版,第45—46页。
[2] 参见〔德〕卡尔·拉伦茨:《德国民法通论》(上册),王晓晔、邵建东、程建英、徐国建、谢怀栻译,法律出版社2003年版,第52页。
[3] 参见〔苏〕格里巴诺夫、科尔涅耶夫主编:《苏联民法》(上册),中国社会科学院法学研究所民法经济法研究室译,法律出版社1984年版,第169页。
[4] 参见常鹏翱:《物权法的展开与反思》(第2版),法律出版社2017年版,第3页。

逻辑产生了冲击，一开始的标准是人之外为物，而现在对于究竟什么是"人之外"产生了疑问。

实际上，最初确立"人—物"对立逻辑的目的并不是为了确定人之外的"物"的存在，而是为了确定"人"的自由、独立。只不过今天的法律秩序已经确定了一切生物意义上的人皆为法律意义上的"人"（自然人），所以理论的关注点转向确定物的范围，尤其是随着社会经济的发展，"物"的范围难以确定，作为交易对象的"物"不断突破法律确定的"物"的界限。哈腾鲍尔认为，今天世界范围内的法律几乎都确认，人自出生以后，就毫无疑问地应该受到世界各个国家的法律保护，而且受到其他人的尊重，人格应该在法律中是最高级的概念，具有法律上最独特的权利性质，其法律上的价值甚至超过了人所属于的小小的家庭和人民。[1] 而法律人格不受任何附加条件的限制，包括宗教、理智、出身、性别、财产多少等不能作为区别生物意义上人有不同人格的条件，人获得了法律上主体地位的同时，物则对应成为与人绝对不平等而被作为支配对象的存在。更重要的是，明确的物的界限在社会发展下表现出严重的法律与交易的脱节，一开始，物与财产具有同等意义，但随之而来无体财产也用物的观念来解读，用类似有体物的逻辑来规范无体财产，而随着主要调整对象的商品经济关系日趋发达，商品形态日益丰富多彩，从消费品、生产资料、房地产等有形商品，到技术、信息、商机、产权等无形商品，市场的触角延伸到一切可以作为财产看待的物质与非物质的对象[2]，终于又回归到"人—物"对立逻辑确立之前的混沌起点，人本身也从某一角度开始成为类似于财产的可支配的对象，以劳务为内容的合同姑且

---

[1] 参见〔德〕汉斯·哈腾鲍尔：《民法上的人》，孙宪忠译，载《环球法律评论》2001年冬季号，第394页。
[2] 参见吴汉东：《财产权的类型化、体系化与法典化——以〈民法典（草案）〉为研究对象》，载《现代法学》2017年第3期，第32页。

不谈,能够交易的肖像权等也放置一边,仅就某些脱离人体的组织等交易的现实,传统民法体系就无力合理解释其规则。作为民事主体的"人"的范围虽然并没有发生改变,但是在这个范围的边缘,"物"究竟是什么,以及"物"和法律人格的联系变得模糊起来。因此,只有用法律人格确定"人"的范围,才能进而确定"物"的范围。

(二)法律人格适用范围的扩张和"物"的范围的弹性边界

当生物意义上的人通过法律人格而普遍成为自由的法律意义上的"人"之后,法律人格就替代了"人"这一概念[1],进而将民事主体扩张到生物意义上的人以外的客观存在,按照具有自由意志的"人"的构成,确定利益在社会中的另一种归着点,将组织或财产拟制为"人"。拉伦茨认为,人的概念的形式化,使法律制度可以将人的概念适用于一些形成物,这些形成物就是"法人"。[2] 然而很显然,法人是没有自由意志的,法人作为民事主体存在是为了解决财产利益归着,涉及法人的权利义务关系也都表现出财产属性[3],拉伦茨认为,在企业上的权利、股份公司股东的社员权或股东在商事公司上的股份权、银行存款以及其他债权都不属于《德国民法典》的所有权的范围,不过这些权利都是财产,因此当人们在经济政策和社会政策意义上使用所有权概念时,通常也将它们包括在所有权中。[4] 归根结底,法律人格适用范围扩张到生物意义上人以外,也没有改变法律人

---

[1] 参见〔德〕汉斯·哈腾鲍尔:《民法上的人》,孙宪忠译,载《环球法律评论》2001年冬季号,第398页。
[2] 参见〔德〕卡尔·拉伦茨:《德国民法通论》(上册),王晓晔、邵建东、程建英、徐国建、谢怀栻译,法律出版社2003年版,第57页。
[3] 当然,因为通过赋予法律人格而承认法人的主体地位,所以运用人格权来解决法人涉及的利益关系也成为合理的推论,但是笔者不赞同法人和自然人具有同质的人格权的说法,即使是人格权也应该在财产法的语境下进行重新分析。
[4] 参见〔德〕卡尔·拉伦茨:《德国民法通论》(上册),王晓晔、邵建东、程建英、徐国建、谢怀栻译,法律出版社2003年版,第53页。

格创设的目的,即为了实现生物意义上的人的自由,拟制为"人"的客观存在并没有真正成为人,其并没有一个目的性的"人身自由、人格尊严"需要保护。

"物"的相关规则也被扩大适用范围,虽没有真正改变"人"作为主体的根据,但是"物"却因为交易中的许多新生事物而需要重新解释,典型的就是与法律人格关系密切的人体组织等,如脐血干细胞。对此,有观点认为,脐血干细胞的法律属性取决于脐血的存在状态,若脐带尚未与胎儿脱离,脐血干细胞作为人体结构的组成部分,权利主体对其拥有人身权;若脐带已与胎儿脱离,脐血干细胞在尚未与人体结合的情况下,具有物的属性,但因其携带生命信息,具有生命活性等特征,它又区别于一般的物;当脐血干细胞移植于人体,成为人体结构的组成部分,则又成为人身权的客体,脐血干细胞作为人体结构的组成部分时,权利主体可对其主张人身权。[1] 上述内容在观点变来变去的论述中,其实已经脱离了法律人格赋予生物意义上人的伦理属性,"人"近乎变成了不同权利的客体,而不再是主体,因此,该观点的解读是明显不合传统民法体系逻辑的。对于脐血干细胞而言,未与人体分离或又与人体结合,则只能是人体的构成成分,何来人身权客体的说法,因为人体并不是人身权的客体,而脐血干细胞与人体分离作为客体来交易,虽然具有物的属性,但因为其中包含法律人格的要素,因此只能作特殊处理,简单地按照物的属性来确定其适用财产法规则是不妥当的,脐血干细胞和法律人格的关系不能被忽略,但前提是确定其并不是法律人格所包含的内容,而只是和法律人格相关的客观存在而已。基于人只能是目的的近现代伦理观念,应当维持法律人格概念的纯洁性。但是人格利益和财产利益

---

[1] 参见李慧、宋晓亭:《论脐血干细胞的法律属性及其归属》,载《科技与法律》2017年第5期,第51页。

经常相伴而生,同时存在于一个交易的场合。因此,在考虑人格与财产区分的观念时,也要承认这种不同利益相互交织而不能明显区分的现实。

二、《民法典》仍然确定权利客体必须是法律人格之外的存在

法律人格作为生物意义上的人成为民事主体的判断依据之后,"人—物"对立在法律制度上确立,进而产生了人格利益和财产利益的界分,再进而产生了前文所述如脐血干细胞等特殊场合人格利益和财产利益相伴而生、相互交织难以明确区分的情况。因此法学界产生了一种观点,认为社会的发展出现了人格权财产化、财产权人格化的问题。利用人格予以营利,称为人格权的财产化,主要表现在利用名人效应进行营销,但此处究竟是贩卖人格,还是交易人格之外的市场影响力这种独立财产价值,会产生认识上的偏差。笔者就认为归根结底是对财产的利用,虽涉及与人格负载相关但并非主体性所述及的人格。但很多学者持相反的认识:人与物之间的民法关系开始悄悄地发生微妙的变化,在一定条件下模糊了人与物二元化绝对模式,物的人格化与人格的物化和商品化,使得在作为主体的人与作为客体的物之间建立某种合理的联系成为可能。[1] 如此说来好像就能解决"人—物"对立界限不清的问题。笔者不能赞同这种观点,在解释财产法体系之前,必须坚持民法人的主体地位的逻辑,需要解决的问题首先应该是批判这种混淆人和物的界限的观点。

(一)人格权财产化、财产权人格化观点背离民法体系逻辑

人格权财产化、财产权人格化观点的提出是从保护具体人格权开始的,作为具体人格权的肖像权是其典型著例,自然人允许他人利

---

[1] 参见冷传莉:《论人格物的界定与动态发展》,载《法学论坛》2010年第2期,第62页。

用其肖像被认为是人格利益的出让,甚至被认为这是对主体资格更好的保护。主体资格与具体人格利益的相对分离,看似在主体层面抽离了人格的丰富性与完整性,以致令人生疑。但仔细推究,这样的安排恰恰可以使得人格沿着"独立—平等—自由—尊严"的路径次第展开;单独看全不完整,合起来则是完整的。[1] 但是,从法律人格确定主体资格的功能看,法律人格就是将人格与财产截然二分,从而在法律上确定人只能是主体而不能是客体,而人格权虽然保护的是"人身自由、人格尊严",但也不能改变人是主体的前提。我国《民法典》第109条规定把"人身自由、人格尊严"作为权利来保护,通常也解释为该条保护的是一般人格权[2],但是在"人—物"对立的前提下,人是主体而不是客体,进而解释出人的权利也并不能以"自身"为客体,人格权的客体自然不能是人本身。就像在古代法的语境下,也不能"自卖自身"一样,交易的前提是交易双方平等的主体地位的确立。王泽鉴认为,人格权是以人格为内容的权利,人格指人的尊严及价值,即以体现人的尊严价值的精神利益为其保护客体。[3] 在如此客体论的基础上,传统民法的"人—物"对立区分被精神利益和财产利益的对立所取代,主体对应的不是物而是精神利益和财产利益,实际上仍然是实体物的变种而已。因此,可以得出,无论是精神利益还是财产利益都是"物"作为客体的变种表现而已。人格权财产化、财产权人格化对应表现的仅仅是支配客体的利益多样性,并不涉及人格和财产的区分,人格权需要保护的"人身自由、人格尊严"并没有财产化,只是在保护"人身自由、人格尊严"的时候表现出财产利益的内

---

[1] 参见陈传法:《人格财产及其法律意义》,载《法商研究》2015年第2期,第56页。
[2] 参见张新宝:《〈中华人民共和国民法总则〉释义》,中国人民大学出版社2017年版,第215页。
[3] 参见王泽鉴:《人格权保护的课题与展望——人格权的性质:构造:精神利益与财产利益的保护》,载《人大法律评论》2009年卷,第51页。

容,又或者在保护财产权的时候表现出人格利益的内容而已。

秉持人格权财产化、财产权人格化观点的学者还认为,人格与财产的截然二分只是作为一种理念存在于法律学者的想象空间,但在经济生活中一直在二者的边缘交界处尝试突破这种人为的限界。[1] 这种表达本身没有问题,因为简单类型化的方法在任何理论观点中都表现出脱离实际的问题,或者说任何观点都是学者想象空间中的理念,现实世界也没有绝对清晰的天然分界,所以秉持该观点的学者也在解决问题的设计上将人格权财产化区分为四种类型:人格压抑的消极财产化;人格内涵财产化后所形成的类人格财产权;典型人格权的积极财产化;主体资格消灭所解放出来的财产。姑且不论这四种类型是否做到了界限清晰,仅凭一点就证明其不合理,那就是这种区分将既有的体系类型复杂化,且与既有的分类依据严重不一致,难以弄清楚究竟什么是人格权。人格权的内涵应回归到如《民法典》第109条的表述,就是保护"人身自由、人格尊严",即维护主体资格的完整和自由。

(二)人格权双重利益的表述未改变人格权保护基础

人格权财产化的一个重要依据是人格权保护规则中出现的双重利益表述,这主要是司法实践的贡献,王泽鉴总结道:美国和德国均以法院造法的方式,将人格权的保护内容,由精神利益扩大及于财产利益,并提供了两种不同的思考方法及规范机制。[2] 这里之所以说"提供了两种不同的思考方法",主要是因为美国法坚持普通法传统,虽然也有"人—物"对立的逻辑,但并没有人身权和财产权的区分,而德意志法系坚持的民法传统则区分人身权和财产权,人格权保

---

[1] 参见陈传法:《人格财产及其法律意义》,载《法商研究》2015年第2期,第57页。
[2] 参见王泽鉴:《人格权保护的课题与展望——人格权的性质及构造:精神利益与财产利益的保护》,载《人大法律评论》2009年卷,第55页。

护涉及的财产利益,实际上在民法传统下提供的是一种财产法保护,而人格权本身所指向的核心利益仍然是"人身自由、人格尊严",其保护是无法用财产来衡量的,亦如康德认为,我对别人怀有的,或者一个他人能够要求于我敬重的,就是对其他人身上的一种尊严的承认,亦即对一种无价的、没有可以用价值评估的客体与之交换的等价物的价值的承认。[1] 随着社会的发展,人越来越被尊重,人格减损而换取财产在民法的语境下被剔除。需要注意的是,现代企业制度下,带有人身控制色彩的劳动合同好像使人本身被消极财产化了,但这不是人格或人格权的财产化,因为这种控制不直接及于人身,形成的债权关系指向的是债务人的履行行为。

在人格权保护的制度发展过程中,理论界逐渐发现其中所包含的财产利益,并不是简单的"人—物"对立能够界定清晰的,人格权保护内容中也有可以交易的财产利益,如可以交易的肖像使用利益,某种意义上其已经不再是人格权的内容了,更不能说是人格权的某些权能可以依法转让或者授权他人使用[2],因为就人格权保护的人作为民事主体的法律人格而言是不能转让的,人是目的而不是手段。拉伦茨认为,每个人都负有尊重任何其他人的义务,每个人都有权要求任何其他人尊重自己,这种相互尊重关系是"法律上的基础关系"。[3] 而纯粹人格权保护仅涉及这种相互尊重的利益,而财产利益只是人格权保护的相关内容。

简单地概括,在保护人格权过程中产生了新的利益,这可能是

---

[1] 参见〔德〕康德:《道德形而上学》(注释本),张荣、李秋零译注,中国人民大学出版社2013年版,第239页。
[2] 认为人格权的权能能够转让的观点,把权能作为和权利一样独立的存在。参见王利明:《论人格权商品化》,载《法律科学(西北政法大学学报)》2013年第4期,第54页。
[3] 参见〔德〕卡尔·拉伦茨:《德国民法通论》(上册),王晓晔、邵建东、程建英、徐国建、谢怀栻译,法律出版社2003年版,第47页。

一种财产法保护的财产利益。吴汉东甚至认为,在现代法的框架下,一般人格利益也具有了财产价值,即嬗变为资信财产。[1] 人格直接表现出一种精神利益,而这在财产法的范围内是没有办法获得保护的,所谓精神损害赔偿或者精神抚慰金,都不是从精神利益的角度提供保护,精神利益的保护只能通过公法手段,而对于私法来说,承认人格的独立、人格的尊严就是保护了人格的精神利益。实际上,人的某些利益可以被排除掉主体性的内容成为交易的对象,此时很难说还具有人格权保护的人格利益,人本身的某些内容被当成物来支配利用并不意味着人的主体性被消除,也不意味着财产的实物属性被消除。正如陈传法认为,人格不仅在归属意义上与财产权发生关联,而且在发生意义上与财产权发生联系。如果这种联系得到法律上的认可,则人格自身也可转化为财产权的一部分。[2] 财产法的观念和规则可以用于人格保护相关的场合,或者说人格利益集中的场合也有财产利益的内容,也需要使用财产法规则。

但是,并不能说秉持人格权财产化观点的学者都是罔顾传统民法理论的,这些理论也试图用更清晰的财产区分标准解决"人"和"物"区分界限不清的问题,比如将财产区分为主观财产和客观财产,其中的主观财产就是与人格密切关系的财产,但是财产区分为主观财产和客观财产的做法并没有解决原有财产类型界限不明的问题,反而产生了更多复杂化的问题,比较明显的就是主观财产和客观财产并没有特殊的制度,并不能成为适用不同规则的前提标准。通常将与特定主体的人格利益相联系而存在的财产称为人格财产,吴汉东认为,人格财产与人格利益有密切联系,在其遭受侵害时无法适

---

[1] 参见吴汉东:《财产权的类型化、体系化与法典化——以〈民法典(草案)〉为研究对象》,载《现代法学》2017年第3期,第33页。

[2] 参见陈传法:《人格财产及其法律意义》,载《法商研究》2015年第2期,第58—59页。

用可替代物补救。[1] 但是,其实任何特定物受侵害都很难用可替代物补救,除非其在交易中表现出种类物的特征,而种类物说法只是在合同交易的领域就履行内容的表现的描述,换到物权的领域,则财产表现出人格利益的内容是一种常态,就像所有权绝对演化为私权神圣表达出对市场交易主体的意志自由的含义一样,人格利益的因素实际上在民法制度中无处不在。陈传法将人格财产归为六类:来自人格的财产;为了人格的财产;共生的人格财产;遗体财产;负人格财产;不真正人格财产。[2] 其中所谓"负人格财产"举例为"凶宅",认为会导致个体人格利益受损,但是在凶宅交易中,由于社会评价的原因而不是个人人格利益受损的原因,凶宅显然比普通住宅的市场价格要低,这里面有习俗的原因,但没有人格的因素,简单地说,自然人主体并不会因为财产价值的减少而受一般意义上的人格损害。

(三)财产权一直与人格权保护的内容相关但不等于人格权

在"人—物"区分的逻辑结构之下,财产权指向的是人之外的物,进而被解释为完全脱离了人格相关的内容,表现为人格以外的财产利益,但是从社会组织被拟制为法人开始,财产与人格的联系便显而易见。如果再细究,即使是成立于物之上的所有权,也因为绝对所有权的观念而主要表现出为实现主体"人"的自由而存在。秉持财产权人格化观念也会在财产权的框架内拟制出人格利益的内容,吴汉东认为,在现代商品经济条件下,诸如企业的名称、名誉、荣誉等精神利益,逐渐演变为商业人格利益,即在现代法的框架上产生了资信类

---

[1] 参见吴汉东:《财产权的类型化、体系化与法典化——以〈民法典(草案)〉为研究对象》,载《现代法学》2017年第3期,第33页。
[2] 参见陈传法:《人格财产及其法律意义》,载《法商研究》2015年第2期,第60页。

的特别财产权。[1] 这是在类比人的主体性来拟制的人格利益,实际上,这种人格利益并没有主体性的内容。当然,我国民事立法和理论上的多数说采取的法人实在说,认为法人是独立的组织体,具有区别于其成员个体的独立意思和利益。[2] 从《民法通则》第 99 条、第 101 条、第 102 条开始,直到《民法典》第 110 条均规定法人享有人格权,具体来看,法人享有标表型人格权之一的名称权应无问题,因为名称权中的名称作为人格符号,在自然人的语境下也可以成立财产权,换句话,法人名称权其实也可以解释为财产权。比较特别的实际上是精神性人格权,法人是否享有名誉权是值得探究的问题,在北京大学诉邹恒甫名誉权纠纷案中,人民法院判决支持了北京大学保护其名誉权的请求[3],另外还存在北京梦桃源餐饮有限公司诉邹恒甫名誉权纠纷案件,北京梦桃源餐饮有限公司的名誉权也得到人民法院的保护。[4] 但是北京大学作为不具有自然人生理结构特征的创制性组织何以享有自然人基于天然属性具有的精神性人格权,北京大学的名誉权如何享有,北京大学之类承担某种社会职能的非营利

---

[1] 参见吴汉东:《财产权的类型化、体系化与法典化——以〈民法典(草案)〉为研究对象》,载《现代法学》2017 年第 3 期,第 35 页。

[2] 参见张新宝:《〈中华人民共和国民法总则〉释义》,中国人民大学出版社 2017 年版,第 108 页。

[3] 2012 年 8 月 21 日 9 时 19 分,邹恒甫在其新浪实名微博上发表"北大院长在梦桃源吃饭时只要看到漂亮服务员就必然下手把她们奸淫,北大教授系主任也不例外,北大淫棍太多"等言论,北京大学将其诉至法庭。法院均支持了北京大学名誉权的主张。主要依据的是《民法通则》第 101 条、第 120 条之规定。并从构成侵权责任的四要件进行论证,判决邹恒甫应就此承担停止侵权、删除侵权言论,消除影响、恢复名誉,赔礼道歉的侵权责任。参见北京市第一中级人民法院民事判决书,(2014)一中民终字第 09328 号。

[4] 邹恒甫存在主观过错,实施了对梦桃源公司的加害行为,导致梦桃源公司的社会评价明显降低,构成了对梦桃源公司名誉权的侵害,据此应承担相应民事侵权责任。原审法院根据相关情节所作出的责任认定有事实及法律依据,判决邹恒甫所承担的侵权责任合理适当。参见北京市第一中级人民法院民事判决书,(2014)一中民终字第 09335 号。

法人其日常活动经费来源于政府预算与北京梦桃源餐饮有限公司这种营利法人是否享有一样的名誉权等问题都没有得到确定的回答。法人并不具有自然人一样的伦理学意义的人格,也没有应受保护的私生活[1],没有需要保护的"人身自由、人格尊严",承认其法律人格目的是确定保护财产利益秩序中的利益归着点。

作为营利法人成员的投资者和法人之间的关系,也是权利主体和财产的关系,投资者享有的股权之类的权利虽然表现出和身份类似的内容,但在市场中交易的绝不是这种"类身份关系",而是一种特殊的"物"。换句话说,一个主体对其他主体享有的财产权,主要在于交易中的市场价格,并不是人格直接和财产发生变换,否则就很难理解股东和公司之间的交易。当然,拟制的人是否有民法意义上的人格是需要重新探讨的。从康德哲学的观点看,显然团体人格和自然人的人格绝对不是一回事,又或者说团体本来是没有法律人格的,因为其没有真正的自由意志。现代社会却在拟制法人的道路上越走越远,财产权的人格化毋宁说是作为客体的财产越来越带有主体化的倾向,将动物乃至生物主体化和拟制组织为法人的方式都是脱离权利体系,商事主体的人格具有强烈的工具意义。这一点在坚持普通法传统的美国也异乎寻常地表现出来,这是法律工具主义的胜利,却是对法治逻辑的破坏,在急剧变化的历史时期,美国的法官就会规避那些阻碍目的实现的法律,通过宣布它们与理性不符因而无效,或者通过运用法律拟制来回避这些既有的规范,没有人怀疑制定法和普通法必须与快速进步的社会保持一致的观念。[2] 这些理论上的探讨都反映了一个事实,财产权从来都与人格密切相关,因为即使是法

---

[1] 参见〔德〕卡尔·拉伦茨:《德国民法通论》(上册),王晓晔、邵建东、程建英、徐国建、谢怀栻译,法律出版社 2003 年版,第 182 页。
[2] 参见〔美〕布赖恩·Z.塔玛纳哈:《法律工具主义:对法治的危害》,陈虎、杨洁译,北京大学出版社 2016 年版,第 41 页。

人这种为财产关系而设的拟制主体,也是为了实现人的利益需求,而只有生物意义上人的伦理意义——法律人格才是人格和财产区分的真正依据。

三、《民法典》体系解释下"人—物"对立逻辑的两种观念

基于前文的分析,"人—物"对立区分标准在简单清晰之后不能应对新产生的问题,虽然其保护人的自由和尊严的目的是明确的,但并不能排除在人只能为主体之后产生"物"化的需求,市场交易不会以"人—物"区分的界限去定义所有可能的交易形式,即使是只能作为主体的人,也可能产生许多能够交易的内容,例如人的肖像、形象等人格符号。同样,物不会真的和"人"脱离,总会以不同的方式和法律人格联系,从而在交易中表现为不像是单纯的权利客体。

(一)以"物"的观念看待某些与人格相关的内容

民法理论一般认为,人格权是以人的精神利益为其保护内容,是一种非财产性权利,其不具有转让性和继承性。[1] 这主要是根据人格权是为保护"人身自由、人格尊严"而存在的,是法律人格概念延伸出来的权利。但是,现实中人格权早已不是单纯指向人格利益的概念,在人格权的场合谈财产利益并不是说人格权就已经是人格利益和财产利益的结合,如果人格权也保护财产利益则人格权和财产权的区分已经毫无意义,只能说人格权指向的客体没有一个精确区分的界限,表面上看起来是人格权的问题,例如肖像、姓名等,但可以通过一定方式(或者说财产权交易的方式)交易其中的财产利益,学说认为这属于人格权商品化,例如,王利明认为,人格权商品化使得人

---

[1] 参见王泽鉴:《人格权法:法释义学、比较法、案例研究》,北京大学出版社 2013 年版,第 46 页。

格利益和财产利益结合起来，从而形成人格权和财产权的结合状态。[1] 但笔者不赞同这种说法，人格权商品化否定了人格权的权利基础或目的，如果人格权是可以交易的，人格权的权能是能够转让的，那么就相当于法律人格既是主体的要素，同时是客体的要素，同样在保护人格权的救济中，人格权的保护本源上也不是损害赔偿，或者说财产方式的救济会混淆人格权的权利属性，而中国的司法实践中就有这种倾向，把人格权和财产权的侵权同等看待，导致人格权直接就面向损害赔偿的救济方式。而德意志法系传统则不然，拉伦茨认为，在关于侵犯一般人格权的重大案件中，德国联邦最高法院类推适用第847条第1款，作出给予精神损害赔偿的判决，而不适用第253条的规定，因为这里通常不存在财产损失，在大多数情况下，就由人格权受害者提出精神赔偿费，但其前提条件是加害人有过错。[2] 当然，在法律工具主义的观念之下，侵害人格权也逐渐和损害赔偿直接关联，即使拉伦茨也认为，在认定非法侵害特别人格权时，任何情况下都无须权衡财产利益，但在认定非法侵害一般人格权时，权衡财产利益就是必要的。[3] 苏永钦也认为，在市场经济下，人格价值的"物化"终不可避免。[4] 这成为前述人格权财产化观点的一个论证理由，进而解释人格权本身就应该包含人格利益和财产利益，但用财产利益来保护人格权不等于人格权本身包含财产利益，人格权从本身构成逻辑看不应该包含财产利益。

关于人格权包含财产利益的问题，姜福晓认为，对人格权财产化

---

[1] 参见王利明:《论人格权商品化》,载《法律科学（西北政法大学学报）》2013年第4期,第56页。
[2] 参见〔德〕卡尔·拉伦茨:《德国民法通论》(上册),王晓晔、邵建东、程建英、徐国建、谢怀栻译,法律出版社2003年版,第172页。
[3] 参见〔德〕卡尔·拉伦茨:《德国民法通论》(上册),王晓晔、邵建东、程建英、徐国建、谢怀栻译,法律出版社2003年版,第173页。
[4] 参见苏永钦:《走入新世纪的私法自治》,中国政法大学出版社2002年版,第59页。

问题,大陆法系采取的是在人格权内部处理的方法,通过承认人格权包含财产利益的内容来增强传统人格权的理论容纳性;而英美法系则是将人格中的财产利益与传统意义上的人格分离开来,将其视为一种独立的财产权。[1] 虽然该观点不是笔者完全赞同的,但其理由中也提到了人格利益和财产利益交织的问题,对照英美法系的处理模式,按照"人—物"区分的基本逻辑,还应该是人格利益的用人格权来解释,财产利益用财产权来解释。虽然在同一场合,人格利益和财产利益呈交织的状态,但是在逻辑上人格利益的内容应该适用人格权法的规则来解决,财产利益的内容应该适用财产法的规则来解决,只不过人格利益和财产利益的交织状态让适用法律的主体(主要是司法裁判者)很难简单把握究竟是人格利益的问题还是财产利益的问题,但这也是法律人必须掌握的法律思维,也是简单类型化思维面对复杂问题应该做的复杂推理,不能在简单类型化思维的基础上一味简单下去,而提出所谓的人格权财产化的观点,这在一定程度上会损及民法思维科学性。

　　换句话说,人格权和财产权的截然界限依旧还在,只是面对现实问题,传统理论对于人格权的解释产生了偏差,界限的标准在于人格权所表达的主体性和财产权所表达的客体性的区别,人不能是客体不代表不能用客体的逻辑解释人格权保护场合会使用某些财产利益的内容,以财产利益来解释人格的受损,进而创制了精神损害赔偿的财产法保护制度,一定程度上确实使法律人格遭遇了"客体化"的危机,但理论需要清晰界定的恰是如何回归到法律人格标准的起点,如果涉及了财产利益就应该适用财产法规则来解释,那么人格权制度的发展就绝不应该是人格财产化,而是区分人格和财产适用不同的

---

[1] 参见姜福晓:《人格权财产化和财产权人格化理论困境的剖析与破解》,载《法学家》2016年第2期,第18—19页。

逻辑。

产生把法律人格"客体化"表现的另一个原因是权利虽然涉及很多类型,包括人身权利和财产权利这种性质迥异的类型,但是在描述权利概念的时候,主要都是按照财产权尤其是所有权的构成去展开的。比如拉伦茨在描述权利的时候就明显带有以所有权代替全部权利的倾向,认为所有种类的"权利"都有一个共同之处,即某一个人——"权利人",依法享有某种东西。这个"东西"的具体内容包括权利人生存条件或私人领域的不可侵犯性、对物的支配、义务人对权利人"负有"的给付、形成某种法律关系的可能性、在某个团体或组织中的参与管理——所有这些因素正是某类权利之间的区别所在。[1]但他在论述姓名权的时候,又用另一种思维来阐释姓名,姓名并非人的身外之物,如同一件东西可以从一只手交付到另一只手,而仅仅是能够使人个体化的一种标志、一个象征,所以它是个人本身所具有的精神财产,是一种人格财产。[2] 笔者首先怀疑这段论述的翻译是否完全准确,因为读起来就不是很顺畅,但在没有证据证明是翻译错误的情况下,只能说拉伦茨在阐释作为特别人格权的姓名权的场合,既把姓名按照财产的逻辑去表达,又在根本上认为姓名不是和通常所说的"物"一样的财产。所以有观点认为,肯定人格权的权利属性会导致主客体的混同,民事权利体系的最初分类依据是自由意志作用的不同对象,而非权利保护的是精神利益还是财产利益。[3] 在司法实践中,最高人民法院《关于确定民事侵权精神损害赔偿责任若干问

---

[1] 参见〔德〕卡尔·拉伦茨:《德国民法通论》(上册),王晓晔、邵建东、程建英、徐国建、谢怀栻译,法律出版社2003年版,第48页。
[2] 参见〔德〕卡尔·拉伦茨:《德国民法通论》(上册),王晓晔、邵建东、程建英、徐国建、谢怀栻译,法律出版社2003年版,第166页。
[3] 参见姜福晓:《人格权财产化和财产权人格化理论困境的剖析与破解》,载《法学家》2016年第2期,第21页。

题的解释》第 3 条规定的内容是对死者人格利益的延伸保护,实际上保护的却是某种财产利益。严重精神损害以财产来赔偿,以及从社会、经济和伦理等角度寻找合同法是否需要违约精神损害赔偿制度的根据等问题都涉及人格,但显然这些究竟是人格的保护还是财产利益的保护恐怕也是说不清楚的。

(二)以"人"的观念来看待"物"

前文述及,现实中的物并不是单纯的"人—物"对立观念下的"物",或者说现实世界并不存在纯粹表现为主体之外的客体状态的"物",而是总表现为物和法律人格有千丝万缕的联系。除此之外,在理论和实践中,或多或少的还存在以"人"的观念来看待"物"的表现。就像语言表达的拟人或比喻一样,人总是喜欢把物当成人来看待,从法律的角度看,一个人如果总是信赖自己身边的某种物品或者信念的话,他就会经常用这种"人格化技术"把某种物或者某种信念人性化。[1] 但只有生物意义上的人获得了伦理意义上的人格,成为真正的人,人和物才成为不平等的存在。意识到自身的存在和价值的人,要为发展符合自己特点的个性、实现自己制定的生活目标而努力。为了实现这些目的,他需要具备属于自己,并且只能属于自己的物。[2] 然而曾经在人和物平等的观念下人可非人,而在人只能是主体不能是客体的观念下,人之外的皆为客体,从而最终失去了和人平等共处的可能。现实中,将自己的遗产留给自己的宠物,这是典型的以"人"的观念来看待"物",或许可以说此时的"物"已经有了"物格",但决不能说此时的"物"有了"人格",即使按照《德国民法典》第

---

[1] 参见〔德〕汉斯·哈腾鲍尔:《民法上的人》,孙宪忠译,载《环球法律评论》2001 年冬季号,第 393 页。
[2] 参见〔德〕卡尔·拉伦茨:《德国民法通论》(上册),王晓晔、邵建东、程建英、徐国建、谢怀栻译,法律出版社 2003 年版,第 52 页。

90a 条的表述,动物已经不是"物",但动物肯定还不是"人"。传统民法的"人—物"区分从结果上需要清除"人格化技术"处理物的内容,物只能是物,不能是人,甚至不能与法律人格有任何关系,但理论上的区分标准显然不能改变现实中人看待物的态度,这也导致很多讨论财产的场合也很难区分究竟是否和人的属性相关。

究竟是物的属性还是人的属性,恐怕只能在具体的法律关系中衡量,在人体具有了很多物化属性的场合,按照物的规则来处理纠纷也是可行的。用于人工生殖目的的"冷冻胚胎"是典型的现代社会发展产生的新生事物,也是超出了传统民法考量"物"的标准的存在,一些学者一厢情愿地试图在传统的"人—物"区分的框架下解释相关问题,但是理性地看这是做不到的。受精胎胚是介于人与物之间的过渡存在,因此应处在既不属于人,也不属于物的"受特别尊敬"的地位。[1]"冷冻胚胎"的法律性质不能在传统的、简单的"人—物"的框架下得到准确界定。"冷冻胚胎"还不能被定性为人,但的确更接近真实的生命,因此需要获得特殊的尊重和对待;其是物,但又具有与物和人体组织不同的特征,即发育成为人的潜力和绝对独特的价值,这决定了财产法和合同法规则必须基于上述特征进行调适性筛选和选择性适用。[2] 某种意义上,冷冻胚胎也是民法语境中的"薛定谔的猫",其既表现出主体的属性也表现出客体的属性,但是在涉及某个具体纠纷的场合、就某一个点,只能依据现有的民法体系,或依据主体的规则处理,或依据客体的规则处理。在涉及冷冻胚胎归属的"沈新南、邵玉妹诉刘金法、胡杏仙监管权和处置权纠纷"[3]

---

[1] 参见徐国栋:《体外受精胎胚的法律地位研究》,载《法制与社会发展》2005 年第 5 期,第 62 页。
[2] 参见孙良国:《夫妻间冷冻胚胎处理难题的法律解决》,载《国家检察官学院学报》2015 年第 1 期,第 113 页。
[3] 参见江苏省无锡市中级人民法院民事判决书,(2014)锡民终字第 01235 号。

中,当事人双方并无真正的争议,只是其诉讼目的中包含了双重的内容,就冷冻胚胎物的属性来说,其应该交给去世夫妻的继承人——双方父母保管,但是显然双方父母提起该诉讼的目的不在于简单保管,而是试图用此进行人工生殖,这就触及了冷冻胚胎与法律人格的联系,因为冷冻胚胎是可以变成适格的生物意义上的人的,而公法规范禁止其用于人工生殖的目的,因为这会影响到公法调整的正常社会秩序。刘士国认为,终审判决认为卫生行政规章的规定不能对抗当事人的私权,这一认识并不正确。规章为法律的一种,同样具有普遍约束力,冷冻胚胎不能赠与、买卖,禁止代孕不仅是对医疗机构、医务人员的要求,也是一切民事主体应遵循的规范。既然法律禁止代孕,索要胚胎就无意义。[1] 如此说来,该案就没有民法争议,应驳回其诉讼请求,只是在判决理由中应阐明,去世夫妻的双方父母享有继承作为物的冷冻胚胎的权利,但不能用于人工生殖的目的,以避免出现人格的秩序混乱。在离婚纠纷诉讼中,一方以原配偶方在婚姻关系存续期间单方废弃冷冻胚胎,主张精神损害赔偿,此时应该认为胚胎为带有情感因素特殊的物,任何一方的单方废弃行为都会导致另一方精神上的损害。此时虽以"物"的观念来看待胚胎,但并未忽略其中仍然和人格因素关联,只是这里的人格因素不是胚胎本身的,而是拥有胚胎的权利主体的。

有些时候以"物"的观念来看待人表现得比较隐晦。精神利益的保护本是其直接的出发点,却借助财产利益保护的思维转而保护精神利益。美国法上的隐私权保护的利益就不仅仅是精神利益,其中包含的空间隐私权的内容,则以财产利益为保护的内容,隐私空间,是指人格意义上的空间,因此既不局限于生存空

---

[1] 参见刘士国:《中国胚胎诉讼第一案评析及立法建议》,载《当代法学》2016年第2期,第4页。

间,也不局限于权利人所有的空间。[1] 从这种表述看,空间不完全对应财产法上的客体范围,虽然没有物权法要求的客体特定主义的限制,但这种保护的逻辑完全是拟制所有权的相邻关系或用益物权的逻辑展开的,空间隐私权归根结底还是属于隐私权,因为其保护的基础是人格利益或者说是精神利益,但使用了财产法的保护方法,一定程度上符合人格权财产化的观点。但不要忘了,这是英美法系传统下的制度,并没有严格的大陆法系传统下的体系思维观念,或者说没有严格封闭的"人格权"概念。如果说仅仅从制度上继受空间隐私权制度,似乎也没有问题,但在以体系思维为基础的民法典的结构下其就会与体系结构产生根本性的矛盾,这显然是颠覆性的错误,所以空间隐私权涉及的相关内容在大陆法系传统下只能在相邻关系的范围内进行保护。

四、多重利益结合下财产关系构成——财产权客体指向多变

现代民法制度和理论所面对的问题发生了飞跃式的变化,完全超出了近代民法理论体系的设计者的预期,但是这也并不表明现代民法理论和近代民法理论划清了界限,"人—物"对立区分的标准并没有被新的标准所替代,只是理论预想的界限变得不清楚,抑或需要重新解释这个界限在哪里。从前文的讨论可以看出,人格利益和财产利益总是在同一交易场合结合在一起,以单一利益指向区分的财产关系不是没有,但并不常见。为解决多重利益结合下交易中的法律问题,需要重新解读财产关系的构成。

---

[1] 参见马新彦、石睿:《论知识经济时代空间隐私权的侵权法保护——以美国侵权法空间隐私权保护为启示的研究》,载《法律科学(西北政法大学学报)》2010年第2期,第157页。

(一)多重利益结合在观念上可以区分适用

主张人格权财产化和财产权人格化观点的学者很好地解释了利益结合的现实。姜福晓认为,无论是以意志者本人为作用对象的人格权,还是以外部世界为作用对象的物权和债权,其保护的利益均兼具精神利益和财产利益。[1] 但同时他又认为,人格权保护在多数情形下并不涉及财产利益;而精神利益的保护在财产权中也属例外的现象,可以从精神利益与财产利益在不同权利类型中的不同比例和其发展的动态性中得到解答。[2] 但是,多重利益结合并未改变了权利的本质属性,人格权仍然是人格权,人格权不保护财产利益,而如果在人格权保护的场合出现财产利益的问题,就需要引入财产权的规则,换句话说,人格权和财产权在同一交易场合会因为人格利益和财产利益的结合而相互交织。

即使在近代民法理论创制的时期,哲学家在论述人的主体性和物的外在于人格的内容时,也表达了对多重利益结合的现实的认识。黑格尔认为,这里所谓物是一般意义的,即一般对自由说来是外在的那些东西,甚至包括我的生命在内。这种物权就是人格本身的权利。[3] 黑格尔同时还认为,人只有与外在之物发生财产关系才能成为真实自我。[4] 在近代民法的理论中对此很容易产生误解,认为人格本身也成为和"物"一样的存在,在民法学者的解读中,也会因此而改变人格权创设的目的,在复杂的交易现实中简单地解释人格权的

---

[1] 参见姜福晓:《人格权财产化和财产权人格化理论困境的剖析与破解》,载《法学家》2016年第2期,第21页。

[2] 参见姜福晓:《人格权财产化和财产权人格化理论困境的剖析与破解》,载《法学家》2016年第2期,第23页。

[3] 参见〔德〕黑格尔:《法哲学原理》,范扬、张企泰译,商务印书馆1961年版,第48—49页。

[4] 参见〔德〕黑格尔:《法哲学原理》,范扬、张企泰译,商务印书馆1961年版,第52页。

利益构成,王泽鉴认为,精神利益与财产利益并非各自分离,而是同一人格权的构成部分,即一个人格权可以同时包括精神利益和财产利益。[1] 笔者不能赞同这一观点,因为如果人格权这一种权利可以同时保护精神利益和财产利益,那么财产权也可以同时保护财产利益和精神利益,人格权和财产权区分的基础就被撼动了,体系思维的简单类型化基础就不存在了,转换为英美法系的思维方式或许可行,但不能解释形式上人格权和财产权区分的问题,两种并列的思路又混淆缺乏科学性。因此,人格权保护的同时,因分离其中涉及财产利益保护的问题,确定其中财产权客体,或者成立物权,或者成立债权。

但是,在多重利益结合状态下的现实交易,用既有的权利体系去分析问题会遇到明显不能简单匹配的问题,这就要设定在某个特定时刻确定分析的前提。拉伦茨认为,可以将某一个人在某个特定时刻依法享有的东西的总和,亦即这个人全部的权利,或受法律保护的利益的总和,称为"权利范围"。也可以把法律意义上的人看作是其所享有的"权利范围"的核心。权利范围说包含这样的思想:不能在理念上把人简单地从他的权利范围中分离出来。损害人的权利范围,也间接地损害人本身。[2] 把人的主体性的内容在涉及权利范围的时候考虑,并不是认为权利主体和权利客体混为一谈了,而是需要在确定保护财产权利客体的时候,抽出其中的人格权的因素。但是否人格权的因素必然用人格权来保护呢,还是在保护财产权的时候顺势而为也作同样的保护呢?恐怕后者更符合交易中的现实,抽象层面的"人—物"对立区分,并不必然导致具体层面的截然区分,人格

---

[1] 参见王泽鉴:《人格权法:法释义学、比较法、案例研究》,北京大学出版社2013年版,第302页。
[2] 参见[德]卡尔·拉伦茨:《德国民法通论》(上册),王晓晔、邵建东、程建英、徐国建、谢怀栻译,法律出版社2003年版,第48页。

权和财产权的严格区分的制度体系也可以抽象适用于每一个结合在一起的利益关系。

但是必须明确的是,无论利益如何交织,人格权和财产权不应该发生权利属性的变化,人格权和财产权均不能改变性质地发生转让、处分等内容。但是,主张人格权财产化和财产权人格化观念的学者认为,人格权与财产权两种权利在具体语境下是否可以转让和处分,主要是由科学技术的发展和社会伦理道德的双向约束决定的。[1] 笔者不能赞同这种观点,因为科学技术的发展产生了交易的需求,但交易对象的性质是人为抽象的,不是姓名可以许可他人使用交易的就是姓名权,而应该交易的是和姓名相关的一种财产利益,这种财产利益是因为科学技术发展而产生的。而社会伦理道德会改变人们对于交易的理解,但不会颠覆既有的体系,除非用另一个新的体系去替代它,这不仅仅是功能上的替代,而是改变创设基础的替代。《德国民法典》使用了100多年并未发生体系上的改变,但是在某些学者的眼中,我们的法律体系却好像是随意可以改变和设计的。无论是否可以随意改变,法律的适用都可以完成纠纷的解决,其区别在于可以随意改变的法律体系难以说有科学性,更重要的是不能对应稳定的秩序,从而非法律人对于法律秩序的信仰就是不存在的,进而涉及法律毫无权威,不能真正成为解决问题的方法。

综上所述,多重利益结合的现实之下,同时坚持传统"人—物"区分的理念是前提,在此基础上既要坚持用简单类型化的方法去分析复杂现实中的不同权利关系,还要尊重现实需要,不是一味地把生活分析成断然的"人"和"物"两面。对不同利益的相对把握是现代法律人必须掌握的基本技能,就像抽象平等的法律人格从来不存在

---

[1] 参见姜福晓:《人格权财产化和财产权人格化理论困境的剖析与破解》,载《法学家》2016年第2期,第23页。

一样,多重利益结合的交易场景也需要相对化地区分财产权的客体,或者说财产权的客体是一个多变的客观存在。

(二) 多变的财产权客体是解释多重利益保护问题的起点

如果界定财产权的具体类型包括物权和债权的话,那么通常会认为财产权的客体是物和行为。当然,把债权的客体认为是行为的观点也有学者反对,拉伦茨认为债务人的给付是债权的客体,债权是一种要求债务人履行债务的权利,而不是一种对人或对人行为进行支配的权利。[1] 人格权的客体也不是人格,如果将人格权的客体简单定义为人格利益,则混淆了权利支配对象和权利内容,人格利益应该是人格权的内容,如果是一种支配对象,则表现出交换的内容,肖像权难道交换的是肖像的人格利益吗？实际上,权利客体并不是一个可以统一确定标准的存在,因为权利类型的区分标准并不一致,不同的权利类型所谓的客体应该不能在同一语境下比较。传统民法所谓的权利指向权利客体的说法应该是以支配权为模型推导出来的结论,并不适用于所有的权利,债权表现出来的请求权属性则意味着不具有物权一样的确定的客体,如果说债权的客体是行为,是否意味着权利主体可以直接作用于义务主体的行为本身？实际上,在一个买卖交易中,如果义务主体不能履行合同,则导致权利主体通过诉讼得到的救济有可能是买卖交易的物本身,也可能是赔偿一定数额货币的行为。

如此说来,我国民法教材和学说对民事权利客体的说法通常过于简单且有很多误解。在表达权利客体的时候,姜福晓认为,首先,规定民事权利的客体包括人格要素、物、行为等,并对不同客体的含义进行界定;其次,由一个概括条款原则上确认民事权利客体的可

---

[1] 参见[德]卡尔·拉伦茨:《德国民法通论》(上册),王晓晔、邵建东、程建英、徐国建、谢怀栻译,法律出版社 2003 年版,第 379 页。

处分性,并规定违反伦理道德和法律规定的例外,在此概括条款的基础上,再由各编中的具体条款对具体民事权利客体的处分问题进行个别规定。[1] 这些民事权利客体界定的规则人为地复杂化了权利体系,不仅不能解决问题,反而产生了更多的新问题,比如说权利和权利客体的关系是什么,违反伦理道德标准是什么,违反法律法规的限制范围是什么? 如此等等都不能准确地界定,主要的原因就是这些观点脱离了"人—物"对立的逻辑基础,人格本身是不能作为任何权利客体的,人是一切权利客体的对立面,不能因为人为主体,其对人之外的客观存在都成立一种支配性的权利,人本身受到尊重的权利既表达为一种宪法上的基本权利,也是一种私权,人格利益和财产利益结合导致人的身体或其他客观表现随时会转化出一种可以为财产权衡量的内容,或者抽象出能够交易的财产利益,或者救济权利而产生的财产利益的赔偿,与此同时,财产法本身最基本的权利类型也都会显示出与人格利益相关的内容,按照德国联邦宪法法院的观点,《德国基本法》认为所有权是"一项与保障人身自由具有密切关系的基本权利。在基本权利的整体结构中,所有权承担着保证基本权利的主体在财产法领域享有自由空间并使他们有可能自行承担生活责任的任务"[2],财产权的人格属性(精神利益)在于保护财产权的终极目的是实现主体(人)的利益需求。

---

[1] 参见姜福晓:《人格权财产化和财产权人格化理论困境的剖析与破解》,载《法学家》2016 年第 2 期,第 26 页。
[2] 〔德〕卡尔·拉伦茨:《德国民法通论》(上册),王晓晔、邵建东、程建英、徐国建、谢怀栻译,法律出版社 2003 年版,第 86 页。

第二节　人格权保护衍生的财产权
——从姓名、肖像的商业化利用展开

近代民法以人和物对立的二元分界来构筑权利体系,从而有人身权和财产权两种不同的权利类型。在严格的"人—物"对立的逻辑之下,人为权利主体,物为客体,人身权是保护民事主体的独立人格以及相关身份利益的权利类型,财产权是保护民事主体对财产享有的利益的权利,二者原则上泾渭分明。从《民法典》第109条的表述看,保护人身自由和人格尊严是规定人格权的目的,生命权、健康权、名誉权、隐私权都表明了这一目的,也有学者提出标表型人格权的说法[1],这种类型区分除保护人格自由和人格尊严的目的外,还产生了一些和财产利益相关的内容,主要包括姓名权和肖像权,而法律规范的重点,还表现出主要以财产利益的保护为重心的特点,这从对《民法通则》第100条和《民法通则意见》第139条的分析可以明显看出来,立法实际上仅将肖像权保护所涉及的财产利益进行规范,甚至仿佛忽略了其中的保护人格利益基础内容,《民法通则》第100条就是按照财产利益保护的逻辑确定责任承担的构成要件的。《民法典》人格权编第四章"肖像权"的6个条文,依然表现出强烈的财产利用的意思,尤其是第1021条、第1022条有关肖像许可使用的规定,规范内容主要指向和财产利益相关的内容。一般意义上,人格权保护的应该是人格利益,虽然其保护结果可能涉及财产责任,但并不意味着人格权包含财产利益,如果确认人格权包含财产利益,则与最初定

---

[1] 参见张俊浩主编:《民法学原理》,中国政法大学出版社1991年版,第146页;又见温世扬:《论"标表型人格权"》,载《政治与法律》2014年第4期,第64页。

义民事主体(自然人)的主体属性不一致。

但是,我们又不得不承认,人格权指向的利益不限于人格利益,财产利益总是内含其中,且随着社会发展和利用技术的改变而不断变化。例如,在人的伦理性和目的性的定义下,人体器官是不可买卖的,但此种定义必须结合近代民法所处的时代背景来考虑,当时并没有买卖器官的社会需求,人的伦理性解决的是抽象意义上人不能成为客体的问题,换句话说,人不能支配人本身。[1] 及至现代社会,器官移植成为医学上重要的治疗手段,即使公法规范严格限定了器官捐献使用的制度,变相的自由交易以实现利用器官的目的也屡见不鲜。在公法想尽一切办法取缔人体器官交易的情况下,与人格尊严有关对于人格标识如姓名、肖像、形象等的商业化利用愈来愈多,给人的感觉是愈来愈不把人格标识当"人格"了。在"人—物"对立的逻辑下,笔者赞同将人格要素的商业化利用看成是人格权之外的内容的观点,相关人格要素之上衍生的财产利益会成立独立财产权。[2] 人格标识具有商业化利用的功能并非人格权的商品化,这需要在《民法典》框架下进行具体解释。

一、从侵犯人格权的财产责任迂回到财产权的逻辑

近代以来,法学理论、法律制度都越来越强调对人格权的保护,但是仔细斟酌其内容,发现包含了财产法理论的另一种扩张,不仅侵犯人格权的责任后果主要表现为损害赔偿,即使从某些具体人

---

[1] 参见房绍坤、曹相见:《标表型人格权的构造与人格权商品化批判》,载《中国社会科学》2018年第7期,第142页。
[2] 一般认为,艺人、明星或名人将自己的肖像、姓名、声音等人格要素用在商品或服务上是现代社会非常普遍的现象,称为"人格权的商品化"。参见黄芬:《人格要素的财产价值与人格权关系之辨》,载《法律科学(西北政法大学学报)》2016年第4期,第69页。

格权的内涵看,也是以财产法的逻辑来解读的。例如,在《民法通则》的时代,其第 100 条表述的"未经本人同意,不得以营利为目的使用公民的肖像",实际上就表明经过同意可以营利的使用,表现为交易"肖像",在此基础上,《民法典》第 1018 条更明确了"许可他人使用自己的肖像"等营利使用的内容。注意这里使用的对象是"肖像",并不是"肖像权",而"肖像的许可使用"并不意味着肖像权的交易。肖像和肖像负载的人格利益,就如同人体和人格的关系,虽然二者在某种程度上不可分离,但绝不是同一内容。一旦将肖像和肖像负载的人格利益等同,就混淆了"人—物"对立逻辑体系下"人"和"人之外的存在"不同的本质特征。对于以肖像权为代表的人格权保护适用财产责任,恐怕是人格要素衍生出相关财产利益的起点,而不是人格权的财产性内容。

(一)纯粹人格利益的保护不宜用财产来衡量

在《民法典》颁布之前,《民法通则意见》第 139 条就规定了未经同意以营利为目的使用肖像是侵犯肖像权的行为,该条规定并不是赋予肖像权以财产价值[1],但可以解释出使用肖像产生财产价值,此时与其说是肖像权的财产价值,毋宁说是肖像作为标识因为被使用而产生了财产价值,但在很多表述中,并没有区分肖像权和肖像。[2] 截然区分人格利益和财产利益是体系思维的要求,而人格利益和财产利益交织在一起则是现实的表现,承认人格权具有精神和财产双重利益,已经成为一种普遍现象。[3] 按照德国《艺术家和摄影家作品著作权法》第 22 条及以下条款中所规定的肖像权的内

---

[1] 参见张红:《人格权总论》,北京大学出版社 2012 年版,第 188 页。
[2] 参见冉克平:《肖像权上的财产利益及其救济》,载《清华法学》2015 年第 4 期,第 68 页。
[3] 参见张红:《人格权总论》,北京大学出版社 2012 年版,第 188 页。

容,在被拍照人死后 10 年内,肖像权属于其家属。[1] 但需要特别注意的是,此时的所谓"肖像权"恐怕和人格利益没有太大的关系,因为在人死后,其主体资格消灭的同时人格权也已经不复存在了。所以,此时所谓的"肖像权"更应该被认定为是一种财产利益负载的可以交易的人格标识(肖像),而不是权利,如果非要说其享有权利,也是其亲属享有的相关财产权。

　　在对人格权进行再类型化的过程中,通过区分不同属性的人格权,某些人格要素可以变成财产的观念进一步强化。日本学者加藤雅信认为,人格权可以分为绝对性人格权和相对性人格权,前者如生命、身体、自由等,后者如个人信息、名誉、姓名、肖像、隐私等。[2] 在此种类型区分标准之下,不同类型的人格利益并无不同,实质上的差异在于是否可能与财产利益相关。在普通人的肖像权保护中,一般都是以精神损害赔偿的名目进行赔偿,这同时影响了衡量损害赔偿标准,依据《民法典》第 1183 条规定的"严重"程度的标准,普通人恐怕经常难以得到赔偿,但在现实中,法院的裁判还是倾向于保护。[3] 如果从损害赔偿的角度考虑,精神损害并不能和财产利益对应,但是在市场经济条件下,人为地设定了精神损害的标准,精神损害表现得仿佛可以直接用财产价值来衡量。这首先就是通过区分不同类型的人格利益来解释的,例如,叶金强认为,物质性人格权益,主要是生命、身体、健康等权益,受到侵害时会导致物质和精神损害。[4] 在传

---

[1] 参见〔德〕卡尔·拉伦茨:《德国民法通论》(上册),王晓晔、邵建东、程建英、徐国建、谢怀栻译,法律出版社 2003 年版,第 169 页。
[2] 参见王晨:《21 世纪人格权法的立法模式》,其木提译,载渠涛主编:《中日民商法研究》(第十卷),法律出版社 2011 年版,第 79 页。
[3] 参见黄本莲:《普通公众肖像权侵害判定中的利益衡平——以典型的判决书为基础》,载《南京大学法律评论》2013 年秋季卷,第 200 页。
[4] 参见叶金强:《精神损害赔偿制度的解释论框架》,载《法学家》2011 年第 5 期,第 89 页。

统民法理论中,人体作为人格的负载并不能用物质来衡量,并不能成为权利客体。[1] 既然人体不能用物质来衡量,就可以确定人体的损害也不能用财产来衡量,但是这显然与事实不符,因为人体的损害通过财产损害赔偿很大程度上可以在功能上恢复,或者人体在治疗康复的过程中也是通过市场交易的方式换算成财产利益,但这种用财产来弥补的利益和人格利益具有等同的关系吗?传统民法理论其实回避了这一问题,在现有的权利体系中也无法回答,这个问题很大程度上是"人—物"对立逻辑体系的类型化标准过于简单导致的。

所以必须在法律技术上有一个办法将精神利益和财产利益联系起来,解决在市场经济条件下,用财产利益衡量精神利益损害填补的问题。某些学者提出的人格权商业化利用的观点,就已经把人格要素包含的精神利益和财产利益画上等号,人格权商业化利用的概念是为了将财产性的考虑引入人格权的损害纠纷中,突破人格权损害以精神损害赔偿为主的藩篱,为权利人提供更为全面的权利救济。[2] 但从《德国民法典》的构成看,最初的侵犯人格的赔偿,并不是精神损害赔偿为主,而是以恢复原状为指向的财产损害赔偿,从这一点说,人格权的损害赔偿一开始就是要解决用财产来填补损害的问题,并不涉及人格本身的恢复。生命权被侵犯导致的近亲属主张损害赔偿请求权,并非对本人人格利益的维护,不是对人格利益本身损害的赔偿,而是对财产利益损害的赔偿,填补的是近亲属失去的可能在将来得到的财产利益。

司法实务界逐渐认同上述理念,在人身损害的场合赔偿的也主要是财产损害,这已经是理论和实务的共识,主要表现为死亡赔偿金

---

[1] 参见〔德〕卡尔·拉伦茨:《德国民法通论》(上册),王晓晔、邵建东、程建英、徐国建、谢怀栻译,法律出版社2003年版,第379页。

[2] 参见姚辉:《关于人格权商业化利用的若干问题》,载《法学论坛》2011年第6期,第11页。

和残疾赔偿金的定性,2003年颁布的《人身损害赔偿解释》对于死亡补偿费和残疾赔偿金,分别采取了"继承丧失说"和"所得丧失说"的解释,赔偿金属于对受害人或受害人亲属财产损失的赔偿。[1] 这就改变了2001年颁布的《精神损害赔偿解释》把死亡赔偿金和残疾赔偿金认定为精神损害赔偿的规定。如果说生命权、健康权的损害也主要是财产损失,那么姓名权、肖像权等主要涉及人格标识内容的权利,损害的也主要是财产利益。当然,对于其中的人格利益的损害也不能忽略,叶金强认为,一方面需要纠正在人身侵害案件中,将精神损害赔偿和残疾等级判定简单挂钩的做法,另一方面在精神性人身权益侵害案件中,需要考虑损害赔偿的权利确认功能。[2] 房绍坤等也认为,不当使用他人人格标识,他人的人格也会受到损害。[3] 人格利益的损害即使涉及赔偿,也应该是精神损害赔偿而不应该是财产损害赔偿。如此说来,与人格要素相关的财产利益就应该成立单独的权利,而不应该作为人格权的内容,更不应该表达为人格权的财产化。

(二)作为绝对权的精神性人格权[4]如何析出财产利益

将姓名权、肖像权等人格权作为绝对权来理解[5],是简单类型化思维的错位。这是将从物权尤其是所有权中提炼的权利类型表述,转而用于概括和财产权完全对立的人格权,同属绝对权,实质内

---

[1] 参见王轶:《民法原理与民法学方法》,法律出版社2009年版,第48页。
[2] 参见叶金强:《精神损害赔偿制度的解释论框架》,载《法学家》2011年第5期,第90页。
[3] 参见房绍坤、曹相见:《标表型人格权的构造与人格权商品化批判》,载《中国社会科学》2018年第7期,第159页。
[4] 精神性人格权被区分的前提是明确精神性人格要素,精神性人格权包括标表型人格权和尊严型、自由型人格权等。参见张俊浩主编:《民法学原理》,中国政法大学出版社1991年版,第146页。
[5] 参见〔日〕五十岚清:《人格权法》,〔日〕铃木贤、葛敏译,北京大学出版社2009年版,第119页。

容是完全不同的,只是在表面上存在很多的相似性。在类型区分的原理上,姓名权、肖像权又被概括称为精神性人格权,以有别于生命权等物质性人格权,在侵权的场合中,精神性人格权应主要通过绝对权请求权来救济;而物质性人格权则通过财产损害赔偿来救济,当然也都可能涉及精神损害赔偿。在人格权被侵权的精神损害赔偿中,具体如何计算数额成为难题,很大程度上是没有客观标准的,转而只能是通过不断提高赔偿数额来表明损害是严重的,也可以从精神上弥补损害,客观上保护社会秩序的价值,例如在日本,人格权侵害的抚慰金逐渐出现了高额化趋势,这在制止商业媒体以侵害人格权的手段牟取营业额增加的行为、尊重人格的价值以及应对经济社会的变化方面发挥了不容忽视的作用。[1] 但在另一方面,也导致对财产利益的认可忽略对人格利益维护。

归根结底,即使是标表型人格权也应该是为保护人格的目的而存在,就属性而言其应该不能为让与或其他类似财产的处分,但在现实中,肖像、姓名类似于财产的利用较为常见。王泽鉴认为,肖像、姓名作为人格权不能为让与,但并不影响将其用于商品和服务。[2] 这种表述看起来是有些矛盾的,一方面肖像、姓名作为人格权支配的客体,因此不能对外转让,但同时将商业交往中使用他人肖像、姓名的现象认为是合理存在的。这种矛盾表述从另一个方面反证,肖像、姓名之上是存在两种利益的,这两种利益应该分别成立人格权和财产权。吴汉东就指出,主体的人格、身份,在一般情况下是为人身利益而成为人身权的标的,但在有的情况下因具有经济内容而可归类于

---

[1] 参见〔日〕五十岚清:《人格权法》,〔日〕铃木贤、葛敏译,北京大学出版社2009年版,第190—193页。
[2] 参见王泽鉴:《人格权法:法释义学、比较法、案例研究》,北京大学出版社2013年版,第253页。

财产权的对象。[1] 然而，不同学者对同一现象的理解是不同的，王利明则认为这只是人格权的财产化，并进而认为名誉也可以商品化，他指出，19世纪以来现代广告业的发展使个人的名誉、肖像、姓名等人格权中的经济价值逐渐凸显，并可以大量进行商业化利用。[2] 相对而言，这种说法存在不合理的一面，个人的名誉如何商业化利用，允许他人用自己的名字进行宣传，是否意味着出卖名誉呢，恐怕这里交易的只是姓名或肖像的许可使用，其中包含个人影响力带来的财产利益，但所谓的名誉本身是不能交易的。对于精神性人格权来说，其中除了表现出人格利益的要素以外，某些人格的符号要素还会产生财产价值，主要是这些符号要素可以映射到商品上，通过这些人格符号关联的人的社会影响力而使商品的影响力甚至直接的市场价值变大，此时反过来考虑，这些人格的符号要素就脱离了《民法典》第109条所保护的"人身自由、人格尊严"的要求，成为一种虽然和人格要素相关，但纯粹是财产价值的存在，成立的权利也应该是财产权。谢晓尧就认为，在现实生活中，侵犯人格的符号要素，针对的未必是传统人格所涵摄的精神利益，而是符号的财产价值。[3]

在权利的类型区分上，人格权和物权被归为一类，同属绝对权。绝对权是按照物权的构造概括的权利类型，人格权既然属于绝对权，就会按照物权客体是物的逻辑展开，人格权的客体被确认是人格要素或人格利益，但人格要素并不能和人格画等号，就像人体和人格

---

[1] 参见吴汉东：《论财产权体系——兼论民法典中的"财产权总则"》，载《中国法学》2005年第2期，第73页。

[2] 参见王利明：《论人格权商品化》，载《法律科学（西北政法大学学报）》2013年第4期，第54页。

[3] 参见谢晓尧：《商品化权：人格符号的利益扩张与衡平》，载《法商研究》2005年第3期，第82页。

不能画等号一样，虽然人体是人格的负载，但人格作为权利指向的内容是基于人之为主体而产生的利益，并不具体指向某种实物的存在。因此，人格权的客体的表述带有将人格物化的倾向。人格被物化，物也会被人格化，《民法典》第1183条第2款规定"具有人身意义的特定物"被侵害而有权主张精神损害赔偿，这是《精神损害赔偿解释》修订前第4条规定的继受，只不过司法解释表述为"具有人格象征意义的物"，究其实质就是保护人格而非物。

二、人格标识商业化利用实质是成立财产权

有些学者将人格要素完全等同于人格，认为人格权的商品化并未改变人格要素内在于主体的特性，根据财产权和人格权的区分标准，人格要素商业化利用产生的财产价值并不适宜归列到独立于人格权的财产权之下。[1] 此种观点导致的结果就是将财产权和人格权混淆为一体，从而削弱甚至完全背离了"人—物"对立的体系逻辑。因此，笔者认为，从"人—物"对立的逻辑出发，某些人格要素虽然和人格保护相关，但一旦从人格要素分离出财产权的客体，就成立纯粹的财产权，而不是人格权的财产化，通常所谓的人格权商品化应表述为人格标识商品化。人格权商品化，是指在市场经济社会，人格权的某些权能可以依法转让或者授权他人使用，包括在其遭受侵害以后通过财产损害赔偿的方式获得救济。[2] 按照前文的论述，这种表达虽然指出了人格权相关的财产内容和财产利益的保护，但混淆了人格权和财产权类型区分的界限。所以，以下试着讨论一下与人格要素相关的财产权是如何成立的。

---

[1] 参见黄芬：《人格要素的财产价值与人格权关系之辨》，载《法律科学（西北政法大学学报）》2016年第4期，第74页。
[2] 参见王利明：《论人格权商品化》，载《法律科学（西北政法大学学报）》2013年第4期，第54页。

(一)某些人格要素商业化利用的功能需求

从近代民法理论讨论是否应该规定人格权开始,人格要素因为与法律人格须臾不可分离而不能成为财产权指向的内容,从另一个角度讲,当时的社会发展阶段也没有人格要素商业化利用的需求。正如黄芬认为,人格要素专属于自然人,不能与自然人须臾分离,也不能成为他人意志支配的对象,否则人的主体性及人格尊严将丧失殆尽。[1] 王利明也认为,在商品经济不发达的情况下,人格权不可能作为财产进行利用或者交易。[2] 但需要注意的是,得出这些结论的背景都是在市场经济发展的早期,讨论能否交易的前提应该是法律是否明确规定有各种具体人格权,但是在近代民法的观念真正确立前后,生物意义上的人也可能成为财产权的客体进行交易,人的影响力等却并不能带来财产利益,所以,那时不是人格权不能交易,而是根本就没有这些具体人格权的问题。而近代以来具体人格权的发展历程,就是不断把各种与法律人格相关的内容纳入到人格权保护范围的过程,这些与法律人格相关的内容被称为人格要素,而人格要素本身的范围又是没有确定界限的,并且是不断扩张的,甚至如前文所述把一些具有人格象征意义的物也纳入到人格权保护范围中,在不断圈进的范围中,纯粹的人格要素和掺杂了财产要素的内容混淆在一起了。或者更深入地追问,到底有没有纯粹的人格要素呢?从人体器官到血液、头发等人体的构成成分,这其中也很难指出哪些是具体的人格要素,我们会在坚持保护作为主体性的法律人格的同时无法从对象本身去判断是否有纯粹的人格要素。

---

[1] 参见黄芬:《人格要素的财产价值与人格权关系之辨》,载《法律科学(西北政法大学学报)》2016年第4期,第69页。
[2] 参见王利明:《论人格权商品化》,载《法律科学(西北政法大学学报)》2013年第4期,第54页。

在民法典编纂的过程中,人格权是否独立成编成为一个争议的问题[1],人格权的独立在立法上经历了漫长的时间,从《德国民法典》没有具体规定到我国《民法典》独立成编规定了各种具体人格权,实际上与社会发展密切相关,对于主体本身的保护成为重要的问题。如果仅仅是保护法律人格,恐怕只需要在民事主体的相关章节规定人格权就好,反而是人格要素的商品化迫使人格权需要独立成编,王利明就认为,正因为人格权商品化导致的人格权概念的发展,人格权与人格权主体发生了部分的分离,因此不能将人格权规定于主体制度之中。[2] 人格权保护的一些所谓人格要素已经脱离了保护"人身自由、人格尊严"的范围,成为财产权支配对象的一种了,只是以"人格权商品化"为名来表达人格权的发展是不太合适的,而是某些人格要素的载体被分离出财产价值从而成立财产权的客体。所谓人格权商品化,不过是人格标识的商品化,而非人格要素的商品化。[3] 这里的人格标识是人格要素的载体,应该和人格要素并不是同一内容,但关于什么是人格要素也很难在法学上进行精确的定义和界分。现实中姓名、肖像既是人格标识,也经常被认为就是人格要素本身,而司法实践认可的商品化权(形象权)虽然经常和肖像相关,但其人格要素并不是肖像本身,进而可以抽象地解释人格要素应该是与法律人格相关的一个抽象的要素。在定义商品化权的时候,主要阐释的内容并不是其人格要素,而是普通人和公众人物的市场评价,商品化权是以肖像权人所具有的对顾客的吸引力或者在公

---

[1] 相关讨论参见王利明:《使人格权在民法典中独立成编》,载《当代法学》2018年第3期;尹田:《人格权独立成编的再批评》,载《比较法研究》2015年第6期。

[2] 参见王利明:《论人格权商品化》,载《法律科学(西北政法大学学报)》2013年第4期,第56页。

[3] 参见房绍坤、曹相见:《标表型人格权的构造与人格权商品化批判》,载《中国社会科学》2018年第7期,第152页。

众中的知名度和影响力为基础的,其主体一般以名人为主,很难说普通公众的肖像具有这样的经济价值,也很难说普通人可以作为商品化权的主体。[1] 当然,时代的发展使普通人和公众人物在肖像上的区别越来越小,网络时代快速的信息传递和交流使得普通人的社会影响力越来越大,在这个遍地"网红"的时代,人人都有肖像权,这有别于传统只有通过肖像获得金钱的少数名人才有肖像权的时代。在当今时代,每个人的人格要素都具有潜在的商业价值,普通人也有权以合法的方式使用自己的姓名、肖像,并由此取得财产利益,但人格的财产利益对于大多数人来说只是一个应然假设。[2] 冉克平就认为,从人格平等与权利享有的角度看,任何人都有将自己的肖像权加以商业化利用的机会,自然人的肖像权均具有财产利益的可能性。[3] 但是需要注意的是,笔者不同意肖像权具有财产利益的说法,正确的表述应该是肖像和财产利益关联而就其中的财产利益成立财产权。

(二)作为财产权的公开权等权利的表达

在美国法上,公众人物的肖像、姓名、形象等可以成立具有财产权属性的公开权,王泽鉴认为,公开权指每一个人得控制其个人特征在商业上使用的固有利益。公开权是一种财产权。[4] 公开权是自然人或者法人对其姓名、肖像、形象、声音、签名等具有经济价值的人格要素,其扮演的角色、独创的表演形式、特色口头禅等与本人密切

---

[1] 参见黄本莲:《普通公众肖像权侵害判定中的利益衡平——以典型的判决书为基础》,载《南京大学法律评论》2013年秋季卷,第201页。
[2] 参见谢晓尧:《商品化权:人格符号的利益扩张与衡平》,载《法商研究》2005年第3期,第82页。
[3] 参见冉克平:《肖像权上的财产利益及其救济》,载《清华法学》2015年第4期,第71页。
[4] 参见王泽鉴:《人格权保护的课题与展望——人格权的性质及构造:精神利益与财产利益的保护》,载《人大法律评论》2009年卷,第63页。

相关的个人特性，或者因投资或悉心照顾等原因而与主体本身形成密切联系的动物或者其他无生命的物的形象的处分和利用的权利。[1] 由于美国并没有民法典，更没有物债二分的财产权体系，所以只要解释公开权成立于财产利益之上就可以确认其为财产权，但是公开权所涉及的内容和人格要素密切相关。从保护客体看，公开权在于保护个人的特征，以认同其人，作商业上使用而具财产价值，包括肖像、姓名、声音、标语口号、与个人具联想关系的物品、以虚拟人为作为真实人物、现场表演。[2] 在"人—物"对立的语境下，公开权应该属于在特定财产利益上成立的财产权，但这些财产利益都是和人格要素密切相关的，同时也解释了肖像、姓名等并不是纯粹的人格要素，或者可以更精确地说是反映某些人格要素的存在，当然也可以是反映某些财产价值的存在，只不过公开权这样的权利在民法典体系中很难安置，如果属于财产权的话，它应该既不是物权也不是债权，所幸从《民法典》总则编第五章的内容看，知识产权、股权和其他投资性权利、继承权、网络虚拟财产权利和数据权利都既不是物权也不是债权，公开权在中国的民事权利体系中或许不叫这个名字，但一定是一种物债二分之外的特殊的财产权利。

与公开权的理念相反，我国的一些学者认为，对于与人格要素相关的财产权的内容通过解释纳入人格权的内容当中，对于姓名、肖像这些内容成立的标表型人格权，其内容中就应该包括财产利益的内容，典型的是肖像，因为肖像具有可复制性，从而使肖像权权能在一定程度上能够与主体相分离，并且能够用于一些商业活动，即权利

---

[1] 参见李大何：《未来民法典中人格权财产利益的保护模式》，载《华东政法大学学报》2017 年第 4 期，第 87 页。
[2] 参见王泽鉴：《人格权保护的课题与展望——人格权的性质及构造：精神利益与财产利益的保护》，载《人大法律评论》2009 年卷，第 65 页。

人自己能够加以利用,也能够授权他人加以利用。[1] 按照此种观点,如果权利的内容能够分离用于交易,则已经脱离了主体性的法律人格,成为主体支配的对象,或者说和物没有区别,此时仍然认为是人格权包含的内容,这和人格权本身保护"人身自由、人格尊严"的目的违背,虽然这些内容和人格要素密切相关,但应该已经脱离了人格。与之相对,也有学者认为,姓名、肖像等自然人人格符号除具备其他人格要素相同的精神价值外,在特定条件下还具有一定的市场价值,成为权利人拥有的一项特殊财产(物),所谓"人格权的商品化"或"人格权的商业化利用",实质上就是此等特殊财产(物)的"商品化"。[2] 更进一步,有些观点认为应将人格利益和财产利益进行类型区分,个性化利益不同于人格标识的使用权能,前者是主体不与他人商品、服务或机构关联起来的人格利益,后者则是人格标识不被他人使用的财产性利益。[3] 在财产性利益方面,应该成立单独的财产权,反过来标表型人格权的内容也应该发生变化,《民法通则》表达的标表型人格权的内容应该重新解释,依据与主体性法律人格的关系,标表型人格权应该瘦身,割裂人格标识的决定、变更权能与使用权能的关联关系,以人格标识的决定、变更为权能,人格标识的形成自由为权利对象。[4]

---

[1] 参见王利明:《论人格权商品化》,载《法律科学(西北政法大学学报)》2013年第4期,第55页。

[2] 参见温世扬:《析"人格权商品化"与"人格商品化权"》,载《法学论坛》2013年第5期,第108页。

[3] 参见房绍坤、曹相见:《标表型人格权的构造与人格权商品化批判》,载《中国社会科学》2018年第7期,第147页。

[4] 参见房绍坤、曹相见:《标表型人格权的构造与人格权商品化批判》,载《中国社会科学》2018年第7期,第151页。

三、人格利益和财产利益纠结一处仍遵循两种权利逻辑

无论是赞成还是反对人格要素商业化利用的观点都具有一个共识,即随着社会的发展,在事实上出现了人格利益和财产利益纠结一处的现象,在现有的民事权利体系中如何归类成为难题。人格权商品化就是一种解释路径,笔者在前文已经显然反对这一解释,认为还是应该坚持"人—物"的对立为逻辑起点,基于不同的利益成立不同的权利,坚持人格权和财产权不同的权利逻辑。

(一)与人格要素相关内容成立的财产权类似物权

在解释人格利益和财产利益纠结一处的现象的时候,必须解决的问题是针对人格要素成立一权还是两权,在人格权的逻辑下确立人格权一权的观点占据多数,例如王利明认为,人格权商品化使得人格利益和财产利益结合起来,从而形成人格权和财产权的结合状态。[1] 是人格权发生变化了,还是人格权与财产权交织到一起,这是完全不同的效果,前者破坏了体系思维的精确性,后者是在坚持体系思维的情况下对问题作出回应。所以主张人格权商品化观点的学者也承认,就某项人格权而言,其不再是一个单纯的人身性权利,而同时蕴含了财产权的一些特征,具有人身权和财产权的双重属性。[2] 与此观点类似,黄芬认为,在制定民法典时,不论人格权是否单独成编,人格权立法中均应涵盖人格要素的财产价值的内容,而不应将其置于财产权的相关章节当中。[3] 以一权为限必须在解释上

---

[1] 参见王利明:《论人格权商品化》,《法律科学(西北政法大学学报)》2013 年第 4 期,第 56 页。
[2] 参见王利明:《论人格权商品化》,载《法律科学(西北政法大学学报)》2013 年第 4 期,第 57 页。
[3] 参见黄芬:《人格要素的财产价值与人格权关系之辨》,载《法律科学(西北政法大学学报)》2016 年第 4 期,第 75 页。

扩大原有人格权的内涵,依照前文所述,人格权就会脱离保护法律人格的目的,成为兼具保护人格利益与财产利益的违背"人—物"对立区分逻辑的权利。具体人格权的内容与保护需要进一步明确,以肖像权为例,虽然从《民法通则》到《侵权责任法》,再到《民法典》都规定了肖像权,但是肖像权的内容到保护都是不明确的,肖像权本身就是通过判例被明确的权利,需要通过解释寻找其和现有体系的衔接方式。在解释肖像权所指向的人格利益和财产利益区分的过程中,肖像和肖像权始终被混淆,在描述肖像权的论述中,肖像权被定义为肖像本身,例如,"模特原则上不可以对以其为原型的绘画作品、雕塑作品、摄影作品主张肖像权,因为当他同意成为模特的时候,就视为已经让渡了作品中的肖像权"。[1] 按照这种观点,肖像权已经是可以转让的权利,其财产权的特质尤为明显。但是就需要追问,这种纯粹财产权特质的权利,还是人格权吗?已经和"人—物"对立区分的民法体系不一致,但并没有止于此,有的论述更进一步指出,"合理使用作为一种事实行为也存在于肖像权保护的体系内,不仅有关公民个人利益,而且有时还关系到国家和社会的公共利益"[2]。如果肖像权可以被合理使用,那么这种权利和姓名权这样的标表型人格权就相去甚远,实际上,合理使用来自于知识产权,是财产权的逻辑,而所谓的肖像的合理使用就是在交易肖像所影射的市场影响力,这种市场影响力虽然不符合物权客体特定主义的要求,不具有体物的特征,但也是特定的,也是具有无须借助他人的意思即可单独支配利用的可能的。

也有观点将人格权商品化单独解释成"人格商品化权",从而区别于传统的人格权,进而在实质上形成"人格权"和"人格商品化权"

---

[1] 参见张红:《肖像权保护中的利益平衡》,载《中国法学》2014年第1期,第276页。
[2] 张红:《肖像权保护中的利益平衡》,载《中国法学》2014年第1期,第278页。

两权的格局。谢晓尧认为,商品化权只是人格权利的一种例外与补充,是人格法定权利之外的一种"剩余权利",这种例外与补充必须局限于商事领域,局限于特定的人格主体,而不能通过普适性的立法来广泛确认。[1] 所以,我们也可以认为人格商品化权不属于人格权,而应该是财产权。关于"人格商品化权"的属性,温世扬认为,"人格商品化权"属支配权范畴,但其与同为支配权的所有权、知识产权在客体形态、取得方式等方面均有显著差别,故难以将其纳入现有的物权或知识产权体系,在现有财产法体系中,"人格商品化权"确乎难有恰当的"归宿"。[2] 从该表述中可以明确,"人格商品化权"或者应该叫作与人格要素有关的财产权更为恰当,而且该权利不是物权,但作为一种具有支配权属性的权利,更接近物权,这种支配权所支配的内容是财产利益,而有别于将人格权也解释为支配权的观点将人格权支配的对象庸俗化为人格或人格利益,进而出现将人当成物的错误逻辑,或者也可以明确温世扬不认为其属于人格权。从根本上来说,人格权也不应是传统民法意义上的支配权,因为并没有一个独立于主体的利益可以排他的支配。房绍坤等就直接指出,人格标识使用权是一种特殊财产权,是一种包含同一性和个性化人格利益并不同于物权、知识产权的特殊财产权。[3] 毋庸置疑,虽然人格利益和财产利益交织在一起,但依据民事权利的逻辑,应该成立纯粹的人格权和纯粹的财产权两种不同的权利,而这种财产权类似物权却并非物权。

---

[1] 参见谢晓尧:《商品化权:人格符号的利益扩张与衡平》,载《法商研究》2005年第3期,第85页。
[2] 参见温世扬:《析"人格权商品化"与"人格商品化权"》,载《法学论坛》2013年第5期,第111页。
[3] 参见房绍坤、曹相见:《标表型人格权的构造与人格权商品化批判》,载《中国社会科学》2018年第7期,第158页。

(二)人格权客体和财产权客体区分的界限

就权利客体的理论来说,物权的客体原则上为有体物应属共识,除此之外,关于债权的客体究竟是什么争议也颇多,多数人认为债权的客体是义务人的给付行为,但有些类型的债权并不指向一个具体的给付行为,或者说没有特定的给付行为。比债权客体更难以确定的是人格权的客体是什么,多数观点认为是人格利益,按照前文所述的内容,此种说法有可能将人异化为物的嫌疑,破坏人只能为主体的"人—物"对立区分的逻辑,马俊驹就直接指出,"人格权商品化"意味着人格权可以作为整体或部分被有偿转让,其所隐含的"买卖人格权"的深层含义有悖于法律原理,甚至有违公序良俗。[1] 实际上,讨论权利客体是以物权关系为典型进行的简单类型化的方法,很难或不太适用于人格权,一旦适用于人格权就会出现很多逻辑上的错误。例如,隋彭生认为,肖像权的客体是自然人人身的外部形象,并认为肖像以人为物质载体。[2] 此种比照物权关系展开的支配权的逻辑完全把人和人格要素当成是支配权的客体,在结果上把人当成"物",因而是不适当的。总而言之,用权利客体来描述人格权关系是不太适当的,如果非要按照法律关系的基本构成明确人格权客体的话,只能说人格要素所表现的人格利益是人格权的客体,并且还必须加上人格权的客体只能基于主体性进行维护,并不能进行排他的支配,更不能交易。

财产权尤其是物权被类型化的根据就是客体的特定性,基于客体的不同区分人格权和财产权,可以更深入追问财产权的客体究竟如何特定,依据"人—物"对立的逻辑,人以外的物即可成为权利客体,由此,财产权与人格权的区分从根源上说并非建立在财产价值的

---

[1] 参见马俊驹:《人格和人格权理论讲稿》,法律出版社2009年版,第307页。
[2] 参见隋彭生:《论肖像权的客体》,载《中国法学》2005年第1期,第48页、第50页。

有无——权利是否可以为主体带来财产价值上,而是建立在客体的属性——是否可以永久地外在于主体上,财产价值有无恰恰是客体属性差异的衍生物与外化表征。[1]《德国民法典》之所以没有具体规定人格权很大程度上也是因为人的主体性存在,有观点认为《德国民法典》的体系以财产权为中心展开,表现为"重物轻人"[2],笔者认为恰恰相反,没有具体规定人格权是为了防止人的异化的更尊重人的表现,人只能是主体不能用物的价值来衡量,所谓《德国民法典》等传统民法"重物轻人"的说法完全是不成立的。与人格要素相关的财产权的客体应该是包含了财产价值的类似于"物"的存在,这种财产权客体作为抽象的存在与有体物的同质性在于不包含人的主体性要素,同时具有使用价值和交换价值等财产价值内容。

同样道理,既然财产权可以成立于人格要素相关的抽象内容上,人格权的精神性人格利益也可以反映在有体物之上,从而使典型的物权客体变成人格权指向的内容,只不过人格权并不真正指向有体物,而是有体物和人格利益密不可分了。精神性的人格利益可投射到外在的物上,形成具有人格纪念意义的物。[3] 进一步可以总结,人格利益和财产利益纠结在一起并不单纯出现在人格权的场合,但无论哪种场合的利益纠结,必须在权利体系中分清楚究竟是人格权还是财产权,人格权只能是纯粹保护人格利益不能扩张为包含了保护财产利益的内涵变异的权利。正如房绍坤等认为,理顺标表型人格权的权利构造,捍卫人格权的专属性与非财产性,是人格权正

---

[1] 参见黄芬:《人格要素的财产价值与人格权关系之辨》,载《法律科学(西北政法大学学报)》2016年第4期,第72页。
[2] 徐国栋:《商品经济的民法观源流考》,载《律师世界》2002年第5期,第12页。
[3] 参见房绍坤、曹相见:《标表型人格权的构造与人格权商品化批判》,载《中国社会科学》2018年第7期,第159页。

面确权的前提,也是传统民法典未竟之使命。[1] 现代的民事立法既没有完全表现人格权的纯粹,也没有为与人格要素相关的财产权预留专门的空间,要彻底解决这个问题不能局限于解释论的阐释,还必须从立法论的角度解决,具体来说就是应当从源头解决这个问题,通过创设新的权利来给人格权的财产利益留出专门的空间,而不是规定一个不能包含人格权财产利益的上位概念,再通过相关的理论学说进行扩张和突破,将人格权的财产利益硬塞进去。[2] 实际上,现代物权法中的物权客体也不断地突破传统物权客体特定主义的限制,就《民法典》物权编第四分编"担保物权"的规定看,物权客体已经不限于有体物,尤其是从第395条和第399条关于"抵押财产"的表述,可以确定物权客体已经可以指向各种具有交换价值的客观存在。基于此思路展开,与人格要素相关的财产权的客体也可以理解为人格要素相关的抽象财产价值,因为能够进入市场进行交易进而可以成为财产权的客体,只不过这个抽象的财产权客体比《民法典》物权编规定的"财产"更具有特殊性,不宜认定为物权。另外,并不是所有的人格要素都可能衍生成立财产权,物质性人格权[3]由于指向人体本身,相关要素都具有不可转移性,也没有使用价值,所以就不能成立财产权,虽然如此,但是在物质性人格权被侵犯的场合,仍然是通过损害赔偿的方式来保护。

(三)人格权和财产权的区分保护模式

将与人格要素相关的财产权与人格权区分为两种权利还涉及权

---

[1] 参见房绍坤、曹相见:《标表型人格权的构造与人格权商品化批判》,载《中国社会科学》2018年第7期,第161页。

[2] 参见李大何:《未来民法典中人格权财产利益的保护模式》,载《华东政法大学学报》2017年第4期,第85页。

[3] 参见张俊浩主编:《民法学原理》,中国政法大学出版社1991年版,第143页。

利保护模式的问题,人格权的保护很大程度上是维护人格利益的完整,而物质性人格权的保护也必须与其相关财产利益的损失划清界限,将死亡补偿金和残疾赔偿金真正纳入财产损失的范围内,除精神损害赔偿外并不涉及损失的计算的问题。现实中往往混淆两种利益的保护方式,例如,《精神损害赔偿解释》第5条第1款第(四)项确定了获益赔偿的规则,其实质是确定了人格因素被财产化利用的经济价值的计算,该规定在混淆利益的同时违背了人格权和财产权保护所欲达到的不同目的,莫不如将其中的财产利益按照财产权的模式进行保护更好,其结果虽然相同但逻辑上更清晰准确。在具体人格权被侵害的场合,能够很容易区分不同利益受损而适用不同的规则,如果肖像权被他人非法商业利用,除停止侵害责任等之外,普通人因肖像权上的精神利益受侵害可以获得精神损害赔偿;名人则因肖像权上的财产利益受侵害导致的通常为财产损害赔偿。[1] 从这种表述可以看出,虽然该观点坚持人格权是既包括人格利益也包括财产利益的权利,但是在保护模式中则采取了区分的方式,不同的利益分别成立不同的赔偿,而且在名人肖像权的场合,财产损害赔偿就是对相关财产利益的保护。对于人格权的保护适用一般侵权过错责任即可,而对于作为与人格利益相关的财产权的公开权这样的权利,则应当进行严格的限制,即需要行为人具有主观故意或者行为违背了善良风俗。[2]

---

[1] 参见冉克平:《肖像权上的财产利益及其救济》,载《清华法学》2015年第4期,第80页。
[2] 参见李大何:《未来民法典中人格权财产利益的保护模式》,载《华东政法大学学报》2017年第4期,第87页。

第二章　物债二分的财产法体系逻辑的异化与校正

物权和债权二分的财产法体系逻辑是源自德国民法学说的理论,是德国法学家萨维尼的主要理论贡献。[1] 物权与债权二分的体系是以《德国民法典》为代表的德意志法系的显著特征,我国自清末修律以来移植西方法律传统,影响至今的就是移植之初所采纳的物债二分的体系逻辑。这从中国改革开放后建立社会主义市场经济的立法历程可以明显看出来,大致可以区分为三个阶段:第一个阶段,从1986年颁布《民法通则》第五章"民事权利"的规定看,虽然没有明确使用"物权"一词,但是"财产所有权和与财产所有权有关的财产权"与"债权"各自作为一节并列的体系构造,明显可以看到物债二分的影子,归类为物债二分的财产法体系也基本是恰当的。第二个阶段,从1999年颁布《合同法》开始,到2002年全国人大审议《民法(草案)》,再到2007年颁布《物权法》,虽然没有完成民法典的编纂,但是单行立法已经完全按照物债二分的逻辑进行制度安排,如果说1999年《合同法》第51条还存在明显的物债混淆的问题,那么2007年的《物权法》第15条就已经明确表达物权和债权的区分的观念。第三个阶段,始于2014年中国共产党第十八届中央委员会第四次全体会议文件《中共中央关于全面推进依法治国若干重大问题

---

[1] 参见金可可:《私法体系中的债权物权区分说——萨维尼的理论贡献》,载《中国社会科学》2006年第2期,第139页。

的决定》确定的"编纂民法典"工作,作为"两步走"战略的第一步,2017年全国人民代表大会颁布了《民法总则》,其第五章"民事权利"在第113条规定了财产权平等保护的原则,接着第114条至第117条规定了物权的基本原则,第118条至第122条规定了债的发生原因,很明显在财产法体系上采纳了物债二分的体系逻辑。2020年5月28日,《民法典》颁布,总则编之后是物权编、合同编,尤其是合同编在第一分编"通则"部分规定了很多属于"债法总则"的内容,进一步明确了物债二分的体系逻辑。但是,形式上采纳了物债二分的逻辑不等于实质上彻底贯彻了这一逻辑,或者说立法与司法实践中的物债二分的逻辑如何解读才是关键的问题。

另外,虽然我国的民事立法原则上采纳了物债二分的逻辑,但基于社会主义市场经济的要求,和社会经济不断发展变化的要求,物债二分的财产法体系逻辑也发生了异化。这些异化现象有些是错误地理解了物债二分的体系逻辑,有的则是对物债二分体系逻辑的发展和补充,需要从具体的场合深入阐释。其一,从《民法通则》颁布前后开始的中国民法实践没有明确的物债二分的体系思维,导致物债混淆已经成为理论和司法实践当中被当然认可的现象,尤其是在后果归结时,往往把债务不履行责任和物权保护请求权等同看待,进而导致对整个财产法体系逻辑的破坏。所以本章内容试图首先从对物债混淆误区的纠正入手,去论述返还原物请求和"合法占有"的关系。其二,从《民法典》第123条至第127条的规定看,这些例外的规定成为财产法体系解释的关键点,在这些特殊列举的物权和债权以外的财产权中,第123条规定的知识产权由《著作权法》《专利法》《商标法》等法律专门规定,第124条规定的继承权由《民法典》继承编专门规定,第125条规定的股权等由《公司法》等法律专门规定,只有第127条规定的数据、网络虚拟财产权利没有专门的法律规定,但从第

127条规范的内容看,显然需要有专门的网络虚拟财产权利的法律规定,在没有专门的法律规定网络虚拟财产权利的现阶段,只能通过解释参照既有的规则来充实完善网络虚拟财产权利的规则。其三,在物权和债权之外的领域,也经常出现物债二分被错误使用的情形,关于在继承开始后遗产分割前,共同继承人对于遗产的权利归属状态,学界一直都有不同的观点,所谓"共同共有说"和"按份共有说"其实都是混淆了物权和债权的区分,因为继承的财产既有物权也有债权,所以按照纯粹属于物权概念的"共有"来明确财产归属的状态本身就有偏差,应该在物债二分的体系逻辑之下重新解释共同继承遗产的归属状态。

第一节 返还原物请求权行使与"合法占有"的关系

虽然我国民事立法有形式上的物债二分财产法体系的存在,但在我国的民法实践中,物权与债权混淆的现象也屡见不鲜,甚至产生了一些物债混淆的习惯认识,这在最高人民法院司法解释和裁判观点中就有明显的表现。例如,在《买卖合同解释》第9条、第10条以及《第八次全国法院民事商事审判工作会议(民事部分)纪要》第15条的规定中,赋予签订合同在先的买受人优先得到履行的效力,事实上打破了债的平等原则,进而使物权和债权可以同时比较效力,而且没有坚持物权优先于债权[1],从而产生依据债权可以事实上享有物

---

[1] 实际上,物权优先于债权的说法也是错误的,在物债二分的逻辑之下,物权只能优先于物权,并不存在和债权比较效力的可能。参见李国强:《物权法讲义》,高等教育出版社2016年版,第55页。

权的后果,而债的不履行的规则也随之发生了改变,在债务人完全丧失了履行能力时,没有被优先得到履行的债权人如何保护自己利益恐怕成为难题。但这种难题恐怕还不是物债混淆带来的最大的问题,就现实中权利人基于物权主张《民法典》第235条规定的返还原物请求权与在先的"合法占有"的冲突,可能是物债混淆现象中最大的问题,也是我国司法实践中经常遇到的问题,需要在理论逻辑上阐释清楚并给出解决问题的路径。在本节内容中,笔者试着从一则《最高人民法院公报》登载的案例入手,分析案例中存在的物债混淆的问题和对财产法秩序产生的负面影响,并探求问题的成因和解决之道。

一、返还原物请求权和"合法占有"的冲突

(一) 基本案情和人民法院处理的结果[1]

上海市浦东新区某镇某路某弄某号某室房屋系被告臧某房屋拆迁后以补偿安置款购得并登记在其名下,由其及家人居住使用。案外人李某以被告臧某代理人的身份与案外人谢某签订《上海市房地产买卖合同》,并将系争房屋变更登记至案外人谢某名下。后案外人谢某又与原告连某就系争房屋签订了《上海市房地产买卖合同》,并将系争房屋变更登记至原告连某名下。因系争房屋一直由被告臧某及家人占有使用,故而发生争议。本案起诉前,连某曾向上海市浦东新区人民法院起诉要求谢某交付系争房屋,臧某作为第三人申请参加该案诉讼。上海市浦东新区人民法院作出(2012)浦民一(民)初字第21647号民事判决[2],认为第三人臧某确实曾向案外人李某出具了由其亲笔签名并具有出售系争房屋事项的公证委托书,但委托

---

[1] 参见"连某诉臧某排除妨害纠纷案",载《最高人民法院公报》2015年第10期,第46页。
[2] 参见上海市浦东新区人民法院民事判决书,(2012)浦民一(民)初字第21647号。

书的内容仅指向授权案外人李某代为办理系争房屋买卖手续,并不表示案外人李某有权代臧某作出出售系争房屋的决定。根据《合同法》第 52 条、第 58 条,《物权法》第 106 条等规定,认定以臧某名义与谢某签订的《上海市房地产买卖合同》无效,谢某与连某签订的《上海市房地产买卖合同》有效,连某善意取得系争房屋所有权,但因谢某自始至终未合法取得系争房屋占有而客观履行不能,驳回连某要求谢某交付房屋的诉讼请求。因此,原告连某提起本案诉讼,要求被告臧某立即迁出系争房屋。

上海市浦东新区人民法院一审认为,根据《民法通则》第 117 条第 1 款的规定,原告连某系上海市浦东新区某镇某路某弄某号某室房屋的合法产权人,依法享有占有、使用、收益和处分的权利,被告臧某现已非上述房屋的产权人,被告已无权居住、使用上述房屋,故判决支持了原告的诉讼请求。

上海市第一中级人民法院二审认为,本案的争议焦点在于,当所有权与占有权能发生分离的情况下,买受人是否可以其为房屋所有权人而基于返还原物请求权要求房屋内的实际占有人迁出。因生效判决确认案外人李某以被告臧某代理人身份与案外人谢某就系争房屋所签订的买卖合同无效,即第一手的房屋买卖并非原始产权人臧某之真实意思表示,该买卖合同对臧某自始不发生法律效力,臧某从 2008 年 8 月起居住在系争房屋内,并占有、使用该房屋至今具有合法依据。虽然连某已取得系争房屋的房地产权证,完成了房屋的权利交付过程,但其自始未曾取得过系争房屋的占有、使用权,其径行要求系争房屋实际占用人臧某迁出,法院不予支持。连某对系争房屋的权利应通过房地产买卖合同的履行来实现。因此,判决撤销一审判决,驳回连某要求臧某从系争房屋内迁出的诉讼请求。

(二)人民法院二审判决中存在的两个方面问题[1]

仅从结果上看,二审裁判并没有将案件纠纷真正处理完。上海市第一中级人民法院的二审判决虽然驳回了原告连某的诉讼请求,但是没有改变(2012)浦民一(民)初字第 21647 号民事判决对于系争房屋所有权归属的认定,而连某已经因构成不动产善意取得而享有系争房屋的所有权。结合两个案件的最终判决结果,实际上形成了这样的现实:其一,连某是系争房屋的所有权人,但是不能主张返还原物的物权请求权要回房屋;其二,臧某是房屋的"合法占有"人,但是已经失去了房屋的所有权。如此,上海市第一中级人民法院的二审判决只是维持了事实上的现状,并没有解决双方的权利纠纷,无论是原告连某还是被告臧某,都继续存在权利与事实状态不符的现实问题。

连某构成不动产善意取得而享有系争房屋所有权后,在法律效果上就切断了臧某原享有的房屋所有权的追及力,丧失了所有权的真实权利人臧某亦不再可能具有任何物权效力,在没有任何权利的情况下当然也不可能具有对房屋合法占有的权能。所以,如果人民法院不能从不动产善意取得的构成要件入手认定连某不构成善意取得,而仅在结果上保护房屋的现实占有人臧某,必然作出违反法律逻辑而追求所谓"社会效果"的错误判决。从前述案件事实看,连某是否构成不动产善意取得确实值得讨论,而且还涉及对不动产善意取得构成的深入思考,核心的问题在于受让人连某是否具有构成善意取得的"善意"。解决案件争议问题的根本在于明确不动产善意取得

---

[1] 关于上述裁判结果,也有学者从另外的角度讨论了裁判存在的问题。参见董学立:《论"不动产的善意取得与无权占有"——兼评"连成贤诉臧树林排除妨害纠纷案"》,载《法学论坛》2016 年第 6 期;苏静:《不动产占有公示效力否定论——"连成贤诉臧树林"案的批判性分析》,载《苏州大学学报(法学版)》2017 年第 3 期。

的法律效果,而如何解决善意受让人与真实权利人之间的利益冲突是善意取得制度的核心。[1] 当然,案件二审判决的论证逻辑还有很多问题,最明显的错误在于判决理由中物债混淆的表现,另外还在于对构成不动产善意取得后真实权利人对抗受让人物权请求权缺乏合理的论证,占有权能与所有权分离的说法也不准确。笔者不禁要问,善意受让人作为物权人不能主张物权请求权依据究竟是什么?以下内容试图就上述问题做一个简单的梳理。

二、无权状态下并不存在"合法占有"

前述案件中,原告连某构成不动产善意取得从而享有房屋所有权的另案判决一审即生效,似乎没有什么争议,但是在善意取得构成上其实存在若干疑问,而上海市第一中级人民法院的二审改判从其理由看,很大程度上就是基于对善意取得构成的质疑作出的,但关键的问题是,二审判决基于既判力的要求没有否定构成不动产善意取得的认定结果。然而接下来二审法官却作出与善意取得效果相反的判决,这是其错误的真正开始。不动产善意取得的效果就是物权受让人确定取得作为交易对象的不动产物权,或者免除有关不动产物权负担,不动产善意取得构成后,享有所有权的受让人在其所有权的圆满支配状态受到他人妨碍时,当然可以主张相应的物权请求权,而因为被他人善意取得丧失所有权的原真实权利人,则并不能在无权的状态下继续"合法占有"。

在前述案件中,连某起诉主张的应该是基于《物权法》第35条(即《民法典》第236条)的排除妨害请求权。一般认为,排除妨害是指物权人于其物权的支配状态被占有以外的方法妨害时,请求妨害

---

[1] 参见朱广新:《不动产适用善意取得制度的限度》,载《法学研究》2009年第4期,第55页。

物权的人除去该妨害的权利。[1] 当然,崔建远认为妨害和无权占有有时会重合,因而排除妨害请求权与物的返还请求权有时发生竞合。[2] 日本学者加藤雅信也有近似论述,认为排除妨害请求权行使的情形包括被请求人不法占有标的物的情形。[3] 但是,考虑返还原物和排除妨害为法律分别规定的请求权,且依据占有的标准来区分其适用的情形是比较清晰的,所以不宜再将排除妨害请求权和返还原物请求权认定为可能发生竞合。所以,原告连某主张的只能是基于《民法典》第235条(即《物权法》第34条)规定的返还原物请求权而非排除妨害请求权。

(一)善意受让人主张返还原物请求权的根据

虽然原告连某诉讼主张的物权请求权名称有偏差,但这并不影响人民法院的审判,从两审法院判决的行文可以看出,人民法院也是依据返还原物请求权的内容来审理的。在人民法院生效判决认定原告连某构成不动产善意取得的前提下,善意受让人连某可以主张返还原物请求权,主要基于以下三方面:

第一,不动产善意取得的法律效果使善意受让人成为标的物的所有权人,其当然可以依据所有权来主张返还原物请求权。根据《民法典》第240条的规定,所有权人对自己的不动产或者动产,依法享有占有、使用、收益和处分的权利。也就是说,在受让人善意取得不动产的所有权的同时,当然有权行使所有权的占有、使用、收益、处分等权能。需要注意的是,所有权的权能和所有权是浑然一体的,并不存在脱离所有权之外的权能,所谓"权能分离"仅仅是为了描述他物

---

[1] 参见崔建远:《物权法》(第五版),中国人民大学出版社2020年版,第142页。
[2] 参见崔建远:《物权法》(第五版),中国人民大学出版社2020年版,第142页。
[3] 参见[日]加藤雅信:《新民法大系·物权法》,有斐阁2005年版,第36页。

权限制所有权权能的理论表述。[1]

第二,虽然不动产转让在现实中不仅有登记的形式,也同时有转移占有即交付的事实,但是交付并不是不动产物权变动的法定公示要件。按照《民法典》第 311 条的规定,对于应当登记的不动产物权变动,即使不动产尚未交付,受让人依然可以善意取得不动产的所有权,原所有权人同时丧失了其所有权。因为不动产善意取得构成无需转让人交付该不动产,所以原真实权利人根据法律规定因善意取得构成而丧失了所有权,当然同时也丧失了所有权的占有、使用、收益、处分的权能,善意受让人在取得物权后,按照登记显示的内容享有权利,不受无权处分人和利害关系人意志的约束。[2] 在合同履行中,交付标的物是合同义务,但即使债务人没有履行该义务,只要完成了不动产登记变更,也不影响物权发生变动后果。

第三,善意取得的法律效果具有终局确定性。[3] 不动产善意取得为所有权原始取得而非继受取得[4],善意受让人与真实权利人之间不存在任何权利继受关系。在善意取得构成的时点,原真实权利人的占有就从有权占有转变为无权占有了。此后,如原真实权利人继续占有该不动产,善意受让人有权依据我国《民法典》第 235 条的规定请求其返还该不动产,所谓在先的"合法占有",此时已经没有合法的基础了,原真实权利人既丧失了物权,也没有债权。

---

[1] 参见李国强:《"权能分离论"的解构与他物权体系的再构成——一种解释论的视角》,载《法商研究》2010 年第 1 期,第 48 页。
[2] 参见马栩生:《登记公信力研究》,人民法院出版社 2006 年版,第 188 页。
[3] 参见王泽鉴:《民法物权》(第二版),北京大学出版社 2010 年版,第 90 页。
[4] 王轶教授和常鹏翱教授持不同的观点,他们认为:按照文义和体系解释的方法,不动产善意取得仍然属于从无权利人处的继受取得。参见王轶:《物权变动论》,法律出版社 2001 年版,第 246 页;常鹏翱:《论不动产法中的"从无权利人处取得"规则》,载孙宪忠主编:《制定科学的民法典——中德民法典立法研讨会文集》,法律出版社 2003 年版,第 394 页。

(二)原真实权利人的占有不能对抗善意受让人的物权请求权

上海市第一中级人民法院的二审判决的一个主要理由是臧某"从 2008 年 8 月起居住在系争房屋内,并占有、使用该房屋至今具有合法性、正当性",如果真实权利人臧某是有权占有,其当然可以对抗善意受让人的返还原物请求权。所以,问题的实质不是真实权利人的占有之初是否合法且正当,而是其占有是否是"有权占有"。所谓有权占有,是指有权源的占有,该权源可以是物权也可以是债权。只要占有人没有正当的占有权源,就不问其取得占有的理由。[1] 即使占有人曾经享有有权占有的权源,当嗣后占有人丧失了使自己的占有正当化的权利时,其占有不能再谓为"具有合法性、正当性",即使这种占有自有权源开始直到丧失权源之后都是连续的。

在前述案件中,人民法院判决认定真实权利人臧某和转让人谢某的买卖合同无效,从而该买卖合同对臧某自始不产生拘束力,谢某对系争房屋没有处分权也是事实。但是如前所述,这些事实不影响连某的不动产善意取得的构成,连某成为不动产所有权人时,臧某的所有权必然丧失,那么此时臧某对系争房屋的占有已丧失权源,应为嗣后的无权占有。具体而言,在第一手房屋买卖过程中,该系争房屋的所有权并未发生转移,臧某依然是该房屋所有权人,占有、使用该房屋具有合法依据。但是,在第二手房屋买卖过程中,原告连某依据不动产善意取得制度享有该系争房屋的所有权后,被告臧某即丧失了该系争房屋的所有权,以及占有、使用该系争房屋的合法权源依据。二审法官仅因为认为在事实审理中发现原真实权利人臧某比较无辜,就确认其可以继续合法、正当地占有系争房屋,进而可以对抗

---

[1] 参见〔日〕我妻荣:《新订物权法》,〔日〕有泉亨补订,罗丽译,中国法制出版社 2008 年版,第 274 页。

善意受让人连某的返还原物请求权,则是罔顾法律逻辑的错误做法。

三、物债二分体系下债务不履行并不影响物权归属的确定

即使在《民法典》颁布之前,以体系的观念审视《物权法》《合同法》等单行立法,我国应该是明确坚持了物权与债权二分的财产权体系。[1] 因此,在我国应该坚持德国民法传统下的物权与债权二分的体系思维来解决财产法问题,否则就会偏离法律的逻辑。前述案件中,二审法院的法官就混淆了物权和债权不同的保护逻辑,从而作出了不符合逻辑的判决结果。实际上,不动产善意取得在法律效果上仅解决物权的归属问题,债务不履行并不影响物权归属的确定,在物权与债权二分的体系下,债权问题应遵循债权的思维逻辑,不能逾越界限导致物权归属的不确定。

(一)债权合同没有履行完毕不影响物权请求权的行使

原告连某和案外人谢某之间存在有效的房屋买卖合同关系,连某当然可以基于合同约定要求谢某继续履行合同即完成交付房屋的义务,如果谢某能够依约履行当然可以实现连某所有权的圆满支配状态。但是房屋买卖合同没有履行完毕,并不影响连某已经成为系争房屋的所有权人。退一步讲,即使是在善意取得以外正常交易的情况下,只要不动产买卖双方完成了登记变更,那么所有权就发生了变动,新的所有权人既可以主张履行合同,也可以只是基于自己所有

---

[1] 虽然也有学说以"债权物权化"和"物权债权化"等论点来说明物权债权区分的界限呈现日益模糊的前景,但其也承认现实之下仍然是物权和债权分立的立法体例。参见刘德良、许中缘:《物权债权区分理论的质疑》,载《河北法学》2007年第1期,第106页。更有学者对"物债区分相对性"的论点进行批判,指出该理论是一种失败的理论尝试,因为它错误地理解了物权的本质,也未能把握物权和债权的真正区别。参见温世扬、武亦文:《物权债权区分理论的再证成》,载《法学家》2010年第6期,第37页。

权人的地位主张返还原物请求权。所以,房屋买卖合同没有履行完毕是事实,但不能因此就确定善意受让人不能依据物权主张返还原物请求权,这两种不同主张并无直接的关联性,是物债二分财产法体系下不同的权利保护方式而已。

值得注意的是,已经生效的(2012)浦民一(民)初字第21647号民事判决的判决主文中并无对系争房屋所有权归属的明确认定,判决中亦没有直接提及"善意取得",只是在否定臧某要求将系争房屋恢复登记至其名下的说理中,表明"谢某将系争房屋已转让给本案原告连某,且系争房屋的权利已登记至原告连某名下"的观点,并且在裁判依据中引用了《物权法》第106条(即《民法典》第311条)。可见,即使是在确认受让人连某构成不动产善意取得的另案判决中,也采用了类似合同关系的表述来确定权属,法官并没有分清此时仅有物权归属的确定而无合同权利义务关系的问题。姑且不论两个案件裁判的结果是否正确,在适用法律条文的时候,都出现了物债混淆的问题。

另外,前述案件中,两审法院判决依据的法律并不是《物权法》第34条(即《民法典》第235条),而是《民法通则》第117条,该条文是关于侵害财产的民事责任的表述,这说明两审法院都没有按照物权的逻辑去审理案件,而是一概而论按照民事责任后果归结的思路审理,但深入探究《民法通则》第117条会发现,该条内容并不涉及物权请求权,因为立法的当时甚至没有物权概念,在《物权法》颁布后,尤其是结合《民法典》的相关规定,至少应该认定与前述案件相关的是返还原物责任请求权。由于《民法典》物权编或者《物权法》规定的返还原物请求权是从权利人的角度观察和处理问题,返还原物责任请求权是从责任人的角度观察和处理问题,其构成要件不尽相同,主要表现在返还原物请求权要求占有人的占有缺少合法原因即可,而返还原物责任请求权则要求违反了不得侵害他人所有权的义务。[1]如此来看,被告臧某及其家人一直居住于系争房屋中,并无违反不得侵害他人所有权义务的行为。其实不然,这只是因为返还原物责任请求权被规定为侵权责任承担方式之一造成的一种假象,以为返还原物责任请求权真的不同于物权法的返还原物请求权,其实二者只是观察角度不同。如果返还原物请求权的价值目标在于消除权利状态和事实状态的不一致,那么无权占有究竟是因为何种原因引起的就无关紧要了[2]。因此,《物权法》第34条(即《民法典》第235条)的构成要件不包含无权占有的原因和占有人的主观要件,返还原物请求权的构成与占有人的可归责行为无关,即使因第三人的行为、所有权人自己的行为或者自然事件导致无权占有,仍可构成返还原物请求权。[3] 所谓违反不得侵害他人所有权的义务也并不需要有积极的作为来表示,当真实权利人丧失了所有权,其占有本身就是侵权。从整个案件的梳理可以看出,2011年8月,案外人李某以被告代理人之名义与案外人谢某签订了买卖合同并将该系争房屋登记给谢某,由于该合同被法院确认为无效,所以此时臧某仍然为该系争房屋所有权人,但到2011年10月,案外人谢某又与原告连某签订了房屋买卖合同并完成了过户登记,此时,原告连某善意取得了该系争房屋的所有权,那么被告臧某就从有权占有变成了无权占有,但是在原告主张之前,被告属于善意占有,而只有到了原告主张返还原物请求权时,被告即从善意占有变成了恶意占有从而不能对抗原告的返还原

---

[1] 参见魏振瀛:《民事责任与债分离研究》,北京大学出版社2013年版,第191—192页。
[2] 参见王洪亮:《物上请求权体系之分析》,载王洪亮、张双根、田士永主编:《中德私法研究》(2006年第一卷),北京大学出版社2006年版,第74页。
[3] 参见朱虎:《物权请求权的独立与合并——以返还原物请求权为中心》,载《环球法律评论》2013年第6期,第19页。

物请求权。

（二）不动产善意取得构成后原真实权利人可以通过债的关系救济

在上海市第一中级人民法院法官编写的前述案件的总结文章中,该法官认为法院应当做好释明工作,引导善意受让人变更请求权基础另案提起债权之诉。[1] 其依据仅仅为占有人的占有行为存在合法依据,而忽略了占有人已经丧失了占有的权源这一善意取得导致的法律后果,虽然善意受让人可以依据债务不履行规则要求债务人继续履行,但并不能否认其已经享有物权,两者不能混淆。其实正好相反,原真实权利人才应该通过债权关系寻求救济。当原真实权利人因第三人善意取得物权从而丧失了自己的物权时,不动产善意取得制度就会引发一些债法上的关系,例如,原真实权利人对登记权利人的不当得利请求权,在登记错误由登记机关造成时,还有对不动产登记机关的赔偿请求权。[2]

一般来说,原真实权利人与善意受让人不产生债权债务关系[3],只有原真实权利人与转让人之间会发生债权关系。由于转让人无权处分他人财产,因而其转让财产的行为非法。原真实权利人受有损害时,可以主张以下权利:其一,原真实权利人和转让人之间如果有债权关系,如借名登记的关系,则其可以依债务不履行制

---

[1] 参见吴丹编写:《所有权与占有权能分离下买受人的权利救济途径分析——臧某与连某排除妨碍纠纷上诉案》,载上海第一中级人民法院官网(http://www.a-court.gov.cn/platformData/infoplat/pub/no1court_2802/docs/201409/d_2768004.html),访问日期:2016年5月23日。
[2] 参见朱广新:《不动产适用善意取得制度的限度》,载《法学研究》2009年第4期,第56页。
[3] 参见马栩生:《登记公信力研究》,人民法院出版社2006年版,第188页。

度,向转让人请求损害赔偿。[1] 其二,转让人处分原真实权利人的财产为无权处分,构成侵权行为,原真实权利人可以依照侵权责任规则,向转让人请求损害赔偿。其三,转让人有偿处分原真实权利人财产,所获得的非法利益为不当得利,原真实权利人可以依照不当得利制度向转让人请求返还。其四,如登记机关对登记错误有过失时,原真实权利人还有权请求登记机关或国家赔偿损失。

四、混淆物权和债权解决不构成善意取得问题是错误的

前述案件中,保护臧某"合法占有"的原因,其实在于连某的行为并不完全符合不动产善意取得的构成。二审判决对连某是否善意取得系争房屋采取了避而不谈的态度,一定程度上可以说二审法院并不认可连某系善意第三人,二审判决如此转弯抹角说理的原因是已生效的(2012)浦民一(民)初字第21647号判决书中认定了连某构成善意取得,二审法院虽不认可这一结果,但为了维持生效判决的既判力,也只能在二审判决中对此避而不谈,但在原真实权利人和善意受让人的利益之间,二审判决明显选择保护原真实权利人的利益。那么连某究竟是否构成不动产善意取得呢?按照《物权法》第106条(即《民法典》第311条)第1款规定的善意取得的构成要件,在前述案件中,以合理的价格转让和应当进行登记已经登记这两方面条件应无争议,唯需要讨论的是连某受让房屋时是否是善意的,而善意也是不动产善意取得的核心要件。[2]

---

[1] 参见杜万华主编:《最高人民法院物权法司法解释(一)理解与适用》,人民法院出版社2016年版,第367页。

[2] 参见王利明:《不动产善意取得的构成要件研究》,载《政治与法律》2008年第10期,第6页。

（一）受让人善意的前提是转让人需基于真实权利人原因成为不动产登记权利人

根据《民法典》第 311 条第 1 款的规定，构成不动产善意取得的前提是无权处分他人不动产，但并不是所有无权处分他人不动产的情况都可以适用善意取得，只有在转让人是基于真实权利人的原因成为不动产登记权利人的情况下，才可以适用不动产善意取得。理由如下：

第一，善意取得制度要平衡真实权利人和善意受让人二者利益。表面看起来善意取得制度是以牺牲真实权利人的静态安全为代价保护善意受让人的动态安全，其创设的目的主要在于保障交易效率与交易安全。但是，善意取得制度实质上是要兼顾静的安全和动的安全。[1] 这是因为，一旦构成善意取得，善意受让人就取得所有权，而原来的真实权利人则丧失了所有权，所以在考虑善意取得构成要件时，则必须考虑是否有真实权利人的原因导致不动产登记簿与真实权利不符，如果没有真实权利人原因也让其丧失所有权，则对其是不公平的。比如，冒名处分他人房屋的情形就不能适用善意取得[2]，即使有足以使受让人相信的登记，并且也办理了登记簿的变更，但是受让人相信的这些权利外观都和真实权利人无关，受让人信赖的核心内容不是"登记物权人即真实权利人（登记正确信赖）"，而是"冒名人即登记物权人（身份真实信赖）"[3]，因此，冒名处分情形不能构成不动产善意取得。

第二，类比动产，依据《民法典》第 312 条规则的解释也可以明确

---

[1] 参见梁慧星、陈华彬：《物权法》（第五版），法律出版社 2010 年版，第 209 页；崔建远：《物权法》（第五版），中国人民大学出版社 2020 年版，第 86 页。
[2] 参见傅鼎生：《不动产善意取得应排除冒名处分之适用》，载《法学》2011 年第 12 期，第 46 页。
[3] 金印：《冒名处分他人不动产的私法效力》，载《法商研究》2014 年第 5 期，第 106 页。

非基于真实权利人原因的错误登记不适用善意取得制度。《民法典》第312条的规定明确了遗失物不适用善意取得制度,其确立的标准也是考虑遗失物是非基于真实权利人的原因而丧失占有,拾得人将遗失物转让给善意受让人也与真实权利人无关。在动产交易的场合,包括遗失物、盗赃物等在内的占有脱离物均不适用善意取得制度,而只有租赁、借用、保管等交易形式导致的占有委托物才适用善意取得制度。[1] 类似的区分标准在不动产上也同样适用。

第三,从信赖保护的基础看,考虑原真实权利人的保护价值和归责事由等方面,没有原真实权利人原因的权利外观是不值得法律保护的。[2] 道德因素与善意之间之所以在很多情况下具有紧密联系,是因为权利外观的形成与善意之间存在因果关系。[3] 平衡原真实权利人和善意第三人的利益并不是要偏重保护某人的利益,而是为了保护真正需要保护的利益。法律上设计善意取得制度是为了维护财产的动态安全、保护善意行为人的利益,但同时亦须关注财产的静态所有之安全,在所有人和善意第三人之间求得利益的平衡或者相对平衡。[4] 所以,原真实权利人的利益不是被牺牲了,而只是在善意取得构成之前考虑而已。

在前述案件中,原真实权利人臧某和转让人谢某的买卖合同虽被认定无效,但是谢某取得登记权利人身份,仍然是因为臧某的原因。在(2012)浦民一(民)初字第21647号判决认定的事实中,第三人臧某自认是因为其兄弟的朋友说可以赚点儿钱,所以在很多人

---

[1] 参见苏永钦:《私法自治中的经济理性》,中国人民大学出版社2004年版,第198页。
[2] 在德国传统的外观主义法理中,这种说法被概括为"与因主义"。参见[日]喜多了祐:《外観優越の法理》,千倉书房1976年版,第214页。
[3] 参见鲁春雅:《论不动产登记簿公信力制度构成中的善意要件》,载《中外法学》2011年第3期,第566页。
[4] 参见刘保玉:《盗赃与诈骗所及财物的善意取得和赔偿责任问题探讨——由一起骗卖房屋的纠纷案谈起》,载王利明主编:《判解研究》2009年第2辑,第127页。

的陪同下,去过一个担保公司签署了一些材料,并被告知是做他证的,对签署的内容没有看到也不清楚。而正是因为臧某所述的草率行为导致其房产通过交易行为变更登记于谢某名下,所以完全符合基于原真实权利人的原因导致转让人成为不动产登记权利人的条件,进而才会有第三人信赖其登记为交易成为善意受让人。

(二)不动产善意取得构成中善意的认定标准

《民法典》第311条统一规定了不动产善意取得和动产善意取得[1],按照传统动产善意取得中善意的判断标准,善意与否的判断应以受让人不知且不应知无权处分有无重大过失以上过错为标准。[2] 但是,不动产善意取得制度,实际上根源于传统的不动产登记公信力制度,不动产登记公信力制度和动产善意取得制度,都是公信原则的制度表现[3],但在构成上却存在明显的不同,主要是因为登记的公示方法是一种客观现象,第三人在物权取得时可以比较容易且清晰地知悉前手交易的状态,例如在德国,不动产登记公信力制度并不要求取得人负有任何注意义务,因为取得人的善意和不动产登记簿不正确的权利外观之间并不存在因果关系。[4] 德国学说认为,虽然权利表象思想的适用,以取得人的善意为条件,但取得人仅

---

[1] 在此之前并无统一规定的立法例,各国普遍只规定了动产善意取得制度,如《德国民法典》第932条、《日本民法典》第192条、《瑞士民法典》第714条等规定;而不动产物权并不适用善意取得制度,保护不动产交易安全主要依靠不动产登记公信力制度,如《德国民法典》第892条、《瑞士民法典》第973条等规定。也有观点认为《物权法》第106条仅涉及采债权意思主义物权变动模式的不动产物权。参见朱广新:《不动产适用善意取得制度的限度》,载《法学研究》2009年第4期,第60页。

[2] 参见杜万华主编:《最高人民法院物权法司法解释(一)理解与适用》,人民法院出版社2016年版,第350页。

[3] 参见[日]我妻荣:《新订物权法》,[日]有泉亨补订,罗丽译,中国法制出版社2008年版,第49页。

[4] 参见鲁春雅:《论不动产登记簿公信力制度构成中的善意要件》,载《中外法学》2011年第3期,第565页。

在明知土地登记簿不正确时,为非善意。这和动产善意取得不同,因重大过失而不知不妨碍不动产公信力的效果,因为德国的立法者认为土地登记簿相较于占有能够提供更为坚实的信赖基础。[1] 所以,有观点认为不动产善意取得的"善意"认定标准不同于动产善意取得[2],与动产善意取得相比,不动产善意取得中的善意判断相对比较简单,在通常情况下,只要受让人信赖了登记,就推定其是善意的,除非其明知登记错误,无须向动产买受人善意的判断那样,考虑交易的环境等因素,也无须采用综合判断标准去判断善意。因为,不动产登记有国家信誉的支持,具有相当高的公信力,受让人有理由相信登记簿上记载的物权状态就是真实的权利状态。因此,只要受让人是善意的,其就可以基于这种信赖获得保护,第三人信赖不动产登记就可以构成关于不动产权属状态的"善意"。[3]

虽然不动产善意取得和动产善意取得的构成应该存在较大的差异,但由于《民法典》第 311 条的统一规定,所以笔者不同意不动产善意取得的"善意"认定标准不同于动产善意取得的观点。不动产登记有比占有形式更严格的特点,其设置主要是为了证明不动产物权变动,原真实权利人只要能够证明受让人明知导致不动产登记簿不正确的事实,常常就能推导出受让人已明知登记簿本身不正确,法院一般也认可此种替代性的证明途径,但登记的公示作用也不能夸大,在不动产交易的过程中也会存在因为过失而无法判断登记不符

---

[1] 参见〔德〕鲍尔/施蒂尔纳:《德国物权法》(上册),张双根译,法律出版社 2004 年版,第 500 页。
[2] 参见常鹏翱:《物权程序的建构与效应》,中国人民大学出版社 2005 年版,第 304—320 页;王利明:《不动产善意取得的构成要件研究》,载《政治与法律》2008 年第 10 期,第 6 页;程啸:《论不动产善意取得之构成要件——〈中华人民共和国物权法〉第 106 条释义》,载《法商研究》2010 年第 5 期,第 79 页。
[3] 参见王利明:《不动产善意取得的构成要件研究》,载《政治与法律》2008 年第 10 期,第 6 页。

的情况存在。尤其是考虑目前我国不动产登记尚不完善的现状，也不宜按照不动产公信力制度的要求，仅将"善意"的认定标准限定为受让人不知的主观状态，而是应当将受让人对该"不知"也不负重大过失的条件，一并作为认定其为善意的标准。[1] 从《物权编解释（一）》第14条规定来看，司法解释也认同按照统一标准来解释善意的认定，但是考虑到不动产登记自身的特殊性，对于不动产善意取得中受让人非善意的认定，《物权编解释（一）》又单设了第15条对不动产的无权处分加以具体规定，从而兼顾了具体因素的特殊性。这一点可以参考日本司法实务的观点，判例通过类推适用《日本民法典》第94条第2款确认不动产登记相对公信力，但对于受到保护的第三人是否还需要无过失为要件，判例并没有统一见解，而是根据具体案例，在真实权利人和善意受让人之间进行利益衡量时，来考虑对第三人保护要件的宽严。[2]

对于重大过失的认定，通常是以行为人欠缺一般人具有的注意义务为判断标准，在受让人根据整体情况以一种不寻常的重大程度违反了必要的谨慎，而且未注意到该案中任何一个人都本应弄清楚的东西时，构成重大过失。[3] 根据《物权编解释（一）》第14条的规定，对受让人而言，法律推定其交易时为善意，受让人可以认为不动产登记簿的登记是正确和完整的，其无须证明自己对登记簿的内容明知，因为登记簿的内容原则上被视为已知，但是由于真实权利人能

---

[1] 参见杜万华主编：《最高人民法院物权法司法解释（一）理解与适用》，人民法院出版社2016年版，第361页。将善意取得的"善意"统一解释为不知情且无重大过失的观点还有很多，如崔建远：《物权法》（第五版），中国人民大学出版社2020年版，第88页。

[2] 参见顾祝轩：《论不动产物权变动"公信原则"的立法模式——"绝对的公信"与"相对的公信"之选择》，载孙宪忠主编：《制定科学的民法典——中德民法典立法研讨会文集》，法律出版社2003年版，第356页。

[3] 参见[德]鲍尔/施蒂尔纳：《德国物权法》（下册），申卫星、王洪亮译，法律出版社2006年版，第413页。

证明他有理由怀疑受让人的善意,那么此时善意推定将被推翻。这就要求受让人必须注意那些可能会动摇他对不动产登记簿产生信赖的事实,如果他怀疑不动产登记簿的正确性,或者怀疑不动产登记簿之外的事实,那么他将对此负进一步调查的义务。[1]

司法实务界有观点认为,有无重大过失的判断,应综合考虑个案中受让人拥有的信息、所处的地位等交易的整个背景加以判断。包括但不限于以下因素:其一,受让人与真实权利人、转让人之间,以及真实权利人与转让人之间的关系。其二,转让人的基本情况。其三,受让人的文化程度、职业、知识背景、交易经验等。其四,不动产的基本情况,包括自然状态,如界址、楼层、朝向等,以及不动产的现实占有、使用情况。其五,受让人交易时的场所、所处的市场环境及相关交易信息。当然,对于一系列因素的考量需要法官根据当事人提供的证据,结合个案实际情况作出裁量。[2] 以上观点颇值赞同,应在认定善意时综合考虑。

(三)不动产善意取得构成中"占有"对于认定"善意"的意义

如前所述,在不动产善意取得构成中,"善意"的认定需要考虑诸多具体因素,其中不动产占有的现实状态应该是首先需要考虑的。占有的移转即交付虽不是登记生效要件主义下物权变动的生效要件,但仍是不动产交易必然包含的内容,在不动产买卖中,通过不动产的占有状态认定买受人的"知情或善意"具有一定的现实合理性,例如,美国法上对不动产买受人"知情"的认定方式之一就是"财产外观推定知情"。按照该规则,若有人实际占有该不动产,即推定

---

[1] 以上主要参考了瑞士民法的做法,参见鲁春雅:《论不动产登记簿公信力制度构成中的善意要件》,载《中外法学》2011年第3期,第566页。
[2] 参见杜万华主编:《最高人民法院物权法司法解释(一)理解与适用》,人民法院出版社2016年版,第387—389页。

买受人知情。也就是说,在不动产上有所有人以外的占有人时,买受人应当进行询问。[1] 有观点认为,在不动产多重买卖中,后买人是否为善意的判断,不应当仅仅依据登记簿记载的不动产权属,还应当依据不动产的现实占有状态。进而认为,不动产占有也是具有公示效力的。[2] 与此相对照,司法实务中也有依据受让人仅取得占有而没有完成登记变更即构成不动产善意取得的案例,在"张桂兰、张银凤诉王秀云物权保护案"中,两审法院均认为善意受让人取得了农村房屋的占有即构成不动产善意取得。[3] 但是,深入探究该案例则可以发现,虽然农村房屋的物权变动也是采取登记生效要件主义,但是由于农村没有建立完善的不动产登记制度,大量不动产处于没有登记而又进行交易的现实中,如果完全按照法律规定的登记要件来处理问题,则显然与现实相脱节。所以,除去类似于农村房屋买卖这样的特殊交易场合,不动产的占有仅为考虑受让人善意的具体因素,对不动产物权来说,占有并不具备公示效力。

虽然在不动产交易中,对标的物的占有不具有表彰所有权的公示效力,但不可否认的是,占有拥有传递信息的天然属性,能够在一定程度上对登记所公示的信息加以验证。而且,不动产具有固定的特性,对其占有外观进行考察只需要很低的成本。这一成本与标的物的价值或是交易风险成本相比微不足道。在不动产由非登记权利人占有时,受让人就应当要求登记权利人加以解释并提交相应的证明。[4]

---

[1] 参见许德风:《不动产一物二卖问题研究》,载《法学研究》2012年第3期,第97页。
[2] 参见马新彦、邓冰宁:《论不动产占有的公示效力》,载《山东社会科学》2014年第3期,第61页。
[3] 参见国家法官学院案例开发研究中心编:《中国法院2015年度案例·物权纠纷》,中国法制出版社2015年版,第30页。
[4] 参见杜万华主编:《最高人民法院物权法司法解释(一)理解与适用》,人民法院出版社2016年版,第389页。

在前述案件中，原告连某作为一般房屋买受人应当实地去看房，这符合一般购房人的心态，连某在为生活居住而购买房屋的情况下，没有考察房屋的实际占有使用情况就受让房屋，很难说没有重大过失，而连某仅基于谢某"房屋内居住为其朋友，在房屋出售后会叫他人搬离"的一面之词就不去看房，也可以认定是有重大过失。尤其是考虑原告连某与案外人谢某之间的买卖合同还存在时间跨度上不合理性，从时间上看，原告连某与案外人谢某订立合同是在2011年10月，而过户登记却是发生在2012年4月5日，再到提起诉讼是发生在2012年7月5日，对于房屋买卖合同而言，这样的时间跨度确实不合常理。根据这些因素分析，在（2012）浦民一（民）初字第21647号案件中，人民法院没有真正审查不动产善意取得构成中的"善意"要件，就草率判决构成不动产善意取得并不合适。

司法中解释适用法律的目标是探求法律在今日法秩序的标准意义，而只有同时考虑历史上的立法者的规定意向及其具体的规范想法，而不是忽略它，如此才能确定法律在法秩序上的标准意义。[1]从构成要件的受让人"善意"来看，前述案件并不足以构成不动产善意取得。因为《物权法》第106条（即《民法典》第311条）统一规定了不动产和动产的善意取得，而且结合我国不动产登记制度并不完善的现实考虑，不动产善意取得构成中善意的认定标准应包括受让人没有重大过失，而前述案件中，原告连某在房屋整个交易过程中的一些事实表明其并没有尽到普通人的注意义务，应可认定为非善意。但是，由于上海市第二中级人民法院的二审判决不能改变连某构成不动产善意取得的结果，而二审判决完全不顾善意取得构成的法律效果保护真实权利人臧某的占有利益，则是法律逻辑的进一步错误。

---

[1] 参见〔德〕卡尔·拉伦茨：《法学方法论》，陈爱娥译，商务印书馆2003年版，第199页。

不动产善意取得制度通过善意的信赖登记而依照法律行为取得不动产之物权者,取得该正确登记的权利。原告连某因信赖案外人谢某的登记,通过买卖合同取得该系争房屋之所有权。善意取得属原始取得,只要原告连某构成不动产善意取得,那么他就取得了该系争房屋之所有权,也就依法取得了占有、使用、收益、处分等权能,二审法院对这一法律效果认识不足,将所有权与占有权能分离化理解,很大程度上是此案判决结果引发争议的关键因素。在善意受让人连某依据善意取得享有所有权后,当然可以向任何无合法抗辩的占有人主张返还原物请求权。而原真实权利人臧某的利益只能通过债法予以救济。但是,前述案件中,二审法院考虑到该系争房屋是用于生活需要,并且原告连某与案外人谢某之间可能存在串通的情形而作出不支持原告诉求的判决,从而期盼达到良好的社会效果,但是忽略了社会效果的实现必须是以法律规定为限的前提,因而其判决结果只能是错误的。

第二节　网络虚拟财产权利在物债二分的财产法体系中的定位

网络虚拟财产是随着网络在社会生活中应用的发展而逐渐产生的,"网络虚拟财产"最初并不是一个法律名词,而是经济生活中的话题名词。[1] 当然,网络虚拟财产并没有一个封闭的内涵范围,美国

---

[1] 法律规定的"网络虚拟财产"并没有一个确定的范围,或者说理论与实务并没有关于其范围的共识,通常可以列举的所谓"网络虚拟财产"包括:电子邮箱、游戏 ID、QQ 号码、Q 币、网络游戏中的装备、游戏经验等等。这些对象之所以被冠以"网络虚拟财产"的称谓,在于其具有某些共同的特征:都存在于网络环境中;都是以数字化的形式来模拟现实事物的某些使用属性;都具有独占享有和交换的可能等等。

学者费尔菲尔德认为:"虚拟财产是竞争性的、持续性的、交互性的模仿真实世界特征的计算机代码。""虚拟财产与真实世界的财产一样,具有三个共同的法律特征:排他性、持续性、互联性。"[1]我国学者林旭霞认为,网络虚拟财产是指,在网络环境下,模拟现实事物,以数字化形式存在的,既相对独立又具独占性的信息资源。虚拟财产可以分为虚拟物、虚拟无形财产、虚拟集合性财产。[2] 无论是美国学者的思维,还是我国学者的定义,都是要类比有体物或财产来界定虚拟财产,换句话说,就是要把在有体物利用语境下的权利观念用于对虚拟财产问题的认识,相较于《民法典》第127条的特别规定,最初学界主流观点曾试图将其纳入物债二分的体系之内,主要是将网络虚拟财产视为物而成立物权,如中国法学会民法典编纂领导小组起草的《中华人民共和国民法典·民法总则专家建议稿(征求意见稿)》第108条就明确规定:"网络虚拟财产视为物,受法律保护。"这种做法的依据是民法体系封闭的传统逻辑,而传统民法的"物"应为有体物无疑。但实际上,网络虚拟财产体现出很明显的"无体"的特征,如此简单"视为"的规定并没有解决网络虚拟财产作为权利客体与传统制度不相契合的问题,所以,最终颁布的《民法典》并没有采纳这一方案,而是在其第127条专门规定网络虚拟财产权利。"网络虚拟财产"是用既有民法规则解释信息时代法律发展的过程中产生的新的"物"而使用的新名词,这些所谓的"物"的"所有"无法靠所有人自己对物本身进行标示符号来加以支配和占有,而更多的是通过法律赋予人们"独占的权利"来显示其权利的存在。

但是这种类比思维往往会如蚁穴溃堤般对传统民法的物债二分

---

[1] Joshua A. T. Fairfield, *Virtual Property*, Boston University Law Review, Vol. 85 (2005), pp1052-1053.
[2] 参见林旭霞:《虚拟财产权研究》,法律出版社2010年版,第50—52页。

财产法体系进行破坏,同时又会因为传统思维体系的束缚而难以解释清楚时代问题,"网络虚拟财产"相关问题的法律解决方案就明显受制于传统民事权利体系的理论和制度掣肘,难以符合保持民法和整个社会体制动线流畅的社会需求。诚如苏永钦所言:"民法条文不仅在概念上抽离于具体社会的物质条件与精神状态,而且还要使这些抽象条文一旦适用于具体社会时,能和社会其他部分的运作不至扞格。"[1]本部分内容试从类比思维入手,进而从民事权利体系的理论进化角度对"网络虚拟财产"在物债二分的财产法体系中的定位给出方案,并指出《民法典》财产权相关规定产生的新问题。

一、类比物权思维解读网络虚拟财产权利的支配权属性

(一)网络虚拟财产权利具有支配权属性的起点

《民法典》第127条的规定确定网络虚拟财产权利既不是物权也不是债权,但是在《民法典》颁布之前,对于网络虚拟财产权利性质有各种观点,多数学者的倾向还是采纳"物权说"。[2] 将"网络虚拟财产权利"界定为物权的观点,其出发点是物权的支配权属性。最初支配权就是专指物权,而物权的支配权属性表现为对物权客体的直接支配,这种直接支配的内涵与外延会随着社会生活的发展不断变化,支配在更多的场合、更大的范围上呈现出由事实支配到法律支配,由对实物的支配到对价值的支配,甚至通过与"物"的权利联系实

---

[1] 苏永钦:《私法自治中的国家强制》,载苏永钦:《走入新世纪的私法自治》,中国政法大学出版社2002年版,第6页。
[2] 参见杨立新、王中合:《论网络虚拟财产的物权属性及其基本规则》,载《国家检察官学院学报》2004年第6期,第7页;刘惠荣:《虚拟财产法律保护体系的构建》,法律出版社2008年版,第72—89页;林旭霞:《虚拟财产权研究》,法律出版社2010年版,第84—89页。实际上,不同学说的争议更多得集中在法律概念的界定,并没有真正触及"网络虚拟财产"作为时代变迁而产生的新问题的本质,在坚持固有学说的基础上很难简单解释清楚。

现对物的最终控制权而实现的支配。[1] 支配权是权利人无须他人意思的协作,即可在客体上单方面实现自己意思的权利。[2] 对于支配权的抽象,虽然有赖于主观权利的确立,但是其与近代法所处的时代人们的生活密切相关,对于权利客体是有体物的认识是确立支配权的根源。人与动物的区别,恰在于能够于观念中对有体物进行支配,而非以现实的持有或者更具体的"吃到肚子"进行支配。在农业社会和早期工业社会,生产经营几乎都是围绕着实物进行的。支配权概念的产生与对物权概念的不同理解密不可分,自其产生之后就发展为一种独立的权利类型。而支配权所表现出的对于物的观念性的支配,即对于物具有处分权或者返还原物请求权就认为构成了法律上的支配。此种观念的支配,虽然是从对实体物的支配认识开始确定的,但是由于其观念性,可以扩张到有体物之外的场合。

在现在的社会经济条件下,支配权的范围包括对物、精神产品、财产权利和自身人格要素的支配权,但是纵观历史,支配权概念的产生一直与物权的定义及判断标准紧密联系在一起,又从其产生时起,脱离了物权的藩篱,迅速成长为一种独立的、涵摄甚广的权利。[3] 可以说,支配权本是对物权属性的一种概括,但其产生以后迅速地扩张到许多领域,尤其是一些新兴权利的领域,例如知识产权。在支配权产生之初的年代没有知识产权,但在今天支配权可以用于对知识产权的属性的概括:在积极的方面,权利人可以直接控制和利用标的物,无须他人行为介入即可实现权利内容,如复制作品、使用商标、实施专利等;在消极的方面,权利人可以排斥他人干涉,具

---

[1] 参见林旭霞:《虚拟财产权研究》,法律出版社2010年版,第105页。
[2] 参见金可可:《论支配权概念——以德国民法学为背景》,载《中国法学》2006年第2期,第68页。
[3] 参见金可可:《论支配权概念——以德国民法学为背景》,载《中国法学》2006年第2期,第69页。

有对世的效力。[1] 基于同样的理由,支配权也可以用来概括网络虚拟财产权,在主张网络虚拟财产权利属于支配权的观点中,其共同的主张都在于权利人对于网络虚拟财产表现为一种支配,其外观的表现为对有形的"载体物"的支配,实质上表现为对特定的数字信息的支配,网络虚拟财产权利是"直接支配性"权利,而非"请求履行性"权利。[2] 对网络虚拟财产的一般认识即停留在这一判断之上。

(二)网络虚拟财产具有支配权属性的表现

网络服务提供者和用户之间是根据合同来确定双方之间的关系,但在纠纷的场合,争议的内容往往脱离了合同。法院的判决就往往简单认定网络虚拟财产权利的物权属性,在"韩林以虚拟财产被盗为由诉上海盛大网络发展有限公司娱乐服务合同纠纷案"中,法院认为:"原告作为消费者通过支付对价和亲身劳动获得游戏中的相关虚拟物品,该物品系合法所得,且在游戏中能够为玩家提供使用功能和交换价值,具有财产属性。因此,运营商有义务保护消费者对该账户及账户内物品的完整和独占。被告对原告在游戏中的虚拟财产未能提供安全的防护措施,致使原告虚拟财产丢失,被告应承担相应责任。"[3] 上述判决的理由虽然没有直接表明原告享有的权利是物权,但是其论证的逻辑完全是按照物权的内涵进行的。就网络运营商而言,他们对特定网络空间、平台、初始设定的网络虚拟环境等,享有直接的支配权,网络用户对于存储于网络环境中的特定信息,通过一定的方式予以占有,例如,通过账号密码的使用排他地控制特定信息,这些信息不会因为用户离线而消失,而是以一定的方式存储于服

---

[1] 参见温世扬:《财产支配权论要》,载《中国法学》2005年第5期,第67页。
[2] 参见林旭霞:《虚拟财产权性质论》,载《中国法学》2009年第1期,第97页。
[3] 开封市鼓楼区人民法院民事判决书,(2005)鼓民初字第475号。

务器中。[1] 从权利主体到被支配的虚拟物品,完全可以类比人对于有体物的支配。在使用的过程中,虚拟物品会不断发生变化,其变化的过程虽然发生在网络运营商的服务器中,但并不受网络运营商的控制。虚拟财产的运行、存储以及权利变动,需要通过网络经营者履行用户协议,实现用户之间的信息交换,但是即使网络运营商在初始注册协议中对虚拟物品的交易规定了限制或禁止条件[2],用户之间的交易仍然可以通过线下的某些方式来实现。从这些具体表现看,网络虚拟财产已经和有体物差不多了。

从网络虚拟财产的使用特征看,其不表现为物质实体,在实体上表现为磁盘信号。其实体表现的另一方面是网络服务提供者和用户之间的一种服务,虚拟表现的内容则与实际的存在表现为两种不同的内容。网络虚拟财产在使用中表现出一种虚拟的实体性,或者说在虚拟世界里网络虚拟财产和实体财产几乎表现出同样的特征。网络虚拟财产的外观表现是在虚拟世界中的"有形物",也可以说表现为虚拟物品的自然属性,这是从使用者的使用利益的角度考虑,从现实世界的角度分析,这些所谓"有形物"实质是特定的数字信息。网络虚拟财产权利形式上是对虚拟的"有形物"的权利,实质上是对数字信息所享有的权利。但需要注意的是,使用虚拟"有形物"的权利主体,并非如现实对有体物的占有那样独占地支配"有形物"指向的特定数字信息,而是借助于网络服务提供者的服务在虚拟的网络空

---

[1] 参见林旭霞:《虚拟财产权性质论》,载《中国法学》2009 年第 1 期,第 97 页。
[2] 例如,腾讯公司关于 QQ 账号的《软件许可及服务协议》第 3.2.3 条规定:"腾讯 QQ 账号使用权仅属于初始申请注册人,禁止赠与、借用、租用、转让或售卖。如果腾讯发现使用者并非账号初始注册人,腾讯有权在未经通知的情况下回收该账号而无需向该账号使用人承担法律责任,由此带来的包括并不限于用户通讯中断、用户资料和游戏道具等清空等损失由用户自行承担。腾讯禁止用户私下有偿或无偿转让账号,以免因账号问题产生纠纷,用户应当自行承担因违反此要求而遭致的任何损失,同时腾讯保留追究上述行为人法律责任的权利。"

间内指向虚拟的"有形物"。所以网络虚拟财产权利的支配权属性看似和实体财产的物权毫无区别,实际在真实的法律关系上却是存在差别的,从根本上讲,网络虚拟财产不是物权法上的物,不能设定物权。

二、网络虚拟财产权利准用物权规则的选择困境

在《民法典》没有明确规定网络虚拟财产权利的具体规则,而其他法律也没有特别规定的前提下,根据网络虚拟财产权利表现出来的支配权特征适用物权规则来解决有关网络虚拟财产的很多问题似乎是非常可行的,最主要的就是其利益归属的问题,当虚拟财产具有一定的市场交换价值的时候,其利益归属于网络用户应该是普遍得到认可的。但是,这并不表明网络虚拟财产可以毫无障碍地适用物权法规则解决问题,网络虚拟财产权利涉及的问题并不全部在物权制度所对应的范围之内。

(一)网络虚拟财产不符合物权客体的法律规定

《民法典》第 115 条的规定并没有超越近代民法对物权客体限定为有体物的范围。物权作为一种支配权,其规则建立于对物权客体为有体物的基本判断;与之相反,债权的客体为债务人的特定行为。[1] 但是网络虚拟财产权利的客体指向无法简单确定为有体物抑或行为,因为网络虚拟财产权利不仅仅是权利人想象中的"虚拟财产"本身抑或其所对应的特定的数字信息,权利人行使权利还需要网络运营商等相关义务人的特定行为的辅助。网络虚拟财产权利对于网络服务提供者与网络用户之间的合同具有依附性,合同权利义务的约定会对网络虚拟财产权利中的利益关系产生直接影响。根据客

---

[1] 参见金可可:《私法体系中的债权物权区分说——萨维尼的理论贡献》,载《中国社会科学》2006 年第 2 期,第 150 页。

体的属性来界定权利并确定规则,符合人对社会生活的一般认识,在实物经济的时代也是比较容易界定的。但是随着人类社会进入实物经济、知识经济与信用经济三位一体的新时代,这种体系难免在现实面前显示出局限性。[1] 虽然《民法典》第115条对于物权客体范围进行有限扩张,但是从规范的逻辑看,并没有改变物权客体限定为有体物的内涵,只是通过特例的方式来规定某些权利为物权客体,实际上仍然是类比有体物的思维。网络虚拟财产不是《民法典》规定的物是确定的,同时也应该看到,网络虚拟财产权利的行使也需要指向特定人的行为,虽然在权利人使用或享用其利益的角度表现出来的是类似于物权的特征,但是缺乏特定人行为的辅助,网络虚拟财产是不能存在的。

(二)网络虚拟财产权利被表述为物权的不适应

在经济交往中,网络虚拟财产权利经常被通俗地简单表述为物权,如在腾讯公司关于QQ账号的《软件许可及服务协议》中就简单地用"所有权"来描述QQ账号的权利。[2] 但是该协议中的"所有权"一词的内涵显然不能等同于物权法中"所有权"概念,这里所描述的权利的客体仅仅是网络服务提供者的一种服务,并不是真正的有体物。简而言之,网络虚拟财产是网络服务提供者根据合同约定给付的服务行为本身,而并非因提供服务行为所产生的结果。网络服务行为构成了网络虚拟场合的全部前提,不存在不以网络服务为内容的网络虚拟财产,因此,网络服务提供者也不能对其提供的网络虚拟财产享有任何权利,而且根据技术规则,与普通合同权利的法律

---

[1] 参见王卫国:《现代财产法的理论建构》,载《中国社会科学》2012年第1期,第143页。
[2] 腾讯公司关于QQ账号的《软件许可及服务协议》中就规定:"3.2.2 QQ账号的所有权归腾讯,用户完成申请注册手续后,获得QQ账号的使用权。"

效力仅具有相对性不同,虽然网络虚拟财产来源于网络服务提供者与权利人之间的合同约定,但由于该约定的内容大多具有较为明显的外在表现形式(如网络游戏中的装备、账号密码等),因此第三人可以在付出较为合理的信息成本的情况下,对此项网络虚拟财产的归属和内容作出判断。网络虚拟财产权利这种表面特征是在交易领域简单理解其为物权的原因,但这掩盖不了其不能如一般物权一样直接进行交易而排除一切特定人干涉,因为网络服务提供者总是基于其服务合同中的权利义务而要控制整个交易过程,甚至限制交易的可能。

网络虚拟财产权在权利变动的公示方法、存续、占有和支配权能方面不同于民法的物权。司法实践中概括网络虚拟财产具有一般财产的属性,主要表现为:其一,有用性,即能满足人们的需要,主要体现为人们的精神愉悦;其二,稀缺性,即玩家无论是从运营商处获得还是从交易中获得,都要付出一定的代价,并非任意获取;其三,可控制性,即由玩家通过网络账号的形式排他性地支配。由此使得法院可以认定虚拟财产具有法学意义上的财产权性质,并在现实社会生活中在玩家与运营商之间或玩家与玩家之间等较为广泛地通过交易体现其货币价值。[1] 但是,与传统财产法所依附的社会实体相比,"网络虚拟财产"相应的社会实然是不确定的,应当结合纠纷发生的领域在反思传统财产的基础上确定合理的财产内涵,在人们开列出可以取得所有权的"物"的类型之前,财产观念便会保持无限开放状态。[2] 网络虚拟财产权利具有财产权属性的判断却掩盖了其特殊性,主要表现为以下四点:其一,网络虚拟财产权权利变动的公示

---

[1] 参见北京市第二中级人民法院民事判决书,(2009)二中民终字第18570号。
[2] 参见〔美〕斯蒂芬·芒泽:《财产理论》,彭诚信译,北京大学出版社2006年版,第21页。

方法是受让人用密码第一次登录网络游戏系统。而动产物权权利变动的公示方法是占有之移转,不动产物权权利变动的公示方法是权属登记之变更。其二,网络虚拟财产权的存续依赖于服务商的存续。当服务商破产或者解散时,服务商不再提供相应的网络游戏服务,玩家享有的网络虚拟财产权将随着网络游戏服务的终止而消灭。其三,网络虚拟财产权利人对网络虚拟财产的占有表现为对游戏密码事实上的控制,而物权人对物权的占有则表现为对物的事实上的控制。其四,网络虚拟财产权利人需要登录网络游戏系统才能实现对虚拟财产的支配,而物权人在大多数情况下仅仅占有物就能实现对物的支配。因此,网络虚拟财产权利虽然近似于物权,但不能直接适用物权规则解决问题,只能是参照物权制度解释出一些适合网络虚拟财产的规则。

三、在物债二分的财产法体系中定位网络虚拟财产的路径

（一）无法在物债二分的财产法体系中直接对网络虚拟财产权利定位

从民事权利体系化的角度看,物权与债权的二元划分便利了私权体系的构建,为法典编纂提供了理论框架和技术支持。这符合《德国民法典》制定那个时代社会经济发展的需求,从1794年《普鲁士一般邦法》生效到《德国民法典》于1900年施行的106年间,欧洲乃至全世界的法律共同体都致力于完成现代最伟大和最具雄心的科学计划之一:对既往的法律进行科学而体系化的重述并将它们在公布的法典中予以正式表达。[1] 在德国民法创制之时,人类社会还处在实物经济的时代。通过物权和债权分别建立起以有体物的享用与交

---

[1] 参见〔美〕罗杰·伯科威茨:《科学的馈赠——现代法律是如何演变为实在法的?》,田夫、徐丽丽译,法律出版社2011年版,第111页。

换为中心的静态秩序和动态秩序,足以满足当时的社会经济需要。

20世纪70年代以来,科技的发展产生了知识经济概念。现代经济把知识作为重要的生产要素,知识投资不仅带来实物经济产品的增值,而且产生出大量满足人们生活及交往需要的知识产品。[1] 而随着网络生活方式的兴起,网络虚拟财产同样不能在实物经济时代的权利体系中获得定位,网络虚拟财产权利不能简单地被界定为债权或物权。比较合理的解释是从功能类比的角度,比较物权或债权特性而指出网络虚拟财产的特性,解释出网络虚拟财产的特有规则。如在"上海盛大网络发展有限公司与林奖忠网络服务合同纠纷上诉案"中,判决书在解释网络服务提供者和用户之间关系的时候论述:"需要特别指出的是,在互联网时代,网络游戏作为消遣娱乐工具,在带来精神愉悦的同时,还附带产生虚拟财产利益。我国法律对此虽然没有规定,而网络虚拟物品作为一种无形财产,在现实生活中,可与现实财产发生联系并具有交换价值,但依然不改网络游戏作为人们精神需求的核心价值。"但同时裁判者也意识到,网络虚拟财产权利绝不是一种物权,所以继续从否定的角度去展开论述:"而该核心价值只能通过游戏时间和游戏技能得以充分体现,若以购买游戏装备的方式来提升游戏角色的魔法技能与生命值,或者进行游戏虚拟物品的买卖,都不应予提倡,并将违背网络游戏的核心价值。"[2] 当然,中国的法律人也很难真正掌握适用物债二分体系的能力,虽然在法学理论研究上贯彻了物债二分的德国民法思维,但是司法实务界总是从一种中国的现实去展开进一步的论述,德国法意义上的物债二分财产法体系某种程度上渐成为法学界自娱自乐的内容,中国式

---

[1] 参见王卫国:《现代财产法的理论建构》,载《中国社会科学》2012年第1期,第143页。
[2] 浙江省温州市中级人民法院民事判决书,(2009)浙温民终字第623号。

的物债二分财产法体系更多是在解决中国现实纠纷中而逐渐形成的一种中国式的民法思维形式。

(二)根据权利的作用来解读网络虚拟财产权利的内涵进而明确其定位

把物权解读为支配权是一种从权利作用的角度的分类,但是支配权并非与物权的名词同时产生。支配权在近代法学家的论述中还没有真正出现,其主要是对物债二分理论形成之后,以有体物为客体的物权概念进行抽象,从效力(作用)的角度对其进行的概括。[1] 当然,用支配权来概括物权的作用,是在有体物为权利客体的时代。随着社会经济的发展,对于权利客体的认识的扩张也改变了对于支配权的理解,拉伦茨在两种意义上使用"权利客体"概念:第一种是指支配权或利用权的标的,这是狭义的权利客体,称为第一顺位的权利客体,第一顺位的权利客体是有体物;第二种是指权利主体可以通过法律行为予以处分的标的,称为第二顺位的权利客体,第二顺位的权利客体是权利和法律关系。[2] 与普通合同权利的法律效力仅具有相对性不同,虽然网络虚拟财产来源于网络服务提供者与权利人之间的合同约定,但由于该约定的内容大多具有较为明显的外在表现形式(如网络游戏中的装备、账号密码等),因此第三人可以在付出较为合理的信息成本的情况下,对此项网络虚拟财产的归属和内容作出判断。不是对现有体系简单归类就能解决问题,单纯的特别规定既不符合现实也很难论证。

以有体物为参照确立的物权体系就强调财产的有体性,但是许

---

[1] 参见金可可:《论支配权概念——以德国民法学为背景》,载《中国法学》2006年第2期,第68页。

[2] 参见〔德〕卡尔·拉伦茨:《德国民法通论》(上册),王晓晔、邵建东、程建英、徐建国、谢怀栻译,法律出版社2003年版,第377—378页。

多新型财产在出现之初,都带有某种"虚拟性",即与现实中人们可以直观感受的财产行使不同,比如信用证、提单等。[1] 法学理论在面对社会发展的制度改变时,首先都是描述性的,试图用传统的理论将新问题对号入座,但通过归纳和演绎的理论总结,最后必然形成公理式的总结、形成新的理论。在罗马法的视野中,都是类比现实"物"来解释权利的问题[2],而此后主观权利却成为公理,恰如今天民法用物权的规则来解释网络虚拟财产权利问题,虽然《民法典》限定适用范围为动产和不动产这些有体物,实际上现实中有体物之外的客观存在适用物的规则并没有原理上的障碍,以价值来衡量,以使用价值和交换价值衡量的物都可以成为财产权客体。

(三)侵权责任法对网络虚拟财产权利的保护逻辑

网络虚拟财产权利虽然很难在债权物权二分的体系下明确定位,但是作为一种法益应受到侵权责任法的保护却是实践中无争议的,虽然对其保护态度和方法上观点并不一致。[3] 权利的保护逻辑也超越了五编制基础上的请求权基础理论,证明了只要有私权的存在即可获得侵权责任的保护。《民法典》第1164条规定侵害民事权益即应承担侵权责任,该条是《侵权责任法》第2条规定内容的沿袭,在《侵权责任法》第2条第2款中,具体列举了侵权责任法保护的民事权益:"本法所称民事权益,包括生命权、健康权、姓名权、名誉权、荣誉权、肖像权、隐私权、婚姻自主权、监护权、所有权、用益物权、担保物权、著作权、专利权、商标专用权、发现权、股权、继承权等人身、财产权益。"网络虚拟财产在立法上缺乏明确的规定,对于网络

---

[1] 参见王卫国:《现代财产法的理论建构》,载《中国社会科学》2012年第1期,第144页。

[2] 参见〔英〕巴里·尼古拉斯:《罗马法概论》,黄风译,法律出版社2000年版,第100页。

[3] 参见李岩:《虚拟财产继承立法问题》,载《法学》2013年第4期,第83页。

虚拟财产本身是什么,包含什么类型,网络虚拟财产占有人享有的利益属性都没有明确的规定。在目前的立法状态下不能在民事权利体系中找到网络虚拟财产的位置。网络虚拟财产具有价值性和利益性,这使得其在实践中有受到侵害的可能。

另外,网络虚拟财产依存的网络环境使得利用技术手段侵犯网络虚拟财产更为容易、更加隐蔽。正因为网络虚拟财产比一般财产更容易受到侵犯,所以更有必要对其进行保护。司法机关在网络虚拟财产保护方法的选择上同样不统一,有的法院通过认定游戏开发商负有安全保障义务的债权方式予以保护,有的法院则通过直接认定物权侵权的方式进行保护。相关司法实务也反映了网络虚拟财产本身的价值认定困难,如在"马杰诉上海盛大网络发展有限公司网络服务合同纠纷案"中,法院认为由于虚拟装备本身不具有具体价值,作为救济,丢失的装备可由盛大公司通过技术操作手段恢复。[1]这是现实解决问题的思路而不是侵权法的逻辑,但是考虑到网络服务提供者和网络用户之间的关系,这种安排实际上是合理的,只是欠缺法学理论上的回应。

(四)解开封闭的权利体系应对开放的经济生活

关于虚拟财产权利的研究,最关键的问题是为现实经济生活中相关纠纷的解决提供一个分析框架,对虚拟财产权利如何适用财产法规则给出答案,从而使法律能够如实地反映社会。体系成为科学的中心地位,演绎的体系成为法学科学性的代名词,这种体系表现的极致就是使人相信真理都是对称的、简洁的、符合某种形式审美原则的。传统财产法理论试图确定一个封闭的、精确的财产权利体系,这给适用规则带来了便利,但同时也人为地简化了生活,尤其是对生活

---

[1] 参见江苏省江阴市人民法院民事判决书,(2007)澄民一初字第37号。

可能的发展缺乏预测,而随着社会进入瞬息万变的发展阶段,这种不适应便表现得尤为明显。重新解读整合财产权概念成为法学理论发展中的一个重要问题,而整合财产权概念的基本要求,就是要拆除横隔在有形财产与无形财产之间以及物权与债权之间的藩篱,使所有具有经济价值的资源的享有和流转都能够在共通的财产概念之下共享法律秩序的承认、保护、便利和安全,进而克服以往财产权理论在功能和价值上的片面性,实现财产权的经济效用与政治、伦理等价值之间,以及个体利益与社会利益之间的会通与平衡。[1] 传统理论与新经济时代的财产保护需求之间存在一定的差距。20 世纪以来,面对时代变迁带来的财产权创新,德国民法也呈现出一定程度的开放趋势。例如,在当代德国民法理论中,作为一种无体财产权,知识产权已经被认为是一种与物权一样的支配权。虽然支配对象属性的不同导致了知识产权与物权的区别,但由于在绝对权的法律性质方面存在共性,它们都被作为支配权看待。这样,至少在法学家的教科书中,无体财产权已经取得了与物权、债权相并列的地位。[2] 网络虚拟财产权的理论争议,实际是对传统物债二分财产法体系的维护,在既存规则的解释中,既看到规则对新事物的解释力的欠缺,也仍旧按照其解释。

社会的高速发展带来的问题要求法律应该能及时地予以应对,而这与法律对传统和权威的维护相矛盾。[3] 构筑具备开放可能性的解释论上的权利体系,财产法是主要规定具有绝对权性质的财

---

[1] 参见王卫国:《现代财产法的理论建构》,载《中国社会科学》2012 年第 1 期,第 144 页。
[2] 参见〔德〕卡尔·拉伦茨:《德国民法通论》(上册),王晓晔等译,法律出版社 2003 年版,第 286—287 页。
[3] 参见〔美〕伯尔曼:《信仰与秩序——法律与宗教的复合》,姚剑波译,中央编译出版社 2011 年版,第 17 页。

产权的法律。当然，财产法需要规定的，不仅有各种类型的绝对权，而且有相对权即债权，同时还有与两类财产关系皆有联系的法律制度。美国学者罗伯特·S.亨特认为："财产法的基本问题总的来说无非就是决定个人和社会关于资源的使用和开发的关系。"[1]因此，如果采用绝对权中心的财产权定义，理论上应该建构一个人法之外的既承认绝对权与相对权（债权）的区分，同时又能包容二者的财产法。按照王卫国的观点，更极致的追求是在立法论上建立一个主要由有形财产权和无形财产权构成的财产体系和一个债权法体系组成的大财产法。这既不是回归一元模式，也不是创建三元模式，而是对二元模式的继承和改进。其改进之处就在于克服物权法的封闭性，引入具有开放性的财产概念。[2]

虽然《民法典》第127条规定了网络虚拟财产权利，但该条并没有明确的财产法规则，其指向的法律规定在立法上也是空白，在法律没有有效特别的供给的前提下，只能从解释论上解释网络虚拟财产权利的法律定位，从支配权表现审视虚拟财产的法律属性。随着社会经济的发展，因应信息时代和知识经济发展的要求，诸如无体的知识产权等不断在民法解释上作为新的"物"进入物权法调整的范围，这些所谓的"物"的所有无法靠所有人自己对物本身进行标示符号来加以支配和占有，而更多的是通过法律赋予人们"独占的权利"来显示其权利的存在。随着民法解释上对物权客体范围的不断扩张，所有人对物的支配更多地强调"价值上的支配"。科学技术的发展和进步给人类社会带来了诸多新生事物，对传统的物权法理论提

---

[1] 〔美〕约翰·E.克里贝特、科温·W.约翰逊、罗杰·W.芬德利、欧内斯特·E.史密斯：《财产法：案例与材料》（第七版），齐东祥、陈刚译，中国政法大学出版社2003年版，第3页。
[2] 参见王卫国：《现代财产法的理论建构》，载《中国社会科学》2012年第1期，第148页。

出了挑战。对民法基本理念的全新认识,突破传统民法理论设计虚拟财产具体制度。传统财产权体系能够做到的是对物权客体不同价值的观念上的利用和支配,而不是确定对"物"的整体的归属。在知识经济背景下对民法理论的反思和重构是必要的,相比理论上所有权观念的更新,立法需要做的工作并不是很多,《民法典》第127条的规定看似空白,实际上已经足够,新的制度的存在只是需要理论上合乎逻辑的解释。把网络和计算机时代相关技术因素引入物权制度构建当中,体现了知识经济背景下追求效率的观念。

第三节　以物债二分的财产法体系逻辑解读共同继承遗产

在《民法典》分则各编的排序上,继承编位于婚姻家庭编之后,而和通常属于财产法的物权编、合同编之间间隔两编内容,因此,表面看起来,继承编的内容应该属于和人身关系密切的制度。但是,《民法典》总则编第五章"民事权利"的第124条规定了"继承权",从该条所处的位置来看,继承权又应该属于财产权而不是人身权。当然,还需要明确的是,在物债二分的财产法体系中,继承权既不是物权,也不是债权,从《宪法》第13条规定的"国家依照法律规定保护公民的私有财产权和继承权"来看,继承权好像又是和财产权并列的权利。这既说明了继承权的重要性,也凸显了继承权在权利体系中定位的困难。需要特别说明的是,宪法在名词的使用上和民法从来不是同一内涵的,宪法使用的"继承权"和"财产权"名词,不是在精确的分类标准下确定内涵的。单纯从民法的角度看,虽然有不同于物权和债权的特殊性,但是继承权仍然应该具有《民法典》第113条规定的"财产权"的属性,需要纳入财产法体系进行解释。

根据权利的成立要件是否已经实现来分类,继承权是典型的期待权,在被继承人死亡时,继承权转化为对遗产的现实财产权。根据《民法典》第1121条第1款的规定,继承权的实现从被继承人死亡或宣告死亡时开始,此时继承人对于遗产现实享有权利。而如果有多个继承人的话,这些共同继承人如何享有权利就成为问题,如果遗产只有一个特定的物的话,这个问题就会被简化为共同继承人对该物共有,但现实是遗产往往并非特定的物而可以是各种财产。从1985年颁布的《继承法》到2020年颁布《民法典》都没有关于共同继承人对遗产如何享有权利的规定,但我国司法实践长期普遍以物权法意义上的共有关系来衡量共同继承人对于遗产享有权利的状态,进而形成了"共同共有说"和"按份共有说"两种争论的学说。虽然两种学说皆有一定的影响力,但是,笔者认为,基于遗产概括继承的制度结构,不能简单以物权法意义上的共同共有和按份共有来衡量共同继承遗产的归属状态,根据《民法典》第1122条关于继承的范围的规定,遗产既包括动产和不动产这些物权指向的财产,也可以包括知识产权等无形财产,甚至还包括债权。在遗产处理中,继承人还要在继承遗产的范围内承担债务,因此,在继承开始后遗产分割前,遗产是一个不区分物权、债权的混沌状态,不能直接简单适用《民法典》物权编关于共有的规定。

需要注意的是,从继承财产的构成和继承财产处理实践看,由于遗产中最具有代表性的财产权是物权,遗产的处理也主要是对于物权的处理,因此,准用共有规则又有一定的现实基础。以下笔者试图从物债二分的财产法体系思维的角度探讨一下共同继承遗产的权利享有状态。

一、共同继承遗产不能直接适用物权共有规则

《民法典》物权编第八章规定了按份共有和共同共有两种形式的共有,这种类型化是依据1929年开始陆续颁布的中华民国民法的思路,追溯其历史渊源则是《德国民法典》规定的共有和合手[1],但是两种共有仅为物权法的制度,包括《民法典》第310条规定的"准共有"都只是涉及对特定物享有权利状态的制度。将继承开始后遗产分割前共同继承遗产的状态当成是共有,是把局限于《民法典》物权编的两种共有形式扩张到物权法之外的领域。我国学界主张的"共同共有说"和"按份共有说",都是把遗产简单当成物来看待,其成立的前提并不是当然存在的,因为遗产并不经常都是单纯的特定物。虽然在笔者看来这两种学说都不能简单成立,但从功能类比的角度对各种学说进行检讨,有利于理解后文笔者提出的共同继承遗产准用共有规则的观点。

(一)共同共有说的检讨

从《继承法》到《民法典》虽然都未明文规定继承开始后、遗产分割前各共同继承人对遗产是按份共有或共同共有,但受我国台湾地区现行"民法"第1151条规定的影响,我国学者多认为共同继承人在继承开始后遗产分割前对遗产共同共有。[2] 主张共同继承人"共同共有说"的理由主要包括以下三点:其一,这种共有关系建立在共同

---

[1] 史尚宽将德国法上共有和合手(也称为合手共有)对译为按份共有和共同共有两种,从而改变了《德国民法典》对于合手的理解,因为在《德国民法典》中,合手的规则分散于不同的编,并不是物权法特有的制度,而改造后的共同共有则变为纯粹物权法的制度。参见史尚宽:《物权法论》,中国政法大学出版社2000年版,第152页。

[2] 参见李国强:《论共同继承遗产的分割规则——以〈物权法〉的解释和〈继承法〉的修改为视角》,载《法学论坛》2013年第2期,第58—59页。

继承的基础之上,各个继承人之间具有身份上的联系,所以具有共同关系。[1] 其二,继承开始后、遗产分割前,被继承人的财产所有权由继承人不分份额地享有,故为共同共有。[2] 其三,根据最高人民法院《关于贯彻执行〈中华人民共和国民法通则〉若干问题的意见(试行)》第 177 条的规定,判断共同继承人对于遗产应成立共同共有。[3] 但是这些理由均存在逻辑上的漏洞,不能有效证明共同继承遗产成立共同继承人共同共有的观点。

1. 共同继承人之间不一定有成立共同共有所需的"共同关系"

共同共有的基础条件是共有人之间有"共同关系",按份共有与共同共有的区分根据在于有无"共同关系",《民法典》物权编只有在第 308 条提到了"家庭关系"属于"共同关系",《民法典》物权编并没有规定如何具体判断"共同关系"。"共同关系"的标准在一定程度上影响了按份共有和共同共有的区分与判断,理论上有三种不同阐释:第一种观点认为,共同关系是指两人或两人以上基于共同的目的而结合,并以此为基础的法律关系[4];第二种观点认为,不能简单地将因共同目的而形成的关系当作共同关系,此"共同目的"过于抽象和宽泛。例如,数人一起出资买房以待涨价后出售,此时数人肯定具有"共同目的",但显然不具有成立共同共有所需的"共同关系"[5];第三种观点认为,法律虽然没有规定共同关系的标准,但基于已经明确规定列举一些成立共同共有的基础性法律关系,如夫妻关系、家庭关系等,可以推论认为,共同关系必须由法律明确规定,当事人不得

---

[1] 参见韩松等编著:《物权法》(第二版),法律出版社 2015 年版,第 224 页;马俊驹、陈本寒主编:《物权法》(第二版),复旦大学出版社 2014 年版,第 157—158 页。
[2] 参见江平主编:《中国物权法教程》,知识产权出版社 2007 年版,第 232 页。
[3] 参见郭明瑞、房绍坤、关涛:《继承法研究》,中国人民大学出版社 2003 年版,第 92 页。
[4] 参见陈华彬:《民法物权》,经济科学出版社 2016 年版,第 293 页。
[5] 参见戴永盛:《共有释论》,载《法学》2013 年第 12 期,第 32 页。

随意创设"共同关系"以成立共同共有[1]，例如，在夫妻关系中，根据《民法典》第 1062 条的规定，五种类型的财产属于夫妻共同财产。《民法典》第 1062 条也很好地区分了夫妻共同财产制和基于夫妻关系的共有的区别，共同财产制指向概括的夫妻共同的所有财产，而共有仅指向具体的物权客体。"家庭关系"则比较特殊，根据《民法典》第 308 条关于共有推定的规定，共有人对共有的不动产或者动产没有约定共有类型，或者约定不明确的，除共有人具有家庭关系等外，视为按份共有。但是，对于什么情况构成"家庭关系"法律并未明确规定，从生活经验总结，应以共同生活构成的家庭为限。

法律并未明确共同继承遗产具有"共同关系"，但是从历史上看，由于共同继承遗产限于一定的亲属之间，而且基于亲属的共同生活关系，可以认定具有"共同关系"。在日耳曼法中，遗产属于家庭成员共有，在被继承人死亡后，已成年的兄弟通常不分割家产，而是由长兄继承管理遗产的权利，同时担负起祭祀祖先的义务，继续维持共同生活。[2] 中国古代也是大致相同的家族式家庭的生活状态，共同继承遗产的"共同关系"就是建立在家族式家庭的基础之上。随着社会的发展，传统的家族式共同生活的"家庭"逐渐解体，由父母和未成年子女构成的"核心家庭"成为社会的常态，导致作为共同继承人范围的亲属常常和家庭成员身份背离。[3] 甚至有些情况下，各继承人之间可能彼此不相识。例如，被继承人甲有婚生子乙、非婚生子丙、养子丁，三人并没有一起共同生活，甚至乙、丙互相不认识，甲于死亡前立下遗嘱将所有的房产平均分给乙、丙、丁，那么在继承开始后，

---

[1] 参见张双根:《共有中的两个问题——兼谈对〈物权法(草案)〉"共有"章的一点看法》，载《比较法研究》2006 年第 2 期，第 112—113 页。
[2] 参见李秀清:《日耳曼法研究》，商务印书馆 2005 年版，第 452 页。
[3] 参见李国强:《论共同继承遗产的分割规则——以〈物权法〉的解释和〈继承法〉的修改为视角》，载《法学论坛》2013 年第 2 期，第 59 页。

乙、丙、丁因继承聚齐到一起，很难从客观上认为他们之间会有共同共有所要求的"共同关系"。

但是，从《民法典》第308条的文义梳理，似乎任何共有人都是可以约定为共同共有的，这超越前述观点中共同共有的"共同关系"需要法律明确规定的要求。不过在现实中，没有稳定的信任关系的人之间是不可能约定为共同共有的，如果真的是没有稳定共同关系的人约定共同共有，针对共有物共有人就成立了分不开且容易陷入僵局的关系，在对物的利用上，共有人之间的任何歧见都可能导致低效率的利用困境，共有人对物的贡献大小、投资比例等都瞬间泯灭掉了，因此在一般情况下不会有人选择约定共同共有，即使有约定的共同共有，也一定要建立特殊的信任关系，所以，《民法典》允许约定共同共有的存在其实与共同共有的本质要求是相反的。

《民法典》第308条除了规定共有关系的推定，也涉及共同共有中"共同关系"的判断问题，即是否存在"家庭关系等"，正确理解《民法典》第308条中的"家庭关系等"中的"等"影响共有类型的判断。分析法院如何应用《物权法》第103条（即《民法典》第308条）规定，对准确理解"家庭关系等"的规范内涵有重要的意义。笔者以"共同共有""按份共有"与"《物权法》第103条"为关键词，并以高级人民法院作为层级进行检索，得出以下统计结果：共有42个案例，其中认为成立共同共有的有10个，认为成立按份共有的有29个，由于共同共有人之间必然存在共同关系，故将成立共同共有的上述案例筛选出来，对其中的共同关系类型进行区分判断。在成立共同共有的10个案例中，其中8个案例中的共同继承人都具有身份关系，且没有脱离父母子女、兄弟姐妹或夫妻的关系，因此都没有涉及《物权法》第103条中的"等"字。唯一特殊的是其中一则判决将处于同居状态的两个当事人认定为共同共有,即相当于认定"同居"属于《物权法》第103条规定的"等"的"共同关系",在"朱建华、陈巍冬所有权确认纠纷案"中,法院认为,双方虽未在同居时签订的《协议书》中对共有方式、出资比例、所占份额作出明确约定,但从《协议书》约定双方共同拥有该房屋产权以及双方共同作为购房合同的买受人签订《商品房买卖合同》的情况来看,并结合双方在本案纠纷发生之前为恋爱同居关系等因素,确定双方系基于共同生活及共同占有、使用的目的而购买涉案房屋。故从常理而言,双方在签订《协议书》时应当是存在共同共有的真实合意,所以,二审法院推翻了一审法院以"不具有家庭关系"为依据作出的双方成立按份共有的判决。[1] 值得注意的是,另一起案情类似的案件法院却作出了相反的判决,在"葛某与付某法定继承纠纷案"中,法院认为,葛某与王某自2001年起同居生活,并未办理结婚登记,二人不具有家庭关系,对二人同居之后取得的登记在王某名下的房屋应认定为按份共有,且对此葛某并无异议。[2] 不同法院作出了不同的判决,广东省高级人民法院没有依据《物权法》第103条的规定判断二者的共有关系,而是考虑双方的"共同生活""共同目的"等情况,忽略了"共同关系"应该由法律规定,在法律没有明确规范同居关系具有共同关系属性的情况下,不应该认定构成共同共有。不承认同居构成共同关系的案例较多,例如,吉林省高级人民法院直接以《物权法》第103条为根据,判断同居关系不同于家庭关系,并将同居关系排除在"等"的范围外,即同居关系尚不能满足"家庭关系等"的条件。在当今社会,年轻人同居而不结婚的现象较为普遍,这种同居关系稳定性较差,如果都认定为具有"共同关系"成立共同共有显然不合理,在实践中也很难判断。从立法目的

---

[1] 参见广东省高级人民法院民事裁定书,(2018)粤民申6252号。
[2] 参见吉林省高级人民法院民事裁定书,(2018)吉民申2298号。

考量，显然法律应该严格限制成立共同共有的"共同关系"的范围，从而促进物的有效利用。多数法院判决中都没有体现出"等"字的作用，从对共同关系的理解上看，法律规定完全可以将"等"字去掉，"等"字所代表的列举非穷尽的内容在共同共有的类型中并不存在，"共同关系"只能依据法律明确规定的类型去判断。

在共同继承人成立共同共有的案例中，继承人之间均存在共同生活的事实。例如，在"邹某1、邹某2合同纠纷案"中，法院认为孙某3去世后，儿女邹某3、邹某2均未独立生活，该房产在没有继承析产的情况下，继承人邹某1、邹某2、邹某3依据《物权法》第103条成立家庭共同共有。[1] 在此案中，法院考虑的并不只是各共有人之间是否存在家庭关系，而是是否真正生活在一起，如果各继承人已经独立生活，也就意味着他们之间不存在"共同关系"，这种做法值得肯定。"共同关系"的判断不能仅考虑各共有人之间的身份关系，还要考虑他们是否在一起生活，所以"家庭关系"应理解为"家庭共同生活关系"。若各共有人之间没有共同生活关系，即使具有某种身份关系，也不宜将各共有人之间的关系定性为共同共有。同理，若各共有人之间没有身份关系，只有共同生活关系，如现在常见的合租情形，几个好友共同租住一个公寓，每人住在不同的房间内，共用厨房和卫生间，几个人之间构成了一种共同生活关系，但显然不构成《物权法》第103条中的"家庭关系"。

所以"共同关系"的判断应满足两方面条件：其一，共同关系应该由法律明确规定，某种意义上排除掉共有人随意约定为共同共有。依据《民法典》第308条的规定，并结合最高人民法院废止《民法通则

---

[1] 参见河北省高级人民法院民事判决书，(2016)冀民再40号。

意见》第 88 条规定的原因[1]看,共同共有需要法律明确规定的"共同关系",共同共有随意成立会导致物的利用效率低下。从比较法的角度看,德国对于合手共有关系采取"类型强制原则",当事人原则上不得随意创设共同关系以成立合手共有。《民法典》第 308 条如果不限缩解释则意味着可以随意约定共同共有,其结果是忽视了共同共有成立须以共同关系的存在为前提,忽略了共同共有与按份共有的核心区别,因此不够妥当。[2] 其二,以《民法典》第 308 条中的"共同关系"为依据,在具体判断"家庭关系"成立的基础上,还要考虑共有人之间是否形成稳定的共同生活关系,将"家庭关系"解释为"家庭共同生活关系",不能仅依据各共同继承人之间的身份关系就认定共同继承人构成共同共有。

因此,是否成立"共同关系",需要看各继承人之间是否成立了稳定的"家庭共同生活关系",而不能只依据各个继承人之间是否具有身份上的联系。即使共同继承人有身份关系,因为没有共同生活也可能不构成"共同关系"。"共同共有说"仅依据共同继承人间具有身份关系来确定构成"共同关系",进而判断成立共同共有显然是错误的。

2. 确定共同继承遗产为共同共有与现行法律规定不一致

司法实践长期以来认定共同继承遗产为共同共有的法律依据,主要就是《民法通则意见》第 177 条以及第 88 条的规定。但是涉及共有类型判断的《民法通则意见》第 88 条和第 177 条因与《物权

---

[1] 《最高人民法院关于废止 2007 年底以前发布的有关司法解释(第七批)的决定》(法释〔2008〕15 号)规定:最高人民法院关于贯彻执行《中华人民共和国民法通则》若干问题的意见(试行)第 88 条、第 94 条、第 115 条、第 117 条、第 118 条、第 177 条与物权法的有关规定冲突。其中,第 88 条是与《物权法》第 103 条(即《民法典》第 308 条)冲突。

[2] 参见戴孟勇:《物权法共有制度的反思与重构——关于我国〈物权法〉"共有"章的修改建议》,载《政治与法律》2017 年第 4 期,第 90 页。

法》第103条的规定冲突,已被最高人民法院在2008年明令废止。因此,不仅判断共同继承遗产成立共同共有的法律依据不足,而且相应可以解释为不应该再认定为共同共有,或者说基于物权的逻辑,对于遗产这种包含了物权、债权甚至知识产权等其他财产权的概括财产,当然不能用作为物权制度的"共有"来确定其归属。《最高人民法院关于继承开始时继承人未表示放弃继承遗产又未分割的可按析产案件处理问题的批复》与《民法通则意见》第88条和第177条存在同样的错误[1],即推定各继承人之间存在家庭关系,从而认为各共同继承人对遗产成立共同共有,但共同继承人之间并不当然具有家庭关系。既然《民法通则意见》第88条和第177条已经被废止,该批复的内容也不具有法律拘束力。

值得注意的是,上述司法解释被废除之后,最高人民法院却又在2016年公布的《第八次全国法院民事商事审判工作会议(民事部分)纪要》第25条规定,继承开始后遗产分割前,各继承人均未表示放弃继承,依据《继承法》第25条规定应视为均已接受继承,遗产属各继承人共同共有。最高人民法院相关法官在针对该会议纪要编写的理解与适用的书中认为:"由于共同继承人对遗产是共同共有,他们之间为此发生的诉讼应按析产案件处理。继承人依据继承权主张分割遗产,实际上行使的是共有物分割请求权,应按照共有财产分割的原则处理,共有物分割请求权不应适用诉讼时效,各继承人主张分割遗产的,亦不应适用诉讼时效。"[2]这相当于推翻了最高人民法院

---

[1]《最高人民法院关于继承开始时继承人未表示放弃继承遗产又未分割的可按析产案件处理问题的批复》认为,由于各继承人都没有表示过放弃继承,根据《继承法》第25条第1款的规定,应视为均已接受继承。诉争的房屋应属各继承人共同共有,他们之间为此发生之诉讼,可按析产案件处理,并参照财产来源、管理使用及实际需要等情况,进行具体分割。

[2] 杜万华主编:《〈第八次全国法院民事商事审判工作会议(民事部分)纪要〉理解与适用》,人民法院出版社2017年版,第420—423页。

废止相关司法解释的观点,回复到之前的"共同共有说"。最高人民法院法官所主张的相关观点的反复,既有合理的一面也有不合理的一面,合理的一面在于:有关共同继承遗产的处理没有特殊规定的情况下,基本上是参照共同共有的规则来处理,这在后文笔者将详述。但前提应是共同继承遗产的权利状态并非物权法的共同共有。但最高人民法院法官的观点反复,更多表现为不合理一面:其一,依据《民法典》第196条的规定,并非物权请求权均不适用诉讼时效。最高人民法院之所以认为遗产分割请求权不适用诉讼时效,理由不外乎共有物分割请求权是一种物权请求权,而且认为遗产分割纠纷也不属于继承权纠纷,但是遗产中既包括动产、不动产,还包括其他财产性权利,如债权、知识产权,债权请求权理应受到诉讼时效的限制,即使是物权也不是一概而论地不适用诉讼时效。《民法典》继承编已经删除了《继承法》第8条中对于诉讼时效的规定,这预示着法院在裁判中不必再纠结于案件的性质是继承权纠纷还是析产纠纷,是否适用诉讼时效应根据请求权的性质判断,其法律依据是《民法典》总则编诉讼时效的相关规定。在是否适用诉讼时效的问题上,遗产分割不同于共有物的分割。因此,共同继承遗产虽有"共有"表现,但不同于物权法上的共同共有。其二,《第八次全国法院民事商事审判工作会议(民事部分)纪要》认为《民法通则意见》第177条被废止的原因不是其与《物权法》第103条相冲突,而正是因为继承人之间均存在家庭关系,才应视为共同共有。[1] 其没有考虑到前述各共同继承人之间可能仅有亲属关系而不存在共同生活关系的状态,因而解释的背景即不存在。另外,这种观点具有明显的物债混淆的倾向,将已被废止的《民法通则意见》第88条和第177条本已纠正的错误再次复活

---

[1] 参见杜万华主编:《〈第八次全国法院民事商事审判工作会议(民事部分)纪要〉理解与适用》,人民法院出版社2017年版,第421页。

并放大,所以必须在解释论上予以再次纠正。

3. 一概而论的"共同共有"会导致遗产处理困难

遗产处理主要涉及遗产的分割问题,根据《民法典》第1156条的规定,遗产分割可以采取实物分割、折价分割、适当补偿分割和保留共有等方式。在家族式家庭解体,家庭关系变得不稳定的情况下,一概而论地承认遗产的共同共有会导致分割困难。例如:甲生前没有立遗嘱,甲死亡后依据法定继承由三个成年且分家单独生活的儿子乙、丙、丁共同继承一栋房屋,此时三人协议分割这栋房屋,会产生以下问题:其一,房屋是不可分物,不宜采用实物分割的方法。其二,补偿分割需要继承人中有人愿意取得该房屋,再由取得所有权的继承人按照其他继承人应继份的比例,分别补偿给其他继承人。若房屋价格过高,无人愿意购买,则无法进行补偿分割。其三,变价分割需要将房屋变卖,相当于处分共有物,根据《民法典》第301条的规定,若认为各共同继承人之间为共同共有,则需要全体继承人一致同意出卖,如果有任何一个继承人不同意,都会导致无法进行变价分割,从而陷入无法分割的困境。而继承制度对此也没有特别规定,一旦陷入此种窘境,问题会无法解决。

当然,并不是所有的继承开始后各继承人都必然会选择分割。共同继承财产的表现形式可以分为三种:第一种是暂存的共同继承财产。表现为共同继承人在遗产分割前短暂的时间内共同拥有遗产,随着遗产被分割,这种遗产"共有"状态随之消灭。第二种是明示的共同继承财产。表现为各继承人共同商定,协议共同继承,将继承的遗产作为共同财产。第三种是默示的共同继承财产。表现为继承开始后,共同继承人都没有明确表示接受遗产或者放弃遗产,默认这种状态的持续。[1] 在第二种和第三种表现形式下,各共同继承人短

---

[1] 参见杨立新:《共有权理论与适用》,法律出版社2007年版,第359页。

时间内不会进行遗产的分割,例如,在父母和未成年子女组成的小家庭中,如果父母一方去世,另外两个共同继承人通常不会进行遗产分割。由于此时没有对遗产进行分割,就不会导致分割困难的问题。但通常情况下遗产还是会以分割为结局,所以说"共同共有说"在很多情形下会导致分割困难。

通过前述对"共同共有说"的检讨,得出以下结论:其一,各继承人之间的身份关系不足以构成共同共有所要求的"共同关系",还需要考虑是否满足"家庭生活关系"。其二,长时间作为法院裁判法律依据的《民法通则意见》第177条和第88条已经被废止,"共同共有说"缺乏明确的法律依据。其三,"共同共有说"在很多情况下会导致分割困难,使财产的归属和利用不明,不利于财产的有效利用。

(二)按份共有说的检讨

与共同共有说相比,共同继承遗产构成按份共有的观点在学界为少数观点,但是也有相当数量的学者赞成该说,且分为三种不尽相同的观点:价值部分说、理想部分说和权利范围说。[1] 权利范围说认为,在数人享有一个所有权时,为避免相互间权利的冲突,不得不限定一定的范围,使各人在其范围内行使权利,这个范围就是各共有人的应有部分。[2] 主张共同继承遗产为"按份共有"的理由可以简单概括为:其一,各共同继承人只是因为继承遗产临时聚集在一起组成了一个暂时性的共同体,但是此种共同体是不稳定的,不能够形成共同共有所要求的"共同关系"。其二,由于遗产应继份的存在,各共同继承人对于遗产的份额在分割前就已经具体确定,共同继承人对遗产的共有实际上是以"应继份"为份额的按份共有。上述理由虽然

---

[1] 参见王利明:《物权法研究》(第四版),中国人民大学出版社2016年版,第682—683页。
[2] 参见杨立新:《物权法》,法律出版社2013年版,第152页。

有一定的合理性,但存在以下三方面问题。

1. 遗产不一定是特定物不当然成立物权共有

由于遗产的范围并不限于特定物,所以对于不同的遗产各共同继承人之间的权利享有状态也不同。

如果遗产仅限于特定的动产或者不动产,存在共同关系的共同继承人可成立共同共有,不存在共同关系的共同继承人可以成立按份共有,共同继承人按照应继份享有份额。但是,《民法典》继承编规定了概括继承,如果遗产是由数个物组成,遗产的应继份应及于遗产整体,应继份就不能简单等同于按份共有中的份额。

对于遗产中的其他财产性权利,如用益物权、担保物权、知识产权、债权等财产权利,各共同继承人可根据《民法典》第 310 条的规定成立准共有,因为《民法典》除了规定共同共有和按份共有这样的一般共有,还规定了准共有,准共有就是两个以上的民事主体对所有权以外的财产权共同享有权利的共有[1],准共有还可以分为准按份共有和准共同共有。但需要明确的是,即使是准共有也必须是共有所有权以外的他物权,对于遗产中的债权、知识产权等其他财产性权利,共同继承人不能成立其中任何一种共有(包括准共有)。主要理由在于:其一,按份共有与共同共有的客体必须满足《民法典》第 297 条关于共有的客体是动产或不动产的规定,债权、知识产权等其他财产性权利既不属于动产也不属于不动产,当然不能成立第一种共有。其二,准共有的对象是用益物权和担保物权等他物权,其客体也是作为物权客体的特定物,而债权的客体是债务人的给付行为[2],知识产权的客体是各种人类的智力成果,均不是特定的有体物。因此,债

---

[1] 参见杨立新:《物权法》,法律出版社 2013 年版,第 163 页;王泽鉴:《民法物权》(第二版),北京大学出版社 2010 年版,第 262—263 页;高富平:《物权法》,清华大学出版社 2007 年版,第 153 页。

[2] 参见王泽鉴:《债法原理》(第二版),北京大学出版社 2013 年版,第 74 页。

权、知识产权等既不属于共有的对象,也不属于准共有的对象,共同继承人对于债权、知识产权等其他财产性权利当然不能成立准按份共有。

2. 遗产"应继份"不同于按份共有中的"份额"

继承的方式包括法定继承和遗嘱继承,与此相对应,继承人的应继份也包括法定应继份和指定应继份,即使是遗嘱继承,如果遗嘱中并未指定各继承人的应继份,则应当认为其他的继承人针对剩余的财产按照法定应继份进行继承,《民法典》继承编未规定指定应继份,所以通常意义下的应继份是指法定应继份。[1] "按份共有说"认为在不存在"共同关系"的情况下共同继承人对遗产的共有是一种按份共有关系,共同继承人所享有的份额即应继份,这种观点最大的问题就在于把遗产应继份直接当作按份共有中的份额看待,但是在遗产有数个物(甚至可能包括物权之外的财产权)的情况下,在属于遗产的个别特定物上并不以应继份享有权利。笔者认为,并不能简单依据遗产应继份来确定成立按份共有的份额,理由如下:

第一,共同继承人不能依据应继份对遗产享有权利和承担义务。虽然从《民法典》第1128条、第1130条、第1132条、第1141条、第1155条都可以看出遗产中存在份额,但是从现实情况来看,继承编规定的遗产份额并不等同于物权编规定的按份共有的份额,在遗产对外产生负担的时候,继承人并不一定必须承担义务。持"按份共有说"的学者提出的所谓遗产上的份额只是应继份,在继承开始后、遗产分割前,各共同继承人根本不能依据遗产上的应继份行使个人权利,也无须根据此应继份承担义务,而且《民法典》继承编也未明确应继份的转让规则,司法实践中也没有承认应继份转让的相关案例。但是在按份共有中,每个共有人得依其份额对共有物共同享有权利

---

[1] 参见张平华、刘耀东:《继承法原理》,中国法制出版社2009年版,第218—219页。

和分担义务,并且可以转让其享有的不动产或者动产的份额,其他共有人还享有优先购买权,在共有物对外产生负担时,共有人得对外承担连带责任,对内依照其份额承担按份责任。

第二,遗产应继份的可协商性远弱于按份共有中的份额。在按份共有中,各个共有人可自由约定其享有的共有物的份额,且在共有事项的表决中奉行多数决。而在共同继承遗产中,各共同继承人所享有的应继份由法律规定或被继承人指定,虽然根据《民法典》第1130条的规定,各共同继承人可以通过协商改变各自的应继份,但并不等于共同继承人可以随意约定应继份,如对缺乏劳动能力的继承人的特留份、对胎儿的必留份,法律的强制性规定限制了共同继承人对应继份协商的自由程度,并且共同继承人也基本没有需要表决的共同事项。

第三,各共同继承人所享有的份额在分割后才能显现出来。只有在遗产分割完毕后,各共同继承人才能形成按份额分割出来的单独权利,其前提是消灭共同继承遗产的临时状态,就遗产中的物权来说,即使继续保持共有,此时遗产应继份才能变成实际的可自由处分的份额,但已经转化成真正共有的份额已经和应继份没有太大的关系,共同继承遗产关系已经消灭。[1]

3. 共同继承人之间具有不同于一般按份共有的特殊关系

共同继承人并不是只能组成临时性结合体,基于继承人之间身份关系的特殊性,也可能组成一个稳定的共同享有财产权利的共同体。其一,在明示的共同继承财产和默示的共同继承财产中,遗产通常不进行分割,遗产作为各共同继承人的共同财产共同拥有,继承开始后到遗产分割前(甚至一直不分割)的时间较长,各共同继承人形成相对稳定的共同体。其二,即使只是临时性的共同体,例如,在暂

---

[1] 参见杨立新:《共有权理论与适用》,法律出版社2007年版,第130页。

存的共同继承财产中,共同财产迅速转化为单独享有权利的财产,但各共同继承人之间的关系仍然不同于按份共有人之间的关系:一方面,两种关系的主体范围不同。无论是法定继承还是遗嘱继承,各共同继承人都要在法定的范围之内,彼此之间具有一定的身份关系,即各共同继承人的范围要受到法律的约束;而按份共有人相对自由,法律没有限制按份共有人的范围,甚至彼此不相识的几个人之间都可以约定对某个共有物按份共有,只不过这种情况并不常见,按份共有人之间通常具有信任关系。另一方面,二者的发生原因不同。各共同继承人的结合是基于被继承人死亡的事实而发生,各继承人因事实行为而形成共同体;而按份共有人的结合是基于各共有人的意思表示而发生,各继承人因民事法律行为而形成共同体。由此可见,即使形成的只是临时性共同体,各共同继承人之间的关系与按份共有人之间的关系也存在较为明显的差异。不能认为只要共同继承人之间没有"共同关系"就一定具有按份共有人之间的关系。

综上所述,"按份共有说"把概括继承等同于特定物继承,忽略了共同继承遗产中的应继份不同于按份共有的份额,更重要的是无视共同继承遗产中共同继承人之间存在的特殊关系,所以,"按份共有说"也不是对共同继承遗产正确解读的观点。

二、共同继承遗产归属只是准用物权共有规则

在民法典编纂过程中,全国人大常委会立法起草中对待共同继承遗产的态度是一个逐渐转变的过程,由最初《民法典继承编(草案)》(室内稿)认为各共同继承人对遗产成立共同共有,到《民法典继承编(草案)》(二次审议稿)删去了共同继承遗产为共同共有的相关规定,直到最后颁布的《民法典》彻底没有共同继承遗产权利享有状态的规定。立法机关编纂起草法律文本前后不一致的态度反映出

对共同继承遗产的权利享有状态认识的深入,共同继承遗产并不是单纯的物权意义上的共有。实际上,"共同共有说"和"按份共有说"都是在《民法典》物权编的制度框架内构建起来的,无论是共同共有还是按份共有,其客体都是物权法中的物。但是在《民法典》继承编中,遗产的种类不限于物,而且包括可以继承的债权、知识产权以及其他可以继承的权利。[1] 共同继承遗产的权利享有状态与物权共有的最大区别在于权利指向客体的不同,物权共有一般是指数人对某个特定物的共有,原则上只能以有体物为客体;而共同继承遗产中共同继承人继承权的客体不仅包括有体物,还包括债权、知识产权等财产权利。因此,即使非要说存在共有也只能认为继承人针对各个有体物形成共有,而不能对整个遗产形成共有。[2]

概括继承是渊源于罗马法的制度,概括继承是指将死者的全部法律人格移转给继承人,包括死者的财产和身份。在罗马法中,继承权是对于死者全部法律地位的承受,权利和义务作为一个整体即"概括的权利"移转给继承人。[3] 早期罗马将家族作为社会单位,因此时常忽略个人死亡的事实,随着人类社会的进步,个人主义逐步占据上风,单纯的财产继承取代了全部法律人格的继承,遗产作为继承法律关系的标的,是财产权利和财产义务的统一。[4] 我国《民法典》继承编也一定程度上继受了罗马法的传统,继承人既要继承被继承人的积极财产同时也要继承被继承人的消极财产,《民法典》继承编实

---

[1] 参见郭明瑞、房绍坤、关涛:《继承法研究》,中国人民大学出版社2003年版,第92页。

[2] 参见郭明瑞、房绍坤、关涛:《继承法研究》,中国人民大学出版社2003年版,第20页。

[3] 参见芙振坤:《概括继承、遗产及遗产债务的清偿——我国〈继承法〉第三十三条评价》,载《法学杂志》1995年第3期,第21—22页。

[4] 参见芙振坤:《概括继承、遗产及遗产债务的清偿——我国〈继承法〉第三十三条评价》,载《法学杂志》1995年第3期,第22页。

际上也是用概括继承的方式来规范限定继承的内容。[1] 由于《民法典》继承编规定的遗产范围已经超出了《民法典》物权编规定的物的范围,所以无法单纯适用物权制度来确定遗产的权利享有状态。虽然简单地以"共同共有说"或者"按份共有说"来解读共同继承的权利享有状态都是错误的,但应该说,共同继承遗产的权利享有状态还必须准用物权法上共有的一些规则。

(一)遗产的范围决定需要准用物权共有规则

既然要分析共同继承人对遗产权利的享有状态,首先必须明确遗产的范围。立法上对于遗产范围的限定,有三种不同做法:第一种是排除式,仅规定了何种权利义务不能继承,未被排除的权利义务当然地成为遗产。第二种是列举式,规定何种权利义务可以继承,未被列举为遗产的权利义务当然不属于遗产的范围。第三种是列举式与排除式相结合,既规定何为遗产的范围,又规定不属于遗产的权利义务。各国立法多采用排除式,很少采用列举式,典型的规定方式是概括规定被继承人的一切非专属性权利义务都可以继承。[2] 我国1985年颁布的《继承法》采取了列举式,其中第3条规定了七类可继承的遗产。列举式规定随着社会发展弊端会逐渐凸显,由于《继承法》是1985年颁布的,所以其列举的规定虽然与当时的社会发展情况相适应,却愈来愈和社会现实脱节,《民法典》颁布前的数年,财产的种类随着科技的发展也越来越多,微信、支付宝、游戏装备等网络虚拟财产的出现也使"财产"的界限受到很大冲击。因此,《民法典》第1122条转而采取了排除式的概括规定,遗产是自然人死亡时遗留的个人合法财产,但法律规定或依其性质不得继承的,不得继承。此

---

[1] 参见张玉敏:《论限定继承制度》,载《中外法学》1993年第2期,第35页。
[2] 参见郭明瑞、房绍坤、关涛:《继承法研究》,中国人民大学出版社2003年版,第9页。

法条摒弃了原来较为详细的列举式规定,规定只要合法并且没有被法律排除在外的财产都应属于遗产的范围。但遗产同时也需要满足四个条件:其一,时间性。被继承人死亡时遗留的财产才能成为遗产。其二,财产性。遗产在性质上属于财产,包括积极财产和消极财产。其三,合法性。必须是被继承人生前的合法财产。其四,限定性。只有能依法移转的财产才能成为遗产,被继承人生前所享有的人身权利和基于人身关系产生的义务不能成为遗产。所以,在满足上述条件的情况下,遗产的范围可包括债权、知识产权等物权之外的其他财产性权利。

正是由于遗产继承在绝大多数情况下都是包含了各种类型财产的概括继承,对于种类纷繁复杂的财产,成立共同共有或按份共有只能在物权法的框架内才有可能,遗产作为一个抽象的整体,绝大多数情况下都包括特定物以外的财产性权利,笼统地说共同继承人对于遗产成立共同共有或者按份共有都是不合适的。在陈卫佐翻译的《德国民法典》中,将第二编债务关系法第十七节标题翻译为"共同关系",其中第741条翻译为"按份共同关系",在第三编物权法则将相关规定翻译为"按份共有"。之所以采取不同的措辞方法,是因为二者的客体不同:按份共同关系中的客体不仅可以是所有权,还可以是所有权以外的财产权,如债权、知识产权等;相反,按份共有规定在第三编物权法下,所以其客体只能是动产或者不动产。对于《德国民法典》第五编第 2032 条第 1 款[1],陈卫佐的翻译没有采用"共同共有"的译法而是将其翻译为"共同财产",即不承认我国台湾地区翻译的共同继承人对于遗产成立共同共有的说法。笔者也认为这样翻

---

[1] 《德国民法典》第 2032 条第 1 款规定:"被继承人留下两个以上继承人的,遗产即成为继承人的共同财产。"参见陈卫佐译:《德国民法典》,法律出版社 2014 年版,第 588 页。

译才是正确的,因为概括地说对所有的财产成立共同共有本就是错误的,共同共有的客体必须是特定物。但是遗产范围具有多样性,不仅包括特定物还包括其他财产性权利。如果直接认为共同继承人对于遗产是共同共有,就忽略了有体物之外的其他遗产范围内的财产权利。概而言之,共同继承遗产的归属状态是一种独立于物权法之外类似于共有的状态,既不同于按份共有也不同于共同共有,但是在某些方面具有共同共有和按份共有的特征。

(二)特定物的继承也需要准用物权共有规则

虽然可能不是很常见,但是在遗产继承中也会偶然出现只有某个特定物的情况,共同继承人如果具有"共同关系"可以成立共同共有,否则可以按照应继份成立按份共有。但是,如果共同继承人存在转继承的情况,各共同继承人对于遗产也不能成立共有。[1] 这主要是因为,如果继承开始后继承人已经取得了遗产的所有权,无法解释继承人在继承开始后遗产分割前死亡的,其继承遗产的权利如何转移给自己的继承人。[2] 在《民法典》颁布之前,《继承法》及相关司法解释对转继承的规定被《物权法》第29条架空。例如,甲死后遗产仅有一辆汽车,继承人仅有儿子乙,乙有两个继承人丙和丁。甲生前未立遗嘱,甲死后按照法定继承汽车应归乙所有,但乙之后也死亡,汽车应转由丙和丁继承,如果继承开始后遗产分割前丙与丁未作出放弃继承的表示,则丙和丁均有继承权,汽车应属于丙和丁共有。但是根据《继承法意见》第52条的规定,丙和丁取得的是乙继承汽车的权利,而不是直接获得汽车的所有权。结合司法实践来看,在"过

---

[1] 参见杜志红:《法定继承中遗产分割纠纷的时效限制》,载《河北法学》2016年第6期,第155页。
[2] 参见杜志红:《法定继承中遗产分割纠纷的时效限制》,载《河北法学》2016年第6期,第155页。

庭祥、过炳祥继承纠纷案"中,法院也提出过类似的问题,本案中的二审法院认为,根据《继承法》第 25 条规定和《继承法意见》第 52 条规定,可以看出继承人或转继承人在遗产处理前享有的权利为继承遗产的权利,即继承权。并在遗产处理前可以对其继承权作出放弃的意思表示,而非规定继承开始后,遗产即归各继承人共有。也就是说,继承开始后、遗产分割前各共同继承人对于遗产不能成立共有。[1] 对于学者提到的转继承问题,《民法典》第 1152 条规定:"继承开始后,继承人于遗产分割前死亡,并没有放弃继承的,该继承人应当继承的遗产转给其继承人,但是遗嘱另有安排的除外。"将《继承法意见》第 52 条中的"继承遗产的权利"修正为"应当继承的遗产",从该条规定的变迁可以明显看出,立法者已经注意到《继承法意见》第 52 条与《物权法》第 29 条的冲突问题,通过修正法条的方式承认了遗产的移转。在转继承的情形下,转继承人就将直接取得被转继承人的遗产而不是取得被转继承人继承遗产的权利,使得物权制度和继承制度达到了体系上的统一。转继承人为二人以上的情形也是一样,共同转继承人将直接基于《民法典》第 1152 条的规定对遗产共同享有继承权。

即使被继承人所留的遗产只有一套房子,各共同继承人也不能对于这套房子成立按份共有。例如,甲有三个儿子乙、丙、丁,甲生前未留遗嘱也没有其他继承人,甲死亡后由三个儿子法定继承此套房子,根据《民法典》第 1130 条均等分配的原则,通常情况下,乙、丙、丁应各占 1/3 的份额,但由于我国没有赋予继承人以处分遗产份额或者共有物的权利,所以乙、丙、丁中任何两个人不得通过按份共有中 2/3 多数决的方式将房子出卖。因此,对于特定的遗产各共同继承人依然不能成立按份共有。以此类推,在继承财产包括多个特定物

---

[1] 参见江西省高级人民法院民事判决书,(2018)赣民再 19 号。

的情况下也是如此,例如被继承人甲有三套房子,根据物权客体特定主义,若成立按份共有,则乙、丙、丁三人分别对三套房子成立按份共有,分别对每栋房屋享有一定的份额,但依照继承的规则各继承人依然没有处分任一房产的权利。所以,即使是在遗产标的只有特定物,但是为多个特定物的情况下,各共同继承人依然不能成立按份共有。

另外,还需要注意放弃继承的问题,这涉及对《民法典》第230条的正确理解,第230条规定的"因继承取得物权"应包括两层含义:第一层含义是继承人应享有继承权,第二层含义是继承人接受了继承。若继承人放弃了继承,虽然满足第一个条件,但是不满足第二个条件,此时《民法典》第230条不能适用,继承人也就不会因继承取得物权。[1] 因此,放弃继承本不涉及继承人对于遗产是否享有权利的问题,只有在继承人同时满足以上两个条件时,各共同继承人方得基于《民法典》第230条的规定取得对特定物的权利,但此时并不是确定的按份共有或共同共有,仍然需要基于继承关系的特殊性去考虑。

(三)共同继承人间可能既有"共同关系"也有"份额"

在共同共有中,各共有人是基于更紧密的"家庭共同生活关系"或法律规定的其他紧密度类似的关系聚集到一起,共同共有其实并非依当事人随意约定而发生,而是本质就是共同共有。[2] 在按份共有中,各共有人是基于信任关系而聚集到一起,通常情况下,萍水相逢的两个人不会无缘无故地约定对某个特定物按份共有,只不过相比共同共有,按份共有中的信任和身份属性更弱一些。按份共有的各共有人之间至少存在一种信任关系才会成立按份共有,对于这种

---

[1] 参见房绍坤:《论继承导致的物权变动——兼论继承法相关制度的完善》,载《政法论丛》2018年第6期,第7—8页。
[2] 参见戴永盛:《共有释论》,载《法学》2013年第12期,第31页。

相对较弱的信任关系,法律不应作过多干涉,所以按份共有可以根据约定而发生。但是对于人身属性较强的共同关系,法律则应予以严格限制,否则将不利于促进交易和物尽其用。基于上述内容,在数人共同继承时,共同继承人基于遗产清算与分割的目的,首先形成表面上的共同享有权利的事实,但是共同关系的有无则应基于事实来判断。

《民法典》继承编第 1127 条确定继承人范围的依据是亲属关系,尤其是父母和子女之间存在"共同关系"的事实可能性很高,但是随着家族式家庭的逐渐瓦解,在核心家庭(夫妻和未成年子女组成的家庭)成为社会普遍现象的背景下,共同继承人之间成立"共同关系"的概率已经大大降低,并不能当然认为共同继承人之间存在"共同关系",充其量只能说存在的可能性很高,而且以继承为目的而结合形成的共同关系与通常共同共有形成的家庭共同生活关系不同,具有很强的临时性,共同继承人之间很难形成稳定的共同体。

共同继承人的继承份额在继承前已经相对得以确定,只不过在遗产分割后才能确定具体份额,共同继承人应继份的均等性以及指定应继份早已存在的事实更进一步说明共同继承遗产的份额已经具体确定,所以才会有学者认为共同继承人对于遗产实际上处于按份共有状态。[1] 这种观点说明了共同继承遗产具有一些类似于按份共有的特征。

共同继承遗产的权利享有状态既不是共同共有也不是按份共有,却既表现了一些共同共有的特征也包括了一些按份共有的特征,最主要表现的还是共同共有的特征。我国的共同共有源自德国法上的合手共有制度,合手强调各共有人基于共同目的形成一种紧

---

[1] 参见冯乐坤:《共同继承遗产的定性反思与制度重构》,载《法商研究》2011 年第 2 期,第 134—135 页。

密的共同关系,例如,基于共同经营一个事业这种共同目的,共同所有便成为达成这一种共同目的的手段,其特点在于各共有人根据共同关系对标的物共同享有管理权,各共有人可以享有应有部分,但在共同关系结束前,各共有人不得请求分割财产。合手共有分布于《德国民法典》的不同章节,德国民法将合伙财产(第719条)、夫妻共有财产(第1419条)和共同继承财产(第2032条)规定为合手。[1] 在陈卫佐翻译的《德国民法典》中,三个部分的表述并不完全相同。第719条、第1419条采取的是"合手共有"的提法,而第2032条采取的是"共同财产"的提法,且在继承法"多数继承人"一节中均没有出现"合手共有"的字眼,主要原因在于共同继承具有更多的特殊性,而我国移植合手共有的产物"共同共有"不足以表述共同继承遗产的权利享有状态。另外,《德国民法典》在继承法中采用与债务关系法和亲属法不同规定的原因可能是:其一,立法者考虑到在共同继承的情况下,继承人之间通常不具有合伙财产和夫妻共有财产中那种手手相合的紧密关系,而是具有"人以物聚"的临时性特点。其二,考虑到遗产范围的多样性,对于特定物以外的其他财产性权利,不能统一定性为共有,虽然在共同继承的情况下各共同继承人也存在共同的目的(分割遗产),但这种"人以物聚"的形态与共有不同,遗产的"共有"通常是临时的。因此,《德国民法典》第五编继承法中的规定结合了合手共有和按份共有两者的特征。我国的共同继承遗产的权利享有状态也应该如此解读,即兼具按份共有和共同共有特征的权利享有状态,在《民法典》具体规则较为粗略的情况下,可以准用两种共有的规则。

---

[1] 参见〔日〕我妻荣:《新订物权法》,〔日〕有泉亨补订,罗丽译,中国法制出版社2008年版,第328页。

三、共同继承遗产归属的特殊具体规则

我国《民法典》关于共同继承遗产的权利享有状态的规定几乎是空白,除了一般意义上可以准用共有的规则以外,从比较法上借鉴,进而解释特殊的具体规则也很必要。《德国民法典》有关共同继承的规则既是我国民法移植的渊源,也较为详尽具体,以《德国民法典》第 2032 条为代表的具体规则对于解释我国共同继承遗产的具体规则具有重要的参考价值,下面将通过对比《德国民法典》相关具体规则,对我国《民法典》的共同继承遗产规则的具体内容予以明确。

(一)共同继承人处分遗产应采全体一致决

无论是按份共有还是共同共有,其权利客体都是特定的物,或者也可能是视为物权法上特定一物的集合物,但是共同继承的遗产范围要大于物权法上共有的客体范围,不管是特定物还是债权、知识产权等遗产在分割时或分割前也都会涉及处分的问题,《民法典》对此没有具体规定。结合《民法典》第 1156 条第 1 款的规定,遗产的处理要有利于生产和生活需要,并且不损害遗产的效用,如果处分遗产是有利可图的,共同继承人应该通过表决机制确定,但究竟是按照应继份的多数决还是全体一致决,并无法律依据。《德国民法典》第 2040 条第 1 款规定应采取全体一致决,这值得我国在解释论上采纳,主要理由在于:其一,在概括继承的情况下,遗产的范围多种多样,可能包括所有权、债权和知识产权等,共同继承人对遗产享有的应继份不等于对共有物上享有的份额。例如:甲、乙、丙三人共同继承遗产,其中包括房屋、汽车、债权、知识产权等内容,三人对遗产应继份各占 1/3,但不等于三人对遗产各占 1/3 的份额,即遗产分割之前无法计算多数决要求的份额所对应的应继份。其二,即使可以计算出具体的

份额,按照多数决的方式处分遗产,如甲、乙两人同意将遗产出卖,那么意味着丙完全没有提出反对的权利,只能被动接受。若遗产中的汽车等物是对于丙属于具有人格象征意义的财产,此时对丙而言是不公平的。实际生活中很可能发生类似情况,为照顾各共同继承人的情感需求,采多数决并不合理。其三,《德国民法典》第2040条第1款规定继承人只能共同地处分遗产标的,与我国《民法典》第301条规定的共同共有人处分共有物的规则非常类似,而在继承编对处分遗产没有规定的情况下,参照共同共有的规则处理更有利于保护所有的继承人。我国司法实践长期以来按照共同共有看待共同继承遗产,也可以认为是为了更好地保护全体继承人。

(二)共同继承人可处分其应继份

《民法典》继承编规定了继承人继承遗产份额的相关内容,对于此种份额能否处分并无明确规定。继承遗产的份额应该指向遗产的整体,继承遗产的份额不能等同于物权法上按份共有的份额,但在某种意义上功能接近按份共有的份额,根据《德国民法典》第2033条规定,各共同继承人可以处分其在遗产中的应有部分,但共同继承人之一不得处分其在个别遗产标的物中的应有部分。德国法规定的应有部分功能上等同于我国法意义上的应继份,抽象地及于遗产的每一个部分,因此个别遗产上虽然也可以解读出应有部分,但针对遗产整体的应有部分可以处分,而个别遗产上的应有部分则不能处分。相当于把遗产整体当成是权利客体,共同继承人的应继份相当于按份共有的份额,可以处分,但遗产整体中的特定财产上并不能成立份额,更不能处分个别遗产上的份额。

对于共同继承人在遗产分割前转让自己的应继份,有观点认为,为了维护公平,应当既允许内部转让也允许外部转让,不过为了维护遗产的完整性,应赋予其他共同继承人优先购买权。[1] 我国《民法典》继承编对于应继份的转让没有规定,并不能因此解读为禁止处分应继份,而应该依据私法自治的原则解释为可以处分,共同继承人可以将应继份转让给继承人以外的第三人,但为了保持遗产的完整性和其他共同继承人的利益,应参照按份共有的份额转让规则赋予其他共同继承人以优先购买权。也有学者对共同继承人将应继份转让于继承人以外第三人持否定态度,认为,应继份转让给继承人以外的人,难免使第三人参与到遗产继承共同关系中来,破坏共同继承人之间以相互的身份关系为基础的共同关系,并改变遗产的共同属性,但共同继承人如果仅将自己的应继份转让给其他共同继承人,则不会出现这一问题。[2] 此种观点仍然局限于传统共同继承人之间一般存在"家庭共同生活关系"的事实,而基于现代财产流动的频繁,更重要的是实现物尽其用,应当认为各共同继承人可以向第三人转让应继份。主要理由包括:其一,在《德国民法典》中,虽然在单个遗产标的上应有部分不得转让,但是在整个遗产上的份额是可以处分的。共同继承遗产不同于《民法典》物权编规定的共同共有,基于共同继承遗产而形成的继承人共同体自始就以解散为目的,并无共同利用遗产的目的,具有偶然性。[3] 其二,因为在继承人处分其应继份的过程中,其身份关系并不随之转让。继承人原本在遗产继承中的继承人身份,以及其作为继承人实际参与共同遗产管理、分割事宜的权利,因具有人身属性无法转移,也正因为如此,才能

---

[1] 参见郭明瑞、房绍坤、关涛:《继承法研究》,中国人民大学出版社 2003 年版,第 95 页。

[2] 参见郭明瑞、房绍坤、关涛:《继承法研究》,中国人民大学出版社 2003 年版,第 95 页。

[3] 参见〔德〕雷纳·弗兰克、托比亚斯·海尔姆斯:《德国继承法》,王葆莳、林佳业译,中国政法大学出版社 2014 年版,第 187 页。

理解《瑞士民法典》第 635 条的规定,将应继份转让给第三人后,"第三人仅对分割结果中归属于该继承人的应继部分有请求权"。即应继份转让给了第三人后,第三人并不能参与到遗产分割的实际进程中,只能由转让其应继份的继承人实际操作,最终将获得的财物移转给受让人。[1] 德国也有类似的规定,非继承人共同体成员取得遗产份额后,只能取得继承人财产法上的地位,继承人的身份地位并不随之转让,且继承份额转让后,法院还是只能向原来处分份额的继承人颁发证书。[2] 其三,若不允许继承人将应继份转移给第三人,可能会导致应继承财产的价值长期不能实现,难谓物尽其用。在我国,父母和未成年子女组成的核心家庭已经成为常态,如果死亡的被继承人是尊亲属,其配偶又在世,一般不进行继承析产。同时,由于夫妻财产、家庭财产等各种财产关系混杂在一起,更增加了确定各继承份额所能够实际获得财产的难度。换言之,在被继承人死亡后很长一段时间内,虽然继承人已经基本确定了其对于遗产的应继份额,但其并不能实际获得相应遗产,大大降低了遗产的使用效率,不利于保护继承人的利益。[3] 其四,对于继承人应继份的处分,许多将共同继承遗产视为共同共有的国家都作了肯定性规定,如德国、瑞士等,只不过有要进行公证、采用书面形式等特别要求,且承认其他共同继承人享有优先购买权。[4] 综上所述,从便利于当事人、提高遗产使用效率的角度讲,应当认为我国《民法典》继承编允许应继份的

---

[1] 参见张鹏:《论共同共有中共有份额优先购买权》,载《学习与探索》2016 年第 5 期,第 79—80 页。
[2] 参见〔德〕雷纳·弗兰克、托比亚斯·海尔姆斯:《德国继承法》,王葆莳、林佳业译,中国政法大学出版社 2014 年版,第 187 页。
[3] 参见张鹏:《论共同共有中共有份额优先购买权》,载《学习与探索》2016 年第 5 期,第 79 页。
[4] 参见郭明瑞、房绍坤、关涛:《继承法研究》,中国人民大学出版社 2003 年版,第 95 页。

处分,包括转让给继承人以外的第三人。从应继份转让的规则上看,共同继承遗产的权利享有状态具有类似于物权法上按份共有的特征。

(三)共同继承人具有优先购买权

根据《德国民法典》第2034条的规定,共同继承人之一将其应有部分出卖给第三人的,其余的共同继承人有权优先买受。德国所谓"应有部分"更类似于我国《民法典》规定的按份共有中的份额,应有部分和份额一样可以自由处分,依据前文所述,笔者认为遗产应继份与按份共有中份额作同样的处理,这样各共同继承人就可以依据各自所享有的份额处分应继份,达到和"应有部分"类似的效果。

如果解释共同继承人可以转让应继份的话,从财产的有效利用的角度考虑,那么共同继承人之间也应该有优先购买权,承认共同继承人具有优先购买权的根据包括:其一,根据《民法典》第1130条的规定,同一顺序继承人的遗产份额一般应当均等,并且考虑各种事实确定调整份额的规则,而且还强调各继承人可以通过协商确定不均等的份额。立法的精神在于维持共同继承团体的和谐和利益公平,临时性的共同继承人团体的维持也很重要。其二,共同继承遗产的权利享有状态具有类似于按份共同的特征,我国《民法典》第305条规定了按份共有的共有人优先购买权。而已经被废止的《民法通则意见》第92条甚至还承认了共同共有人也有优先购买权,但存在"财产分割后"等限制,之所以有此规定,就是考虑到原共有人对财产的特殊情感和使用状态,不适合轻易地将财产所有权转移给第三人,但又碍于共同共有中不存在份额的规则限制,所以赋予共同共有人财产分割之后的优先购买权,因为在分割之后共同共有中的份额已经显化,此例外规定也是迫不得已的选择。总而言之,即使《民法典》没有规定共同继承人的优先购买权,但是类比共有的相关规则,并且基于共同继承遗产有比按份共有更紧密的身份关系的事实,承认应继份对外转让的共同继承人优先购买权是必要的。

(四)共同继承人可随时请求分割遗产

《民法典》继承编并未规定共同继承人要求分割遗产的权利,但在解释论上应该认为继承人可以随时请求分割。从比较法上看,各国立法都认为共同继承人可以随时要求分割遗产。例如,《日本民法典》第907条规定,各共同继承人可随时依协议分割,无协议时也可以请求法院分割。根据《法国民法典》第815条的规定,任何人不能被强制维持遗产共同拥有的状态,即使共同继承人有禁止分割的合意,各继承人仍得随时请求分割遗产。根据《瑞士民法典》第604条第1款规定,各共同继承人可以随时要求分割遗产。根据《德国民法典》第2042条第1款规定,以第2043—2045条另有规定为限,各共同继承人可以随时请求分割财产。根据《意大利民法典》第713第1款规定:"各共同继承人,不论何时,均得请求分割。"即使认为共同继承遗产构成共同共有的观点,也认为共同继承人可以随时要求分割遗产,这是因为普通共同共有的目的在于维持共同共有关系,而将共同继承遗产的权利享有状态定性为共同共有是为了分割遗产而进行短暂的管理。[1] 共同继承遗产的目的就是分割遗产,共同继承人共同享有权利的状态具有临时性,有些情况下共同继承人不会提出分割的请求,例如在上文所提到的默示的共同继承财产状态下,共同继承人没有明确表示,默认继承的发生而继续共同生活。但任何人不得被强制维持财产共有的状况。不分割是各共同继承人的权利,但是其当然也应该有请求分割的权利,这取决于各继承人自己的选择。类比《民法典》第303条关于共有人要求分割共有物的相关规定,也

---

[1] 参见冯乐坤:《共同继承遗产的定性反思与制度重构》,载《法商研究》2011年第2期,第136页。

可以明确共同继承人随时主张分割权利存在的正当性。因此,赋予各共同继承人以随时请求分割的权利有利于维护其权利,同时有利于财产的交易。

(五)共同继承人应对遗产债务承担连带责任

在概括继承中,遗产既包括权利也包括义务,债务也是遗产的一部分,而遗产上的财产权利也会因为使用等而发生债务,例如,建筑物产生的物业费等,这些债务都应该由共同继承人来承担。基于权利义务的统一,共同继承人应该对遗产债务承担连带责任。将共同继承遗产的权利享有状态当成是共有的一个原因也是有利于对债权人的保护。

虽然共同继承遗产的权利享有状态既不是按份共有也不是共同共有,但依照共有来解释共同继承人对遗产债务的清偿责任有一定的合理性,结合《民法典》第1163条的规定,需要注意区分不同的情形:其一,只有法定继承或者只有遗嘱继承的情况下,而且没有特定遗产的限定继承,则共同继承人对遗产债务承担连带责任有利于维护债权人的利益,认定各共同继承人承担连带责任也不会损及各连带债务人的利益,继承人对于财产的继承本就没有负担,让其在继承遗产的范围内承担连带责任完全合理。其二,在限定继承的情况下,遗嘱继承人只能是按照继承财产的价值比例来承担责任,此时是特定的按份责任。[1] 其三,在既有法定继承又有遗嘱继承的情况下,《民法典》第1163条明确先由法定继承人清偿被继承人的债务,而共同继承人应对债务承担连带责任。实际上,为了保护遗产债权人和实务上的便利,在现行制度下,原则上应当先清偿债务后分割

---

[1] 参见冯乐坤:《共同继承遗产的定性反思与制度重构》,载《法商研究》2011年第2期,第139页。

遗产。[1] 已经被废止的《继承法意见》第62条针对的是"遗产分割后"的情形,说明遗产分割前债务尚未被清偿,正是因为可能发生了清偿困难等情况导致无法清偿,例如继承人生活困难、难以为继等情况,此时为了顾及各共同继承人的感受,减少其清偿债务的压力,第62条才迫不得已作出此种放宽式的规定,从而表现出各共同继承人应承担按份责任,此种规定要比《民法典》第1163条考虑得反而更全面。其四,从比较法的角度看,《德国民法典》规定共同继承人无论在遗产分割前还是遗产分割后都要承担连带责任,且还要以个人财产清偿,只不过可以继承份额提出临时性抗辩。如果在遗产分割后还未清偿,则各共同继承人必须要以本人的个人财产对全部遗产债务承担责任。[2] 相比之下,我国的《民法典》继承编要宽松很多,因为无论是遗产分割前还是遗产分割后,继承人对内仅需以自己继承的份额承担责任,并不需要清偿超过其继承范围之外的财产,只是由于共同继承人之间类似共有的权利享有状态而对外承担连带责任,当然按照《民法典》的规定,如果继承人放弃继承则无须承担任何责任。

总而言之,对于共同继承遗产的权利享有状态,传统学界争论的两种学说"共同共有说"和"按份共有说"都是不合适的,"共同共有说"没有对各共同继承人的身份关系结合事实进行具体的考量,而且在《民法通则意见》第88条、第177条已经被废止的情况下,"共同共有说"已经失去了法律依据。"按份共有说"同样没有区分"共同关系"的多种可能,同样存在严重缺陷。两种学说都没有考虑到在物债

---

[1] 参见张玉敏:《继承法律制度研究》(第二版),华中科技大学出版社2016年版,第94页。
[2] [德]雷纳·弗兰克、托比亚斯·海尔姆斯:《德国继承法》,王葆莳、林佳业译,中国政法大学出版社2014年版,第197—198页。

二分的财产法体系下，共有只是针对特定物构成的物权制度。而在概括继承的情况下，共同继承遗产的权利享有状态不同于共同共有和按份共有，但又类似于共有的权利享有状态，不管遗产仅为特定物时还是概括的包括物权、债权、知识产权等其他财产性权利，也无论共同继承人是否具有"共同关系"，共同继承人对于遗产都存在一种与继承人身份相关的特殊共同关系，共同继承遗产的权利享有状态虽然不同于共同共有和按份共有，但在某些方面又兼具两种共有的特征。

第三章 以不动产为核心的物权体系逻辑演化

财产权主要包括物权和债权,物权制度成为财产法体系的重要组成部分,而物权制度的体系构造是以不动产(主要指土地)为核心构筑起来的。从《民法典》第115条的规定看,动产与不动产的区分构成物权体系的潜在逻辑线索,《民法典》物权编的258个条文中,不动产物权规则占据多数且为核心,动产物权规则某种程度上成为不动产物权规则的补充内容。这主要是因为不动产(尤其是土地)是最重要的生产资料,不动产物权与生产关系的内容密切相关,包括宪法在内的诸多法律部门都会关注不动产权利的问题,当然角度并不相同,例如宪法重在阐释基本经济制度,而基本经济制度会影响不动产权利的体系建构,所以透彻领悟基本经济制度成为解释物权制度的基础。

在物权制度体系构造中,公有制的经济基础成为解释不动产物权必须依据的基础性内容,土地权利与财产法体系的契合必须重新理顺。而随着社会的不断发展,近代绝对主义所有权观念指向的纯粹个人主义在民法领域也发生了变化,团体主义思维渗入新制度领域,建筑物区分所有权作为近代以来城市发展的一项标志性制度,就非常全面地体现团体主义思维对个人主义方法论的深化,这种思维方式的深化甚至动摇了以绝对所有权观念为基础的传统物权制度基础。另外,更需要注意的是我国公有制经济基础和社会发展阶段的独特之处,这又决定了需要创设一些不同于传统民法体系逻辑的不动产物权制度,尤其是在农地领域,基于"三权分置"的政策导向,《民法典》新规定的土地经营权制度严重冲击了传统用益物权的体系逻辑,不仅需要具体阐释其制度,更需要对传统的用益物权体系进行深入的思考。

第一节 公有制经济基础上土地权利体系构造的逻辑

近代以来的传统民法理论是建立在私有制的经济基础之上的[1],土地上的权利规范是以绝对所有权的观念表达的,典型代表是《法国民法典》第 544 条的规定,绝对所有权观念与个人主义内在是一致的,强调人的自由和财产所有权的神圣不可侵犯[2],我国民法理论也是移植于私有制经济基础的传统大陆法系民法,但是我国《宪法》第 6 条等法律明确规定了公有制经济基础,由此而产生的一种不合理的倾向是:民法学界用建立在私有制经济基础上的传统民法理论解释建立在公有制经济基础上的中国特色民法制度。于是常有指鹿为马的结果,表面上看,《民法典》物权编第 206 条的内容是对《宪法》第 6 条第 2 款、第 7 条第 1 款、第 11 条、第 15 条相关内容

---

[1] 德国的物权法理论认为,物权规则的构成取决于一个国家宪法制度所确立的基本决策,也需确认国家的经济制度会影响物权法的基本原则,私人所有权自由决定了德国物权法的构成,而不同的经济制度则有迥然不同的物权法。参见〔德〕鲍尔/施蒂尔纳:《德国物权法》(上册),张双根译,法律出版社 2004 年版,第 3 页。
[2] 但绝对所有权和个人主义都是理想主义的产物,实际上,所有权从来都不可能绝对,纯粹的个人主义也从来不可能完全决定法学理论的构成。参见李国强:《绝对所有权观念的检讨——以不动产所有权的观念变迁为视角》,载《吉林大学社会科学学报》2007 年第 3 期,第 149—155 页。

的重复表达,除了增加"保障一切市场主体的平等法律地位和发展权利"宣示性内容之外,只是再次强调基本经济制度和物权的密切关系,并没有规定具体的物权规范,但从具体制度的表现看,《民法典》物权编第五章规定的所有权类型与所有制密切相关,国家所有权、集体所有权被认为是公有制的表现形式,且其与私人所有权并列,但三种所有权并非同一逻辑的产物。而在解释土地上权利的时候,国家所有权、集体所有权和用益物权的关系很难用传统民法的用益物权发生逻辑进行解释。

马克思主义所表达的所有制应该指向的是生产资料归谁所有的关系,而最重要的也是决定经济关系基础的生产资料只有土地,物权法规范就是围绕土地展开的。在财产法体系中,尤其是土地权利制度,私有和公有(国家所有、集体所有)都可能存在,私有和公有作为具体制度在民法体系中依循不同的解释路径。遍览各国法律,无论在基本经济制度上是私有制还是公有制,法律制度上都存在国家所有权,但依据所有制的不同,国家所有权的内涵以及在财产权体系中的定位是不同的,土地的国家所有以及集体所有需要根据公有制的要求来解释权利内涵。在解释土地上存在的国家、集体和私人所享有的不同物权时,"平等保护"是一个关键词[1],平等的价值取向是不断实现实质平等,在财产权体系中,如果不能解释清楚国家、集体和私人所享有的权利之间的关系,那么平等保护只能是一句空话。笔者试图从物权体系中与所有制关系最密切的土地权利制度的解释入手,理顺土地权利体系构造的逻辑,明确实质意义上的平等观念在土地权利体系构造中的真正意蕴。

---

[1] 通常认为《物权法》第 4 条是表达平等保护原则的条文。参见王利明、杨立新、王轶、程啸:《民法学》(第五版),法律出版社 2017 年版,第 214 页。但实际上,《物权法》第 4 条并没有"平等保护"的字样,很大程度上学者是依据平等观念将第 4 条解释为表明了平等保护原则,而《民法典》第 207 条明确增加了"平等保护"的表述。

一、土地等自然资源作为物权客体的非特定性——公有制经济基础对物权客体界定的影响

与近代资本主义萌芽相伴，近代民法确立的个人主义的绝对所有权观念为保护人的自由，强调权利人可以基于所有权无限制地使用、收益、处分所有物，但经验表明，对所有权毫无限制地使用和处分，将会破坏有序的人类共同生活。[1] 社会主义市场经济条件下，绝对所有权观念在动产领域仍然得到坚持，对于土地则另当别论，近代民法最初依据绝对所有权观念定义土地所有权所及的范围是上至太空、下至地心，但民法的发展很快就在具体制度上规范了限制滥用所有权的规则，相邻关系在近代民法中的发展历程即其著例。[2] 建立在私有制经济基础上的民法制度也明确土地所有权的社会负担，私人利益的保护被置于社会秩序的背景下，公有制经济基础上民法制度循此逻辑则更进一步。近代民法的规范逻辑以物权客体为基础展开物权体系，用民事主体这种抽象一致的概念取代了现实中不同利益归着点的区别，此规范逻辑与私有制的要求一致，却与公有制经济基础不能简单匹配。从我国《民法典》第115条规定看，近代民法的物权客体特定主义还是被坚持下来，以动产与不动产的区分为基础来确定物权体系，但这导致权利体系上的不协调，涉及作为最基本生产资料的土地权利的体系构造——国家所有权、集体所有权以及各种土地用益物权——就脱离了物权客体特定主义，表现出土地作为物权客体的逻辑溢出，同时也表现出国家、集体和私人之间的不平等性。对于《民法典》中权利客体界定逻辑应重新理顺。

---

[1] 参见〔德〕鲍尔/施蒂尔纳：《德国物权法》(上册)，张双根译，法律出版社2004年版，第5页。

[2] 1804年的《法国民法典》并未规定相邻关系制度，而1896年的《德国民法典》就具体规定了相邻关系制度，而对于土地所有权的限制规则随着社会的发展也越来越多。

(一)公有制经济基础上土地所有权客体实质上非特定

基于社会主义公有制的经济基础,我国民事立法上区分作为私有的个人所有和作为公有的国家或集体所有,其类型区分依据为权利主体的不同,而近代民法传统的物权归属秩序是依据客体利用的不同来区分的,而不是按照权利主体的性质区分公有和私有。[1] 从《民法典》第115条的规定看,动产与不动产的区分是整个物权法体系展开的基础,而且物权规范的主要内容是不动产,表现为《民法典》物权编的绝大多数章节都是关于不动产的规范,仅规范动产的条文非常少。不动产以土地为基础,地上定着物虽为独立的不动产但依附于土地而存在,土地权属不清则无法明确建立不动产权利体系。近代民法传统都是以土地为基础构建不动产权利体系的,而且土地范围的界定也很概括,矿藏等各种自然资源在传统上皆属土地的范围,但在现代矿藏、水流、海域等皆成为独立于土地的物权客体。现代物权法还发展出空间权的概念,但在传统民法的意义上,空间也是土地的范围之内。[2] 虽然《民法典》第115条规定了动产与不动产的区分,但《民法典》并未明确规定动产或不动产定义和范围,只有《不动产登记暂行条例》第2条第2款规定了不动产的范围,且表明不动产的范围已经超越了土地,但仍以土地为基础。《不动产登记暂行条例》列举的不动产类型可以区分为三类:一类是只能国家或集体所有的土地;一类是专属国家所有的海域;一类是国家、集体和私人

---

[1] 参见李国强:《相对所有权观念在所有权平等保护中的解释论应用》,载《法制与社会发展》2009年第3期,第80页。
[2] 土地所有权和土地使用权必然包含一部分的空间权。当某一权利主体享有土地所有权或者土地使用权时,其对权利包含的空间的使用并不需要单独讨论空间权问题,只有当从土地所有权或者土地使用权中单独分离出一部分的空间供该权利主体之外的第三人使用时,才有讨论空间权的必要。参见宋志红:《中国农村土地制度改革研究——思路、难点与制度建设》,中国人民大学出版社2017年版,第124页。

都可以所有的房屋、林木等定着物。[1] 除了土地等典型不动产之外，《民法典》第 247 条规定专属于国家所有的"矿藏、水流"，第 250 条规定原则上属于国家所有的"森林、山岭、草原、荒地、滩涂等"，这些自然资源在《不动产登记暂行条例》中都没有规定，似乎并不属于不动产。这些没有被《不动产登记暂行条例》列入不动产的自然资源都不具有物权客体特定主义需要的特定性，而这些自然资源上都可以成立国家所有权，所以，国家所有权并不一定是依照物权客体特定主义的要求来确定物权客体的。

不仅土地之外的自然资源所有权具有客体非特定性，土地的国家所有权、集体所有权也有这种客体范围不确定的表现。由于国家和集体不具有通过市场交易所有权的可能，所以除非在国家所有或集体所有的土地上设立用益物权，否则也没有必要确定土地的特定范围，这与土地之外的不动产——建筑物等地上定着物——不同，建筑物是天然特定的，建筑物上成立的物权是完全遵循物权客体特定主义展开的。因此，物权法虽然规定了物权客体特定主义，但是物权客体特定不是物权法中贯彻始终的原则，对于土地、矿藏、水流、海域，甚至野生动植物这些属于国家所有或集体所有的物而言，物权客体特定主义所起的作用有限，换句话说，国家所有权、集体所有权并不是以物权客体特定为基础展开的。我国改革开放早期专门针对国家所有权的研究成果就不是从物权客体展开逻辑，例如，王利明的《国家所有权研究》一书就没有从物权客体展开论述，其在国家所有权概念研究中只提到了"财产"和"国有财产"的概念，并且认为只有在狭义理解国家所有权的时候，才确定国家所有权的客体限于物，但

---

[1] 但需要注意的是，依据《不动产登记暂行条例》第 5 条规定，国家所有的土地所有权、海域所有权等国家所有权是不需要登记的。

广义和狭义理解国家所有权在我国是通用的。[1] 因为国家、集体在土地等自然资源的所有权层面无法和私人等市场主体进行平等的交易，所以也不存在明确客体的特定范围的需要。但是，土地从最初成为私人所有权的客体时，就必须以一定的度量方式使其被分割为块状，公有制只是基于公共利益以垄断的方式改变了私有的状况，无论是国家所有权还是集体所有权都不再需要分割土地，除了自然状况和行政管制的需要，如果没有交易的需要土地不会被分割。

有学者考证认为，从马克思主义最初的观点来看，土地的国家所有就是要通过建立国家对土地所有权的垄断，避免土地私有的垄断所带来的地租剥削，并适应科技发展所带来的机械化集约耕作取代个体经营的农业生产模式。[2] 作为主要生产资料的土地，在公有制经济基础上归国家或集体所有，导致法律制度和观念对土地的认识发生了变化，作为所有权客体的土地从具有特定性、独立性和有体性的"物"变异为权利观念中的抽象存在，在权力结构的国家和集体自己行使所有权的时候无须将土地特定化。公有制经济基础上行政管制与市场的关系必然影响财产权的体系构造，财产权体系中的制度安排因为公有制而不同于私有制下的制度安排，虽然在私有制经济基础上也有国家所有权的规定，但公有制经济基础上的国家所有权具有客体非特定性的特点。

(二) 土地等自然资源的利用方式对物权客体界定的影响

土地最初被分割成为所有权的客体源于定居农业的生产方式，在原始社会的狩猎采集和刀耕火种方式中，土地无须被特定化分割，因为无须排他地利用。而在定居农业中，土地所有权人的权利可

---

[1] 参见王利明：《国家所有权研究》，中国人民大学出版社1991年版，第24页。
[2] 参见程雪阳：《国家所有权概念史的考察和反思》，载《交大法学》2015年第2期，第76—77页。

以"上至太空,下至地心"[1],目的在于确定排他利用的权限,但囿于人类认知能力而可能存在的利用方式,这种观念实际上并无太大意义,地下的矿产资源在很长的一段时间并无可以利用的市场价值,而与土地有关的空间利用的概念更是在最近的一段时间才被明确。现代对土地的利用方式决定,土地上成立的物权已经成为关系型的多重权利错综复杂的结构,尤其是在公有制经济基础上,土地会被设立多重的权利,法律秩序必须能够协调多重权利之间的关系,所有权的社会属性成为现代所有权概念当然应该包含的内容。[2] 在矿藏所指向的地下自然资源能够被利用之始,矿产资源被认为是土地所有权人的权利指向的内容,但随着科学技术的发展,对于矿藏的认识发生了变化,矿藏被当成一个独立于土地的"物"来看待,应该成立独立的权利。但值得注意的是,矿藏并不能符合有体物的特定、独立、有体的设计预期,难以成立标准的物权,探矿权、采矿权的客体究竟是什么,恐怕只能依据行政特许所限定的范围来确定。我国法上的探矿权、采矿权,和德国法上传统的狩猎权一样,只能被赋予一种垄断的权利[3],这种权利的目的在于防止恣意地、过渡地利用自然资源,基于国家权力的垄断成为当然的选择。土地在土地私有的前提下,采取的是赢者通吃的规则,所有权人可以取得所有的土地上利益,表面看起来所有权人人平等,实际上却依据垄断利益变得不平等,土地公有制下则相反,会存在利益的初始配置的问题,国家所有权、集体所有权虽然垄断了土地上的利益,但并不会将土地上的所有

---

[1] 〔日〕我妻荣:《新订物权法》,〔日〕有泉亨补订,罗丽译,中国法制出版社2008年版,第290页。
[2] 参见李国强:《相对所有权观念在所有权平等保护中的解释论应用》,载《法制与社会发展》2009年第3期,第79页。
[3] 参见〔德〕鲍尔/施蒂尔纳:《德国物权法》(上册),张双根译,法律出版社2004年版,第683页。

利益进行不平等的分配,而对于土地特定性的要求也骤然降低,只有在与市场主体进行用益物权设立的交易时,才需要特定化以明确利益范围。

土地等自然资源的国家所有一定程度上是政治宣示,符合公法上的权力行使思维但并不具有私法上的可操作性,因为权利人无法像一般所有权那样绝对地行使权利。在公有制的经济基础上,国家所有、集体所有从客体上排除交易的可能,宪法上确定归属于国家所有的生产资料通过宣示确定垄断,"国家所有"或"全民所有"的生产资料并不能被设定为私权意义上的所有权客体,也无法被特定化。[1] 与土地等自然资源不同,对于未经公法宣示的一般动产和不动产成立国家所有权,则与私有制的私人所有权没有区别,因而并不具有公有制的国家所有权具有的保护公共利益的功能,但在学者的一般表述中是混淆的,即将宣示生产资料的"国家所有"与特定不动产的"所有"混淆,不加区分地表述国家(也就是全民)对于所有类型的不动产、一般动产享有所有权,忽略只能为国家所有的矿藏等六大类生产资料与建筑物等不动产以及动产的区别,形成所谓的"国家所有权客体无限广泛"说,我国民法学长期存在"国家所有权客体无限广泛性"成见,把国家主权宣示认为是所有权的取得,国家基于主权获得无限广泛的所有权客体。[2] 将土地等自然资源国家所有的宣示性内容规定于《民法典》物权编中,只能认为是为了维护以公有制为主体的基本经济制度,在社会主义市场经济条件下发挥国家财产

---

[1] 参见谢海定:《国家所有的法律表达及其解释》,载《中国法学》2016 年第 2 期,第 89 页。
[2] 参见张力:《国家所有权遁入私法:路径与实质》,载《法学研究》2016 年第 4 期,第 8 页。

效用的制度设计。[1] 实际上,"国家所有权客体无限广泛"的说法是错误的,国家所有其实存在两个不同层面的表达:其一是宣示对土地等基本生产资料归属的公权力垄断,进而保障其公共利益的实现;其二是通过私权配置实现这些生产资料的利益不断增大。如此说来,不动产中的建筑物等和一般动产都不适合成为国家所有权的客体,而常常表现为个人所有,公有制的两种所有权形式仅局限于生产资料,而居住用房并不属于生产资料范畴,即使是在传统计划体制下仍然存在个人房产。[2] 在土地之外的其他自然资源的领域,国家所有权主要是从公法的角度去确定生产资料的归属,而不是从市场主体的角度去确定特定物的归属,土地国家所有权在制度系统上呈现出公私法交错的状态,可以理解为蕴含着垂直关系的宪法规范和水平关系的民法规范,体现为"宪法所有权—民法所有权"的法律构造。[3] 土地所有权表现出的这种"宪法所有权—民法所有权"的法律构筑,就是针对土地之上分别存在的公共利益和私益的不同实现途径,而只有在私益实现的层面上,才存在国家和私人的平等,才需要按照传统民法的物权客体特定主义将土地等自然资源特定化。

二、公有制经济基础上土地权利主体异化于典型民事主体

在《民法典》编纂之前《物权法》的立法讨论中,就有学者依据传统民法的逻辑指出,物权法上的所有权主体必须具体、实际、特定并具有私法上的人格,因其具有民事权利能力和民事行为能力,得以自

---

[1] 参见谢海定:《国家所有的法律表达及其解释》,载《中国法学》2016年第2期,第96页。
[2] 参见高富平:《土地使用权和用益物权——我国不动产物权体系研究》,法律出版社2001年版,第75页。
[3] 参见税兵:《自然资源国家所有权双阶构造说》,载《法学研究》2013年第4期,第17页。

己的意思对特定物行使占有、使用、收益、处分的权利,国家则不符合这种要求。[1] 但公有制经济基础上国家所有权必然存在,而且国家、集体都当然不符合学者上述表达的民法上主体的要求。尤其是土地权利主体从所有权层面的国家、集体,到用益物权层面的农村承包经营户、农户以及其他市场主体,均表明土地权利主体的界定不同于传统民法的典型民事主体,不是简单地"一体承认、平等保护"。

(一)权利主体之间的实质差异影响土地权利的类型区分

传统民法确定主体平等,以权利能力来度量所有的市场主体,民事主体的权利能力是无差别的。但是,实际上这只是近代民法理论假设的基础,典型民法主体的自然人与法人在财产法领域可以无差别的抽象平等,但显然民法关于自然人人格权和身份权的制度都不能当然适用于法人。[2] 而建立在公有制经济基础上的我国财产法,国家、集体完全不同于一般意义上的自然人、法人的构成,当国家、集体被当成所有权主体的时候,则必然出现更多的区别于传统民法的权利主体的逻辑特殊性。

传统民法不以权利主体的不同来区分所有权的类型,而只是依据客体的不同来确定权利类型,构成所谓"一体承认、平等保护"。"一体承认、平等保护"原则包括两方面内容:一是立法对各种财产给予无差别的承认,二是立法对各种财产权给予平等保护。[3] 这一原则在私有制为基础的传统民法理论中并没有问题,但是在公有制经济基础上就很容易混淆公有制经济基础不同财产的权利主体的差

---

[1] 参见李康宁、王秀英:《国家所有权法理解析》,载《宁夏社会科学》2005年第4期,第14页。
[2] 参见〔德〕卡尔·拉伦茨:《德国民法通论》(上册),王晓晔、邵建东、程建英、徐国建、谢怀栻译,法律出版社2003年版,第181—182页。
[3] 参见孙宪忠:《再论我国物权法中的"一体承认、平等保护"原则》,载《法商研究》2014年第2期,第68页。

异,这与法律平等保护权利不是同一问题。由于在我国法律中不同权利主体可以享有权利的客体是不同的,所以依据主体区分所有权类型具有一定的客观依据。此种依据主体不同缺乏所有权类型进而给予所有权不同的政治地位和法律保护措施起源于苏俄,意在强调确定不同主体的财产所有权在法律上不同的地位和受保护程度。[1] 当然,简单的三分法既有对经济基础的直接解读,也有对现实中特定物权客体只能存在特定主体享有权利的描述,公权力介入私权领域在现代民法体系中是比较普遍的,公权力以何种方式介入私权以及对私权体系产生的影响才是民法更需要关注的问题。

"一体承认、平等保护"应为不同民事主体在同类型客体上成立的同类型权利被平等保护,而由于公有制经济基础上土地只能归国家所有或集体所有,所以并不存在一体承认,而只有私法意义上的平等保护。[2] 假如私人可以和国家拥有一样的财产,"一体承认、平等保护"才能成为现实,而社会主义核心价值观的"平等"表达的是机会平等和规则平等。[3] 所有权的平等保护应该表现为在依据客体来区分所有权的时候,动产所有权和不动产所有权有不同的平等保护规则。当然,也有学者检讨现实,认为应对此作出改变,梁慧星就认为,应放弃我国传统理论和立法以生产资料所有制性质划分所有权类别的做法,仅对公有物和公用物作特别规定。[4] 但是这一逻辑在私有制经济基础上容易实现,一方面是因为民事主体可以普遍对

---

[1] 参见孙宪忠:《再论我国物权法中的"一体承认、平等保护"原则》,载《法商研究》2014年第2期,第72页。
[2] 平等保护不能被简单解读为同质性的同样保护,就像民事主体是通过抽象的法律人格——权利能力——衡量平等一样,财产权并不存在具体内容的等同,只有抽象的平等保护。
[3] 参见韩振峰主编:《社会主义核心价值观基本问题研究报告》,社会科学文献出版社2019年版,第174页。
[4] 参见梁慧星:《制定中国物权法的若干问题》,载《法学研究》2000年第4期,第7页。

物权客体成立所有权,另一方面公有物和公用物的范围比较狭窄。但由于公有制经济基础区分公共利益和私人利益两个层面设定所有权结构,所以《民法典》物权编第五章依据国家所有权、集体所有权、私人所有权来区分所有权的类型,很大程度上不是否认动产所有权和不动产所有权的区分,而是强调所有权制度和生产资料所有制之间的关系,即强调我国的物权制度尤其是土地权利制度是建立在公有制基础之上的。物权平等保护保证了民事主体的私益,资源的有限性使得人口和资源不成比例的中国将私益的实现和公共利益绑定在一起,如果没有公共利益的维护,资源的有效利用就成为空谈,资源的配置就是如何保证能够使有限资源的分配更加公平一些,这与公有制经济基础上公权力的调控能力暗相契合。尤其是对于土地等重要的生产资料,国家控制的目的绝不是实现国家的私益,而是实现全民的公共利益,所以"全民所有"实际上指向"全民利益"。因为土地只能由国家所有或集体所有,所以私人所有权和国家所有权、集体所有权就必然存在区别,虽然在所有权的层面都具有私人所有权的属性,但国家所有权、集体所有权都表现出公益性私权的属性[1],不同类型所有权与所有制的关联是显然不同的。

公有制经济基础放大了不同民事主体之间的差异,平等价值观的贯彻似乎成为难题,《民法典》总则编没有具体规定的非典型民事主体在物权编变成了主要的所有权主体,因为土地所有权只能由国家或者集体所有,而国家、集体又完全不同于自然人和法人,如果非要用民事主体的权利能力等去度量国家和集体,则除了可以赋予一个抽象的主体资格以外,并没有像典型民事主体——自然人和法人——那样追求个体利益的最大化,或者说以个人主义、自由主义的

---

[1] 参见郑倩:《社会主义核心价值观入法入规的民法路径——以公益性私权时代价值研究而展开》,载《求是学刊》2019年第2期,第16页。

标准追求在市场中的最大私益。除此之外,与"集体"这种依据整体主义方法论构造的主体相关,"农户"也表现为土地承包经营权主体和宅基地使用权主体,虽然《民法典》总则编在自然人一章中规定了"农村承包经营户",《农村土地承包法》更是明确规定了"农户",农户是土地承包合同的当事人,似乎当然应为民事主体,将农户作为民事主体仍然存在与传统民法逻辑的不相契合,农户并不具有权利能力,甚至成员也是变动的。[1] 农户成为权利主体只能是超越民法逻辑的特殊安排,以符合公有制所对应的整体主义方法论。当然,国家和集体主要是实现公共利益,并不能否定在民法中权利主体都按照私权享有的方式来实现不同的利益,私权秩序成为民法必须坚持的标准。从这个角度讲,所谓"一体承认"可以解读为强调人民的具体财产权利在法律伦理上并不存在什么瑕疵,在意识形态方面和公有制财产一样都当然获得充分承认。[2] 并不存在国家或集体的财产权要大于一般民事主体的财产权的结果,而只是国家和集体的财产权不同于民事主体财产权的内容。

(二)国家、集体不能纳入传统民法的权利主体逻辑

传统民法的权利主体逻辑以权利能力平等为基础构筑,民事主体的具体差异被忽略,民事主体的平等与市场交易的平等原则暗合而过分的被夸大,但仅从自然人和法人在规则适用上的区别看,并不是所有的民事主体都具有"平等"的同质性。在具体区分主体的特殊性而明确权利享有的时候,私法上的所有权观念被用于公权力主体,首先是国家,其次是与国家有同样权力行使功能的主体——集

---

[1] 参见王立争:《农户主体地位的法政策学辨思》,载《中南大学学报》(社会科学版)2015年第2期,第89页。
[2] 参见孙宪忠:《再论我国物权法中的"一体承认、平等保护"原则》,载《法商研究》2014年第2期,第69页。

体——都成为基于公共利益而享有土地所有权的主体。但集体为实现不特定成员的公共利益,只能保持不确定的状态,所以并不能成为像典型民事主体那样的所有权主体,其享有所有权的状态也是特殊的。对于公有制经济基础上的所有权主体,我国民法理论试图作两个方向的努力:第一个方向是将国家、集体解释为纯粹的民事主体,与自然人、法人在主体资格上一致;第二个方向是将国家和集体作为特殊的主体,进而阐释清楚国家、集体特殊的主体逻辑。两种方向的努力同样都看到了现实的问题,即作为主要生产资料土地的权利主体并没有在民事主体的构造中有明确的位置。

第一个方向的努力是将国家、集体纳入传统民法的逻辑。首先要做到的是主体的确定、对外法律地位明确、对内权利义务明确,能有效行使权利和承担义务。国家所有权客观上不能由国家本身独立行使,而只能由各级政府分级代表国家行使;集体所有权的主体也存在行使权利的障碍,集体和集体经济组织法人究竟如何区分也成为立法没有表达清楚的问题。但是如何行使权利问题不是国家所有权、集体所有权应否存在的理由,因为即使是私人所有权,也会面临行使的问题。传统民法界定权利主体依据个人主义,公有制基础上构造的权利主体无法纳入传统民法的权利主体逻辑,只能将国家、集体改造成法人。其一,就国家来说,"国家"本身不是独立的权利义务承担者,而是由具体的机构承担,并发展出"公法人"的概念。其二,就集体来说,在农村土地权利研究领域,一直存在改造集体使之具有真正的民事主体资格的观点。宋志红就认为,要对现行法律规定的农村土地所有权主体——农民集体进行改造,使之成为一个主体确定、对外法律地位明确、内部治理机制顺畅、能充分反映成员意志、并能有效经营管理土地资产、履行土地所有者职能的、符合现代市场经济要求的民法上适格的所有权主体。[1] 或者更彻底地按照回归传统民法的权利主体逻辑,确认国家、集体不是权利主体,而只有法人才是权利主体。但改造本身就存在矛盾,即使赋予"农民集体"法人资格,也并不必然导致"农民集体"可以用土地偿债,法律需要通过对"农民集体"经营和负债活动的适当限制避免这一可能的后果。[2] 这会导致崩坏整个民法以平等构造的体系。不容忽略的是,国家和集体无论如何改造,或者从理论上解释为"法人",其利益归属却从不是私人,其目的在于实现公共利益,越把国家、集体改造成法人,反而会加剧其他私权主体利用权利侵夺国家、集体所要实现的公共利益的现象。

第二个方向是无视传统民法的权利主体逻辑而创造特殊主体,或者说只是借用传统民法的一些名词,将国家、集体所有当成一种特殊的存在。其一,仿照传统民法的共有来确认土地所有权,如韩松认为,土地作为一种特殊的财产最适宜由社会成员共同拥有。[3] 此处的"共同拥有"显然不同于传统民法的共有,既没有份额的区分,也不存在共同关系解体后的利益分割,很明确的就是有范围大小的区别,但是并不存在成员和整体之间的利益指向,国家的利益虽然为了全民,但并不与公民个体的利益关联,集体和成员之间也是如此。或者说,国家、集体的特殊性就是因为其不是典型民事主体,非要在民事主体的架构中明确其位置恐怕是不能完成的任务,作为特殊民事主体的"特殊"是和典型民事主体没有太大关联的特殊。其二,国家、集体以代表的方式来行使所有权。当国家作为行使公权

---

[1] 参见宋志红:《农村土地改革调查》,经济科学出版社2016年版,第108页。
[2] 参见宋志红:《中国农村土地制度改革研究——思路、难点与制度建设》,中国人民大学出版社2017年版,第67页。
[3] 参见韩松:《集体建设用地市场配置的法律问题研究》,载《中国法学》2008年第3期,第67页。

力的政治系统的载体时,其并不能成为宪法意义上的所有权主体,国家本身并不是"公法人"的存在,财产所有权的社会功能决定国家并不适合作为所有权主体。[1] 而国家所有权行使的代表制,解决了其主体的抽象性问题。[2] 国家所有也可以被解读为一种实现私益的所有,国家将权利的行使交由机关法人来代表行使。与此类似,集体也是将权利交由集体经济组织法人或村委会来代表行使。但是,"特殊主体"表现出的特殊过多,在诸多立法中的不一致难以在理论和实践中消弭。

由于国家、集体不能纳入传统民法的权利主体逻辑,国家所有权和集体所有权只能作为特殊的权利类型存在。在我国,宪法通过国家所有所表明的生产资料所有制的立场与具体所有权的现实之间存在规范与事实的分离[3],《民法典》中国家所有权的规定也只是重述,国家所有权和私人所有权的功能是显然不同的。实际上,大陆法系民法传统的国家也有相当于我国的国家所有权的规定,只不过并不是叫作国家所有权,比如《西班牙民法典》第 407 条即为水的所有权为公共所有权的规定,和第 408 条关于水可以为私人所有的规定[4],与其典型民事主体的规定不一致,《西班牙民法典》没有规定所谓公共所有权的主体是谁,很大程度上表现为没有主体,公共所有权的利益归属于公共范围内的成员,或者是全国范围内,可以由国家来代表,或者是一定区域范围内的,可以用相关区域的公权力机关来

---

[1] 参见李忠夏:《宪法上的"国家所有权":一场美丽的误会》,载《清华法学》2015 年第 5 期,第 78 页。
[2] 参见谢海定:《国家所有的法律表达及其解释》,载《中国法学》2016 年第 2 期,第 100 页。
[3] 参见亓同惠:《重新理解"国家所有":类型、依据及其绩效风险》,载《华东政法大学学报》2019 年第 2 期,第 97 页。
[4] 参见潘灯、马琴译:《西班牙民法典》,中国政法大学出版社 2013 年版,第 143—144 页。

管理和行使,公共所有权的客体也不局限于传统民法上的物或财产。[1] 总而言之,这种公共所有权都表现出不同于私权的公共利益指向。循此逻辑,集体所有权也表现出一定的实现公共利益的功能,如果忽略此种功能的实现,在集体产权制度改革中就会出现错误,例如将人地关系以个体为单位进行固化的目的是改变集体调整土地导致的权利不确定的结果,防止土地资源通过交易而集中到少数人手中,但是一旦人地关系以个体为单位彻底固化,集体所有将变成彻头彻尾的按份共有。[2] 这种事实上的按份共有不能解决利益在不特定范围内分配的问题,由于集体成员固化会因为生老病死而使利益向少数人手中集中,因此而完全背离了集体改革要坚持的公平,广东南海的股份合作制经历了成员不固化到成员固化到人再到成员固化到户的过程[3],说明在社会主义公有制之下,主体的固定涉及改变公有为实质私有的结果,如果公有事实上转化为私有,则必然摧毁公有制经济基础所包含的公共利益的内容。

(三)国家、集体不同于私人的特殊主体属性

就目前而言,无论国家所有权概念还是物权实现机制的框架,都面临着要么背离物权理论逻辑,要么与"作为公有的国家所有"的规范要求渐行渐远的困境。[4] 面对此问题,民法学者总是在一种分裂的状态中寻找解决问题的路径:一方面认为应该坚持中国特色的特殊处理,一方面又认为应该坚持传统民法的真正逻辑。结果两条路

---

[1] 参见陈晓敏:《大陆法系所有权模式历史变迁研究》,中国社会科学出版社 2016 年版,第 79 页。
[2] 参见宋志红:《中国农村土地制度改革研究——思路、难点与制度建设》,中国人民大学出版社 2017 年版,第 93 页。
[3] 参见宋志红:《农村土地改革调查》,经济科学出版社 2016 年版,第 58 页。
[4] 参见谢海定:《国家所有的法律表达及其解释》,载《中国法学》2016 年第 2 期,第 102 页。

南辕北辙，都不能走通，不是迷失在中国特色的道路上一味地谈中国问题的特色，就是用传统民法的自由主义逻辑去解读公有制经济基础上的权利构成。我国民法理论应摆脱此种幼稚病，真正从解决问题的角度阐释内容。因为国家、集体不能纳入传统民法的权利主体逻辑，所以，在土地权利领域，应该明确国家、集体不同于私人的特殊主体属性。这可以从两个标准进行区分：一是公权力介入的多少，二是与公共利益关系。国家当然是公权力介入最多，而且以实现公共利益为目的，私人（包括典型民事主体的自然人和法人）则是公权力介入最少，而且是实现私益为目的的，集体则居于中间。

第一，国家作为土地权利主体的特殊性在于国家从公法遁入私法。财产权或所有权无论在宪法上还是民法上都是从个人自由展开的，依此逻辑，国家的确并不应该是财产权的享有者，但是在现代社会，个人财产权和国家财产权确实也在现实中并存了，于是学者总是依循个人所有权的逻辑去解释国家所有权，国家被要求具备一般民事主体的特征，在物权客体上也要求具有特定性，但国家所有权本身虽有所有权之名，其目的却在于实现公共利益，很多具体规则直接将国家当成是追求私益最大化的民事主体，则导致国家不像国家的结果，到底是实现公共利益还是仅仅追求国家作为个体的利益最大化。实际上，国家所有权遁入私法，是从人人平等、无差别地享有对公有财产的理论权利，到使用者职能集于抽象国家的制度性国家所有权，再到所有权行使代表制下通过代表机构的投资转化为类似股权的现实权利，公有生产资料在产权层面完成了其进入市场交易的主要步骤。[1]

第二，集体迥异于传统民法典型主体的特殊性在于集体和成员之间的复杂关系。集体的存在本身就很特殊，从集体的历史源头

---

[1] 参见谢海定：《中国法治经济建设的逻辑》，载《法学研究》2017年第6期，第39页。

看,农民集体的前身,即计划经济时代的人民公社实质上否定了高级社时期基本上确定为"合作社所有权"的民事权利,实际上将农民地权收并为地方政府或者国家所有。[1] 以高飞为代表的学者主张把集体往法人方向改造的思路[2],但传统民法中的"法人"和"集体"完全不能逻辑一致,集体基于其公共利益的需要必须能够容忍成员的不确定性,而法人虽然为一个团体,却是个人主义思维下的团体,成员和团体之间是相对独立的,法人是一个独立的"人",和成员一样都是私人利益的归着点。而集体则显著不同,村民的范围和"农民集体"成员的界定规则不一样,二者的范围也不完全一致,农民集体成员资格的认定主要是从财产归属的角度考虑,在认定时需要考虑包括户籍等在内的多种因素;而村民主要是一个地域和社会管理概念,主要是从农村基层社会治理的角度出发,其范围认定主要考虑是否实际长期在某地居住生活,而不是身份。[3] 不管是国家所有还是集体所有,都和共有有着强烈的相似度,但可以肯定的是,集体所有既不是按份共有也不是共同共有,相较于共有,集体所有以类似于权力行使机制替代了民事权利行使机制。虽然前面提到宋志红反对将集体所有改造为按份共有,但同时她又认为,当前"农民集体"产权模糊的一个非常重要的原因,便是集体成员间的产权份额界定不清,由于集体的成员永远处于不可知的变动之中,新出生人口自然取得集体成员资格,因其他原因新加入人口(例如户籍迁入者、嫁进来的妇女等)也可能取得本集体成员资格,基于现有集体经济组织运行

---

[1] 参见孙宪忠:《争议与思考——物权立法笔记》,中国人民大学出版社 2006 年版,第 455 页。
[2] 参见高飞:《集体土地所有权主体制度研究》(第二版),中国政法大学出版社 2017 年版,第 186 页。
[3] 参见宋志红:《中国农村土地制度改革研究——思路、难点与制度建设》,中国人民大学出版社 2017 年版,第 73 页。

的平均主义规则,这些新增加的人口有权取得集体资产的平均份额,从而随时带来了重新调整分配集体资产的需求。[1] 集体总是处于一种错位的状态。《民法典》并没有把集体规定为一种典型民事主体,即使《民法典》总则编把集体经济组织法人规定为特别法人,但集体经济组织并不等于集体,这从《农村土地承包法》《土地管理法》以及《民法典》物权编的表述可以得知[2],但即使是作为特别法人的集体经济组织,也不是真正的法人,因为集体经济组织法人的特别之处就在于其所控制的利益并不是按照私益处置的方式进行分配的,其享有利益的群体是不特定的。

三、在用益物权的层面实现土地上权利的平等保护

承载了公共利益的国家所有权、集体所有权并不能与私人所有权实现权利平等,主要表现在作为最重要的生产资料——土地的领域,私人并不能享有土地所有权。但这并不意味着无须平等,土地上的利益可以通过设定用益物权让利于民,公共利益需要依赖公权力来保护,但通过交易可以实现私益与公益的共赢。土地权利体系中最基本的权利是具有最终归属功能的国家所有权、集体所有权,用益物权则在此基础之上实现私益的目的。一直以来,建立于公有制经济基础上的我国的土地制度呈现出,重权力轻权利、重管理轻利用、重行政轻民事的倾向,老百姓土地权利缺失、缺乏保障[3],《民法典》土地用益物权制度的完善改变了这一局面。土地用益物权从根本上

---

[1] 参见宋志红:《中国农村土地制度改革研究——思路、难点与制度建设》,中国人民大学出版社2017年版,第83页。
[2] 《农村土地承包法》第5条似乎在表述集体和集体经济组织是同一的,但结合该法第13条看,集体和集体经济组织又不是同一的。《土地管理法》第11条、《民法典》第262条都明确标明集体和集体经济组织不是同一的。
[3] 参见宋志红:《中国农村土地制度改革研究——思路、难点与制度建设》,中国人民大学出版社2017年版,第32页。

应实现其私益而表现出民事权利的平等观念。

(一)以平等观念解释土地用益物权的设立

第一,明确土地用途管制和私益保护的关系。在土地用益物权设立中,公权力意图将公共利益的保护与私益的实现结合起来,确保行政管制实现公共利益功能而又维持私权保护私益的目的。土地依据用途分类是行政管制对土地私权的干涉作用,将土地分为建设用地、农用地和未利用地等类型,其下再依据管制的需要具体分为更多类型。不仅我国,各国都是存在土地用途管制的,只不过在大陆法系传统下用途管制是纯粹公法的东西,而在我国用途管制也是私权设立的前提,鉴于土地对社会发展的重要作用以及土地的社会共同资源特性,对土地实行用途管制是必须坚持的原则,用途管制虽然是对土地权利的重大限制,但此种限制具有足够的公益性和正当性。[1] 中国从计划经济向市场经济的过渡,表现为放权或去管制,其中的关键问题是既要实现去管制实现市场化运作促进经济社会的发展,也不能放弃为追求社会公正而建立的"全能"的权力行使机制。[2] 集体建设用地使用权设立也受到用途管制的限制,从而实现对公共利益的保护,但如果不涉及和保护耕地的目的冲突,集体建设用地用途并不当然就构成对公共利益的侵害,反而是国有建设用地也会以公益为名为扩大财政收入而随意侵占集体耕地用于私益的建设用途。我国的土地制度体系可以分为土地管理制度和土地权利制度两大部分,虽然从法律规定看两部分的规定混合、交叉,但其法律关系的性质、遵循的原则有很大的区别。[3] 基于用途管制,以土地为客体的

---

[1] 参见宋志红:《中国农村土地制度改革研究——思路、难点与制度建设》,中国人民大学出版社 2017 年版,第 33 页。

[2] 参见〔美〕黄宗智:《中国的隐形农业革命》,法律出版社 2010 年版,第 81 页。

[3] 参见宋志红:《中国农村土地制度改革研究——思路、难点与制度建设》,中国人民大学出版社 2017 年版,第 34 页。

用益物权的内容被区分开,同为建设用地或土地承包经营权,其用途不同,所能实现的市场价值差距较大,因而其用途本身成为私权的内容,但在同一种用途中土地权利是平等的,具有可交易性。

第二,实现"同地、同权、同价"。[1] 来自学者的声音是呼吁城乡"同地、同权、同价",寻求农村集体建设用地市场在政策和法律上有根本的突破,改变城乡分置的二元用地模式。[2] 国家所有和集体所有也是土地权利中一种类型区分,所有权主体不同,在设定用益物权的时候也表现为"同地不同权",这主要表现在《民法典》物权编规定的建设用地使用权上,从其第361条的规定看,在国有建设用地使用权之外,还存在以集体所有的土地设定建设用地使用权的情况,而依据2019年修正前的《土地管理法》第43条第1款的规定,国有土地用于建设用地是原则,而集体建设用地则为例外,此种例外需要法律特别规定,从《土地管理法》第五章的规定看,作为例外的集体建设用地使用权是缺乏具体规定的。从修正前的《土地管理法》第43条第2款规范的逻辑看,国有土地分为存量的和增量的,从这一逻辑基本可以看出,国有建设用地使用权因为垄断成为用地的主要形式,任何单位和个人以建设为目的用地,其初始来源只能是通过国家的出让取得。[3] 此种国家垄断可以有效防止出现单纯的土地食利阶层,防止来自资本的剥削和由此导致的贫富分化,但也会带来控制公权力的人以"人民的名义"掌握土地的开发、利用和收益的权利进而

---

[1] 中共中央十八届三中全会通过的《中共中央关于全面深化改革若干重大问题的决定》指出:"建立城乡统一的建设用地市场。在符合规划和用途管制前提下,允许农村集体经营性建设用地出让、租赁、入股,实行与国有土地同等入市、同权同价。"
[2] 参见高圣平、刘守英:《集体建设用地进入市场:现实与法律困境》,载《管理世界》2007年第3期,第62页。
[3] 参见韩松:《集体建设用地市场配置的法律问题研究》,载《中国法学》2008年第3期,第65页。

谋取私利的弊端。[1] 集体土地所有权的有限利用和国家土地所有权无限利用的不平等,使公共利益成为实现不同私益的手段。修正后的《土地管理法》第63条增加了"集体经营性建设用地使用权"的规定,一定程度上打破了不平等的局面。城乡分治的二元社会结构是行政管制的基础,这是历史形成的,其中很重要的原因是将公共利益分割为国家层面和集体的局部层面的结果,资源的有限导致国家在困难时期将资源作不均匀的分配,表现为一种不平等的结果,即使《土地管理法》第63条作了修正,但仍然有不平等的表现,而法律制度的发展和完善重点就是在解决这些问题。

(二)土地用益物权以实现私益为目的

土地用益物权也涉及公共利益的问题,因为国家所有权、集体所有权的终止归属都要防止公有财产流失,现实中常见的国有资产流失等涉及法律并非民法或民事权利的行使问题,而主要是管制的秩序出了问题,国家、集体作为权利主体对财产利益的维护具有间接性,直接行使国家所有权或集体所有权的是"管理者",而作为私人的"管理者"会不断利用管理制度的漏洞侵犯国家或集体的利益。[2] 基于生产资料所有制的规范要求,国家所有权概念不能简单解释为就是《民法典》第240条规定的所有权,国家所有权的存在很大程度上就是利用"他物权"的形式实现公民对公有财产的利用,但由于国家所有权并不符合物权主体、客体和内容上的特定性要求,实践中必须按照物权的理论逻辑明确国家所有权行使的代表制、自物权和他

---

[1] 参见程雪阳:《国家所有权概念史的考察和反思》,载《交大法学》2015年第2期,第88页。

[2] 参见李国强:《相对所有权观念在所有权平等保护中的解释论应用》,载《法制与社会发展》2009年第3期,第84页。

物权区分等主体、客体和内容问题。[1] 与国家类似,集体也不是真正的民事主体或者经济学意义上的市场主体,集体和成员之间的关系也是用行政管制来实现的。即使是在集体利益的实现上,行政管制也取代了集体作为使用权人的权利行使,集体只可能被动享受利益。[2] 集体不能通过土地所有权层面的权利交易实现利益,但是可以通过设定用益物权来实现私益,此时集体的地位和典型民事主体没有区别,土地物权交易中必须解决公益和私益如何协调的问题。

第一,行使公权力的管制的一般介入成为公有制基础上所有权和用益物权关系的常态。尽管市场经济是以私法为基础构筑的,但并不意味着市场经济排斥公权力的介入,明确公权力介入市场调整的条件、权限和程序,实现公法的有效干预,排除不当干预也是现代市场经济法治的应有之意。[3] 但需要注意的是,国家所有权需要公权力的介入来保障权利的有效实现,但公权力行使的程序要求又不断导致公共资源所有权的低效甚至无效,这是"国家所有"呈现出的一种制度性悖论。[4] 国家所有权、集体所有权在明确了公共利益的基础上,通过设立用益物权解决利用低效的问题,但最初的改革却并没有一蹴而就地将土地用于高效利用的层次,尤其是农村土地改革,从农民自发进行"包产到户"的家庭联产承包到今天的"三权分置"都是从解决最基本的社会保障功能的基础开始,土地经营权的"放活"也不能改变承包土地需要替代性的解决社会保障问题,如果

---

[1] 参见谢海定:《国家所有的法律表达及其解释》,载《中国法学》2016 年第 2 期,第 102—103 页。
[2] 参见陈小君:《构筑土地制度改革中集体建设用地的新规则体系》,载《法学家》2014 年第 2 期,第 32 页。
[3] 参见谢海定:《中国法治经济建设的逻辑》,载《法学研究》2017 年第 6 期,第 25 页。
[4] 参见亓同惠:《重新理解"国家所有":类型、依据及其绩效风险》,载《华东政法大学学报》2019 年第 2 期,第 101 页。

没有土地制度的社会保障功能，就不能保障两亿农民工有家可归[1]，但如此一来，土地承包经营权却无论如何不能真正像一个市场经济语境下的私权那样很好地实现高效利用土地。但在集体化和市场化之间，法律制度却任意游走，甚至是幻化极端，黄宗智就指出，把改革前的农业问题完全归罪于集体化，把其后的成绩完全归功于非集体化和市场化是意识形态的作用，是不符合历史实际的。[2]在今天社会主义市场经济的语境下，虽然理论探讨总是试图用严谨平滑的理论解释成私有的逻辑，但是历史实际是公有还是牢固地处于基础地位，所以从所有权的层面实现市场化会破坏改革之初既有的公共利益的制度基础，同时并不会解决市场化要求的平等交易的条件，用益物权延续了公有制基础上所有权的公共利益特征，并没有真正放活用益物权是学界的共识，所以才会提出如承包地"三权分置"的理论，其中核心表达的就是"放活经营权"。

第二，排除行政机关以公共利益为名滥用公权力。传统计划经济体制下的强管制使得土地用益物权本就不明确的私权属性被公权力限制得愈加缺失，而行政管制以公共利益为名并没有实现公共利益，通过垄断建设用地市场，国家所有权的行使主体——地方政府——获得了巨大的利益，但集体所有权所拥有的土地并非不能交易，而是只能和国家交易，征收变成了单方定价的私益的交易，因而集体的私益没有得到实现，而同样其公共利益也没有得到有效维护。国家征收集体土地本应基于公共利益的需求，但因为存量的国有建设用地无法满足需求，国家（实际上表现为地方政府）通过征收来满

---

[1] 参见[美]黄宗智：《中国的隐形农业革命》，法律出版社2010年版，第72—73页。
[2] 参见[美]黄宗智：《中国的隐形农业革命》，法律出版社2010年版，第71页。

足不属于公共利益建设的用地需求。[1] 最简单的解决此种滥用公共利益问题的方法,就是在国家的严格控制下允许集体所有的土地直接入市交易而设立经营性建设用地使用权[2],同时通过公权力的介入并主导收益分配的方式解决其中公共利益实现的问题,在禁止对非公益性用地采用国家征收方式的同时,也不能简单地让集体与用地的市场主体自己协商[3],因为集体并不是真正的市场主体,所以应该是在管制之下明确集体和用地主体通过市场实现权利的设立。

(三)土地用益物权实现权利平等的特殊表现

要实现土地用益物权层面的平等,应实现国家、集体、私人的平等,但限于国家、集体的双重身份,实现主体的平等只能通过限制行使权力来实现。即使是私人所有权也存在滥用的问题,法律规定有社会负担等进行限制,国家所有权、集体所有权的滥用和私人所有权的滥用有共同的原因,同时又因为其垄断地位而更可能被放大。[4] 拥有公权力的国家如果利用公权力来实现其利益,则会出现在用益物权设立时,所有权主体和用益物权主体之间进行不平等的交易,显然所有权人胜出,进而可以随意地多攫取利益。只有通过公法管制的逻辑限制公权力的行使,以正当程序和公共利益来约束公权力行使,建立在民主、法治基础上的国家所有权公法实现机制是必要的,进而避免实际掌握权力的组织和个人的任意行为以及部分主体

---

[1] 参见韩松:《集体建设用地市场配置的法律问题研究》,载《中国法学》2008年第3期,第66页。
[2] 参见韩松:《集体建设用地市场配置的法律问题研究》,载《中国法学》2008年第3期,第70页。
[3] 参见刘小玲:《制度变迁中的城乡土地市场发育研究》,中山大学出版社2005年版,第205页。
[4] 参见张力:《国家所有权遁入私法:路径与实质》,载《法学研究》2016年第4期,第16页。

将"公有物"变为"私物"。[1] 即使国家所有权披着私权的外衣,也因为其享有公权力而必须依据权力行使的逻辑运行,国家所有权的行使主体必须"向人民说明理由"来作出行使所有权的决定,基于近代民法传统的自由主义所有权被嵌入了合目的性规制[2],国家所有权的行使既不是单纯的私权行使,也不是公权力的行使,而是国家所有权自带管理权能,实现私益的同时也实现公益的目的,这是国家所有权行使的路径依赖。

公权力的行使以各种限制为表征,但受限不意味着在私权行使时公权力的缺席[3],其反而应该是无时不在。例如,实现国家和集体的"同地、同权、同价"虽然表现为平等,但不能忽略公权力的行使主体或集体也要实现"私益"(例如地方政府的利益诉求),所以还必须防止公权力机关或集体以"同地、同权、同价"为名损及公共利益。集体建设用地入市也应该在严格国家控制的基础上,国家和集体之间并不发生民事法律关系,而只有国家公权力的行政管制的关系,集体建设用地入市必须实行严格的国家控制,规定严格的条件和政府审批程序。[4] 当然,不仅集体建设用地使用权制度需要保护耕

---

[1] 参见谢海定:《国家所有的法律表达及其解释》,载《中国法学》2016 年第 2 期,第 92 页。
[2] 参见张力:《国家所有权遁入私法:路径与实质》,载《法学研究》2016 年第 4 期,第 10 页。
[3] 十八届三中全会通过的《中共中央关于全面深化改革若干重大问题的决定》指出:"必须积极稳妥从广度和深度上推进市场化改革,大幅度减少政府对资源的直接配置,推动资源配置依据市场规则、市场价格、市场竞争实现效益最大化和效率最优化。政府的职责和作用主要是保持宏观经济稳定,加强和优化公共服务,保障公平竞争,加强市场监管,维护市场秩序,推动可持续发展,促进共同富裕,弥补市场失灵。"
[4] 《广东省集体建设用地使用权流转管理办法》第 3、5、8、10、15、16、24 条规定表明集体建设用地的管理采取的是对集体建设用地的严格审批和对集体建设用地使用流转的登记制相结合的制度。《安徽省集体建设用地有偿使用和使用权流转试行办法》亦有类似规定。参见韩松:《集体建设用地市场配置的法律问题研究》,载《中国法学》2008 年第 3 期,第 71 页。

地,国有建设用地制度也需要和保护耕地原则一致。集体经营性建设用地入市实践中被诸多误解:有人将其与土地私有化相联系,认为集体经营性建设用地入市是让农民私自出售土地所有权;有人将其与土地用途管制相对立,认为集体经营性建设用地流转是要放松政府对农地转用的垄断和控制。[1] 实际上,法律、行政法规必须对集体建设用地使用权的设立条件作出规定,其设立必须依据土地管理的强制性规定采取政府审批制,通过政府审批促使集体和用地人遵守法律、行政法规的限制性规定,减少土地利用效能低下、农民利益受损的情况,确保良好的集体建设用地流转的市场秩序。[2] 在确保用地指标不影响耕地保护的情况下,基于城市扩张需要,不需要通过征收方式改变集体土地所有权的现实,直接在行政管制之下由集体将土地出让给用地人,设定集体建设用地使用权即可,国家利益可以通过税收等其他公法方式来实现,公共利益的保护可以通过土地所有者应当在办理建设用地审批手续时,按照土地出让金或者标定地价的一定比例向市、县人民政府缴纳土地增值收益等方式来实现。

四、土地用益物权的私益同质性解释

土地用益物权是土地权利体系的重心,基于公有制经济基础的要求,土地用益物权也表现出公权力和私权交织在一起的不同的功能,解释《民法典》的土地用益物权的构造,需要在坚持物债二分的财产体系基础上,明确具有私权功能的土地用益物权的解释逻辑。《民法典》物权编虽然规定了土地承包经营权、建设用地使用权、宅基地

---

[1] 参见宋志红:《中国农村土地制度改革研究——思路、难点与制度建设》,中国人民大学出版社 2017 年版,第 199 页。
[2] 参见韩松:《集体建设用地市场配置的法律问题研究》,载《中国法学》2008 年第 3 期,第 73 页。

使用权、地役权四种土地用益物权,但其发生逻辑及其物权属性均存在较大的不同,在解释适用中产生很多问题,如混淆民法关系和公法关系,混淆物权关系和债权关系等,所以解释适用中必须明确土地用益物权中私益的同质性和公共利益的实现途径。

传统民法中的用益物权是建立在私人所有权基础的制度,交易的常态是所有权。而我国是以土地公有制为基础的,并不存在可以交易的土地所有权,所以,我国的土地用益物权的逻辑不同于传统民法的用益物权逻辑。

(一)"三权分置"政策指引下的多级农地用益物权

农地"三权分置"又可具体区分为承包地"三权分置"和宅基地"三权分置",对应《民法典》物权编的制度为用益物权类型的"土地承包经营权"和"宅基地使用权"。我国的土地承包经营权在功能上对应传统民法的永佃权(永小作权),我国台湾地区修改后的"民法"物权编进化为"农育权",我国宅基地使用权对应传统民法的地上权。[1] 不管是土地承包经营权还是宅基地使用权,都不是完全按照传统民法用益物权的逻辑创设的,其创设之初基于城乡分治的二元社会结构,并且承载了社会保障的功能。[2]

第一,通过"三权分置"在几乎不具有私权属性的宅基地使用权基础上设立次级的用益物权。宅基地使用权在《民法典》物权编虽然被规定为用益物权,但仅有的四个条文基本上没有按照物权法定要求规定其效力、公示方法等内容,其本身缺乏私权的属性,除了依据"一户一宅"取得宅基地以外,宅基地使用权基本没有交易的可能,虽

---

[1] 更准确地说,地上权对应的是建设用地使用权,宅基地使用权除功能上是为营造建筑物用地外,其取得依据身份这一点和地上权不同。
[2] 参见蔡立东、姜楠:《农地三权分置的法实现》,载《中国社会科学》2017年第5期,第111页。

然法律并不禁止其交易,但司法实践把宅基地的对集体外交易(城市居民购买农村住房)依据国务院办公厅的通知而认定为合同无效。[1] 而随着城市化进程和人口老龄化,宅基地必然会有限脱离其社会保障功能进入市场交易,而为了稳固公有制的经济基础,防止土地集中,以设立次级宅基地使用权的方式来实现宅基地"三权分置"比较可行。

第二,《民法典》已经确立土地承包经营权和土地经营权两级用益物权的制度架构。在承包地"三权分置"的政策之下,《农村土地承包法》修改后的第36-47条规定了家庭承包方式下的"土地经营权",学者多认为土地经营权是一种债权[2],《农村土地承包法》没有明确其物权属性,只是其第41条规定5年以上的土地经营权可以登记取得对抗第三人的效力,相当于债权附加了公示的保护手段而已。但是,在《农村土地承包法》修改之前,多数学者认为应该将土地经营权规定为物权,将土地经营权的性质定位为债权必然降低农地三权分置的固有意义[3],因为土地承包经营权规定为用益物权最大的问题就是不具有真正的私权属性,"放活经营权"的目的是进入市场平等交易,从《农村土地承包法》第46条、第47条的规定看,成员身份限制的公共利益内容被再次转移到土地经营权的交易中,在土地承包经营权不能被改造成为完全的物权的情况下,创造新的权

---

[1] 《国务院办公厅关于加强土地转让管理严禁炒卖土地的通知》第2条规定:"农民的住宅不得向城市居民出售,也不得批准城市居民占用农民集体土地建住宅,有关部门不得为违法建造和购买的住宅发放土地使用证和房产证。"最高人民法院认为不仅仅是依据《合同法》第52条,而是因为农村房屋和宅基地的特殊性,参考其他法律和政策的要求认定合同的效力。参见杜万华主编:《〈第八次全国法院民事商事审判工作会议(民事部分)纪要〉理解与适用》,人民法院出版社2017年版,第338页。
[2] 参见高圣平、王天雁、吴昭军:《〈中华人民共和国农村土地承包法〉条文理解与适用》,人民法院出版社2019年版,第316页。
[3] 参见蔡立东、姜楠:《农地三权分置的法实现》,《中国社会科学》2017年第5期,第113页。

利——土地经营权——仍然不能实现权利平等和自由交易,而应尽量将土地经营权物权化。《民法典》物权编第十一章"土地承包经营权"实际上规定了三种用益物权:土地承包经营权、土地承包经营权流转的土地经营权、其他方式承包的土地经营权。由于权利结构层次、设定方式、公示效力方面的具体差异,两种土地经营权成为并存的用益物权。两种土地经营权虽为物权,但都表现出或多或少的债权性特征,以债权性来解释表面看起来符合《农村土地承包法》规定的内容,却会突显体系化的矛盾问题,使土地经营权的体系构造趋向崩溃。因此,只能简单解释《民法典》规定了两种统属在"土地承包经营权"概念之下的用益物权:一种是土地承包经营权流转而产生的次级用益物权,一种是与土地承包经营权并列但无身份属性的特殊的农地用益物权。两种土地经营权在民法典体系中的共同特征为:都是利用集体土地的用益物权,权利客体都是土地,都不是土地承包经营权那样具有身份内容的福利性和保障性的权利,都表现出去除身份属性的特征。但也存在具体的区别:土地承包经营权流转的土地经营权受土地承包经营权身份属性的影响表现出诸多的特殊性,主要表现为再流转(包括设定抵押权)条件的限制,且在公示效力方面,土地承包经营权流转的土地经营权再流转的公示为登记对抗效力,其他方式承包的土地经营权再流转为登记生效效力。[1]

(二)国有土地、集体土地的建设用地使用权只具有管制内容的区分

集体建设用地使用权通过《民法典》第361条引致的规定,指向《土地管理法》,但是《土地管理法》只有第63条规定的集体经营性

---

[1] 参见李国强:《〈民法典〉中两种"土地经营权"的体系构造》,载《浙江工商大学学报》2020年第5期,第36页。

建设用地使用权可以与之呼应,另外三种建设用地(乡镇企业建设用地、集体公共设施和公益事业用地、宅基地)都不能适用建设用地使用权的规则,在《土地管理法》修正之前,温世扬甚至认为,我国物权体系中实质上并不存在"集体建设用地使用权"[1]。无论是集体土地还是国有土地,在设定建设用地使用权的时候,都需要考虑土地收益的归属,在国家垄断建设用地市场的情况下,也并非集体得不到利益,而是通过征收补偿或者土地收储对价的方式使集体获得利益,此种利益是通过私益的方式获取,但同样具有公共利益的功能,在国家公权力退位为仅为管制目的的情况下,国有土地和集体土地只需要保证公共利益的目的,其发生均应按照用益物权的发生逻辑展开,集体建设用地使用权与国有土地建设用地使用权应通过参照适用而淡化区分,修正后的《土地管理法》第63条明确了"集体经营性建设用地使用权",虽然承认了集体建设用地的出让、出租设定建设用地使用权的途径,但"经营性"的定语进一步表明了差别,集体土地和国有土地设定的是不同的权利,难说在制度上实现了中央政策所谓"同等入市、同地同权"目标。需要注意的是,用益物权并不是通过法律简单宣示就可明确的,必须结合用益物权的内容来确定。在政策放开集体建设用地使用权交易的地方,虽然地方立法仿照国有建设用地使用权出让设定集体建设用地使用权的设立规则,但实际上往往国家所有、集体所有基础上设定的用益物权,不仅没有坚持物权的思维,甚至连最基本的物权和债权的区分也没有做到,用流转来总体概括物权效力的转让和债权效力的出租等形式,实际上权利如何作用于集体土地,以及权利

---

[1] 参见温世扬:《集体经营性建设用地"同等入市"的法制革新》,载《中国法学》2015年第4期,第68页。

产生的法律效力都在所不问。[1]

(三)明确所有权和用益物权的功能界限

国家并不适合作为民事主体,即使《民法典》明确规定了国家所有权,也不能忽略"国家所有权"所应承担的公共任务,避免简单以私法所有权观念解释"国家所有权",导致国家所有权的滥用以及国家所肩负的公共任务的流失。[2] 由于国家所有权、集体所有权都不是传统民法的绝对所有权,私法上的归属功能必然有下移的倾向而走向用益物权。以土地承包经营权为例,除了集体所有权还有的最终归属功能外,在"长久不变"政策指引下的家庭承包体制下,土地承包经营权也是经济学语境下的产权,因为民法意义上的所有权不能"流转",土地承包经营权设立和有限"流转"就成为农民和想利用土地的其他主体谈判的依据。[3] 农地"三权分置"中必须解决的是物权客体特定的问题,在国家所有权、集体所有权的概念之下,物权客体变得不特定,但回归私权属性的用益物权必须做到客体特定,土地承包经营权也好、土地经营权也好,其指向的内容只能是土地,并不能将其物权客体虚化为权利。

---

[1] 例如,《大连市集体建设用地使用权流转管理暂行办法》第8条规定:"集体建设用地使用权可采取下列方式流转:(一)转让。集体建设用地所有权人将一定年期的集体建设用地使用权让渡给土地使用人使用,并向使用人一次性收取该年期内的土地收益。(二)出租。集体建设用地所有权人将建设用地使用权以出租方式提供给土地使用人使用,并定期向土地使用人收取土地租金。(三)作价出资或入股。集体建设用地所有权人以一定年期的集体建设用地使用权作价,以出资或入股方式投入新设立的企业。(四)合作或联营。集体建设用地所有权人以一定年期的集体建设用地使用权作为条件,与其他单位或个人合作、联营,共同举办企业。经集体建设用地所有权人同意,集体建设用地使用人可将其合法使用的土地使用权连同地面建筑物作为抵押物,向债权人抵押。抵押权实现时,可按本办法的规定办理用地手续。"

[2] 参见李忠夏:《宪法上的"国家所有权":一场美丽的误会》,载《清华法学》2015年第5期,第84页。

[3] 参见〔美〕黄宗智:《中国的隐形农业革命》,法律出版社2010年版,第13页。

（四）摈弃与现有土地用益物权体系不协调的"土地发展权"等概念

近来土地发展权等权利概念也影响到对土地权利体系的解释[1]，我国法律并未规定土地发展权，但是仍有学者用土地发展权来解释土地上所有权和用益物权的关系。作为一种权利的"土地发展权"并不能归入现行民事权利体系当中，只是对土地所有权和行政管制公权力之间关系的一种解释而已，将绝对所有权观念下的土地所有权用行政管制分解其包含的公共利益的内容，必然得出土地所有权包含土地发展的权能而已，换句话说，土地规划管制是作为主权者的国家对土地发展权能的干预和限制而非土地发展权的来源。其实学者使用土地发展权概念只是想用来分析国家与民争利的现实问题，这也是我国公有制经济基础上土地权利体系容易出现的问题，其一方面是因为国家作为主权者要管理社会限制土地的随意发展，另一方面是因为国家同时也要实现其作为所有权人的私益，这种特殊情况毫无疑问会带来国家同时担当"足球裁判和足球队员"的风险，进而导致国有土地和集体土地在土地市场上的不公平竞争。[2] 无须"土地发展权"概念也照样能够解释土地权利的相关内容，"土地发展权"所起到的功能，在我国法律中主要由"建设用地使用权""宅基地使用权"等权利来承担，土地所包含的利益在国家、集体和私人之间进行有效的分配是通过行政管制实现的，并不是通过所谓土地发展权的交易实现的。而中国的传统征地模式其实主要存在的问

---

[1] 土地发展权有三种归属模式：归属于土地所有者的美国模式；归属于国家的英国模式；一定范围内归土地所有者，超过部分归国家的法国模式。参见孙弘：《中国土地发展权研究：土地开发与资源保护的新视角》，中国人民大学出版社2004年版，第129页。

[2] 参见程雪阳：《土地发展权与土地增值收益的分配》，载《法学研究》2014年第5期，第83页。

题是用地方政府的私益代替国家公权力需要保护的公共利益,如果严格按照征收的正当程序进行,并不存在必须通过土地发展权交易来保护农民或其他个人私益的需求。

除了在民事权利体系中不准确的土地发展权的概念以外,我国特有规范场景也频现不平等的权利变动概念,比如农村集体的概括国有化,也称为集体土地的"整体转权"。集体土地"整体转权"并无明确的法律依据,但在我国城市化过程中普遍存在。相对于征收来说,集体土地"整体转权"是概括国有化,并且不能给予补偿,因为征收针对的是特定的土地,而"整体转权"则是土地被不特定化归国家所有[1],集体丧失了土地所有权后,农民只是发生了身份转变由农民变为居民,但没有得到城乡二元分治体制下居民能够得到的利益,集体土地的"整体转权",总是伴随着相应的农民集体组织成员身份从农民向城镇居民的转变,一旦某一"农民集体"的全部成员转为城镇居民,作为土地所有权之法律主体的"农民集体"将无法存续。[2] 集体土地"整体转权"表面上是公有制基础上土地所有权的变动,实质上则是城乡二元分治体制下对农民利益的损害,在转权的过程中,农民享有的土地承包经营权和宅基地使用权等用益物权所体现的私益被完全忽略。在我国逐渐通过法律和政策打破城乡二元分治体制的背景下,集体土地"整体转权"也是应该被否定的概念,修正后的《土地管理法》并没有在立法上确认"整体转权"制度。

《民法典》中民事权利体系构造是核心问题,土地权利体系构造由于与公有制经济基础关系最密切,所以更需符合弘扬社会主义核

---

[1] 参见陈甦:《城市化过程中集体土地的概括国有化》,载《法学研究》2000年第3期,第113页。
[2] 参见宋志红:《中国农村土地制度改革研究——思路、难点与制度建设》,中国人民大学出版社2017年版,第112页。

心价值观的要求。宪法规定的基本经济制度应该是所有的民事法律制度必须坚持的,立法者认为物权法与社会主义基本经济制度——生产资料的公有制——关系密切,如何实现平等保护就成为我国民法土地权利体系构造的关键点。国家所有权甚至集体所有权都有客体范围不确定的表现,土地的范围并没有清晰界定。由于国家所有和集体所有不具有交易所有权的可能,所以除非在国家所有或集体所有的土地上进行设定用益物权的交易,否则也没有必要特定土地的范围。土地权利主体从所有权层面的国家或集体,到用益物权层面的国家和私人交易格局,均表明土地权利主体的界定不同于传统民法的典型民事主体。

承载了公共利益的国家所有权、集体所有权并不能与私人所有权实现权利平等,但这并不意味着无须平等,如果公共利益纯粹通过公权力行使——行政管制——的方式实现,则会回归到计划经济体制的低效率。公共利益需要依赖公权力来保护,但其与私益可以通过交易而实现共赢。土地权利体系中最基本的是具有最终归属功能的国家所有权或集体所有权,用益物权则在此基础之上实现私益的目的。明确土地用益物权关系具有公权力和私权交织在一起的不同的功能,接下来是需要在坚持物债二分的财产体系中,明确具有私权功能的不动产用益物权的体系。《民法典》物权编虽然规定了土地承包经营权、建设用地使用权、宅基地使用权、地役权、海域使用权、采矿权、取水权等各种用益物权,但其发生逻辑及其物权属性均存在较大的不同,缺乏统一的构造逻辑,民事立法和法律适用必须明确用益物权中私益的同质性和公共利益的实现途径,进而依据平等观念整合用益物权的真正体系构成。

第二节 以团体主义思维解读
建筑物区分所有权的内涵

在物权体系中，作为不动产所有权一种的建筑物区分所有权是个特殊的存在，因为其与《民法典》第115条规定的物权客体特定主义不完全契合，与《民法典》物权编第240条规定的所有权内容也不能完全契合。在近代民法典中，建筑物区分所有权应为一般内容之外的特例，其表现为德国、日本等国家基本上都是通过民法典之外的特别立法来规范建筑物区分所有权的具体制度。本来建筑物区分所有比建筑物的单独所有要少，但随着社会的发展，城市化进程导致土地资源紧缺，建筑物区分所有权成为经济交往中常见的所有权类型，仅以特殊制度存在已经应对不了建筑物区分所有所产生的法律纠纷的现实情况，整体纳入《民法典》的体系化考量成为民法理论研究必须面对的问题。在《民法典》编纂完成之前，我国《物权法》虽然用14个条文规定了第六章"业主的建筑物区分所有权"，但是没有做到真正确立完善建筑物区分所有权制度，表现为不能有效地解决现实中建筑物区分所有权的相关纠纷[1]，而且有些条文如《物权法》第76条等在现实权利行使中几乎没有作用，就《物权法》施行10年以来的司法实践看，建筑物区分所有权制度需要顺应社会发展进行修正完善。一方面，因为我国的建筑物区分所有权制度是移植外国经

---

[1] 最高人民法院在《物权法》实施不到两年时出台了建筑物区分所有权的相关司法解释，司法解释的规定和《物权法》有比较大的差异，理念和规则均有所突破，最高人民法院民一庭负责人在答记者问时，提到了出台相关司法解释的理由。参见奚晓明主编：《最高人民法院建筑物区分所有权、物业服务司法解释理解与适用》，人民法院出版社2009年版，第9页。

验构建的,而外国的建筑物区分所有权制度的创制也只有100年左右的时间,各国的建筑物区分所有权制度区别较大,且适用国情不同,[1]简单的规则移植显然不行;另一方面,无论是对建筑物区分所有权概念内涵界定,还是具体规则的构建,现代民法都需要顺应社会的高速发展而不断创新,尤其是要改变用近代民法传统的绝对所有权观念解读建筑物区分所有权的历史误区,建立在绝对所有权观念上的建筑物区分所有权"三元论"[2]是无法解释清楚建筑物区分所有权人之间的特殊关系的,而且所有权的社会属性在建筑物区分所有权关系中表现得尤为明显。因此,因应现实需求在《民法典》编纂中重新厘清建筑物区分所有权的具体规则,必须依据团体主义思维对建筑物区分所有权的内涵进行重新解释。笔者立足于对《民法典》物权编第六章"业主的建筑物区分所有权"的解释论展开,试图将建筑物区分所有权的概念内涵置于《民法典》的财产法体系中进行解释,进而对适用建筑物区分所有权制度的具体规则指明方向。

一、抽象的理解客体特定性是解释建筑物区分所有权内涵的起点

建筑物区分所有权被规定在《民法典》物权编的"所有权"分编,属于所有权的特殊类型,而依据《民法典》第115条、第240条的

---

[1] 陈华彬考证在罗马法和日耳曼法上就有建筑物区分所有权的存在,这显然是对建筑物区分所有权概念的扩大使用,现代民法意义上的建筑物区分所有权制度只能是在民法具体规定了详细的建筑物区分所有权制度之后才可称之为确立,所以像《法国民法典》最初仅有第664条一条规定不足以说真正构建了建筑物区分所有权制度。另外,各国对于建筑物区分所有权制度多通过特别法来规定,例如德国、日本等。参见陈华彬:《建筑物区分所有权研究》,法律出版社2007年版,第2—15页。
[2] "三元论"是指建筑物区分所有权由专有权、共有权、成员权三要素构成。有观点认为,《物权法》第70条也是符合"三元论"的立法。参见陈华彬:《建筑物区分所有权研究》,法律出版社2007年版,第92页。笔者认为,由"三元论"引出的简单三要素构成的解释是错误理解建筑物区分所有权内涵和不当适用法律的根源。

规定,所有权的客体应为动产和不动产,所以,建筑物区分所有权的客体简单理解就是不动产,并且该不动产依据物权客体特定主义应该具有特定、独立、有体的特征。但是,关于作为建筑物区分所有权客体的"不动产"究竟是什么,理论上存在诸多分歧。[1] 一般意义上解释《民法典》第 271 条的规定,认为专有部分和共有部分共同构成了建筑物区分所有权的客体。[2] 如此说来,建筑物区分所有权就不是一个独立的所有权,而是两个以上所有权的结合,我国台湾地区学者谢在全就认为,建筑物区分所有权人一个人具有两个物及两个所有权,并不是一个所有权包含两个所有权。[3] 这种说法虽有一定道理,但首先就不能容于《民法典》的物权体系,《民法典》物权编"所有权"分编规定都是关于单独所有权的规定,即使是"共有"一章也是规定多个民事主体享有一个所有权的关系,更为重要的是,即使是两个所有权,其物权客体也应该是分别特定、独立、有体的,但无论是《民法典》第 271 条所说的业主享有所有权的专有部分,还是享有共有权的共有部分,都不是特定、独立、有体的,所以根本就不能按照物权逻辑成立所有权。基于此,笔者认为解释《民法典》第 271 条规则,应该首先明确法律规定建筑物区分所有权客体的真正指向,并符合物权制度中对物权客体的一般解释。

---

[1] 理论上有空间说、特定部分加上观念存在说、住宅等特定部分说等不同观点。参见陈华彬:《建筑物区分所有权研究》,法律出版社 2007 年版,第 102 页;崔建远:《物权法》(第五版),中国人民大学出版社 2020 年版,第 210 页;王利明:《物权法研究》(第四版),中国人民大学出版社 2016 年版,第 542—543 页。

[2] 参见石佳友:《区分所有建筑物中专有部分与共有部分的划分——兼评〈建筑物区分所有权司法解释(征求意见稿)〉第 2 条、第 3 条》,载《政治与法律》2009 年第 2 期,第 8 页。

[3] 参见谢在全:《民法物权论》(修订五版),中国政法大学出版社 2011 年版,第 227 页。

(一)建筑物区分所有权的客体是抽象解释的不动产

建筑物区分所有权原则上应该是以一栋独立建筑物为限确定的[1],各国立法均以此为前提,例如,法国法上将一般建筑物区分所有权称为"纵向的共同所有权",而将以一组不动产为限成立的建筑物区分所有权称为"横向的共同所有权",在后一种情况下,只有在这些不动产之间存在共用部分时(至少作为地基的土地是共用时),才能适用"共同所有权"的规则[2],日本的《关于建筑物区分所有等的法律》则专门规定了"住宅区"一章,这也表明通常建筑物区分所有权是以一栋建筑物为限的。[3] 美国则与此不同,其物业产权制度并不区分是在一栋建筑物上成立还是在小区范围内成立[4],究其原因,是美国法并没有民法典体系中的物权概念,也没有物权客体特定主义的限制,所以没有考虑物权规则的体系思维问题,只是从实用的角度出发,主要通过合同和行政管制来解决问题。根据《民法典》第271条所使用的"建筑物内"来解释,建筑物区分所有应指称单体建筑物的所有权状况,而不能指称拥有数个或几十个建筑物的小区的所有权状况。[5] 当然,以住宅区为范围界定建筑物区分所有权作为特殊情况也是存在的,只不过以一栋建筑物为限是标准的和容易简单解释的。在我国类似于住宅区区分所有的建筑区划范围区分所有普遍存在,但仍不能从理论逻辑上改变一栋建筑物为限的原则。仅

---

[1] 参见黄薇主编:《中华人民共和国民法典释义》(上),法律出版社2020年版,第504页。

[2] 参见〔法〕弗朗索瓦·泰雷、菲利普·森勒尔:《法国财产法》,罗结珍译,中国法制出版社2008年版,第750页。

[3] 参见〔日〕我妻荣:《新订物权法》,〔日〕有泉亨补订,罗丽译,中国法制出版社2008年版,第552页。

[4] 参见周树基:《美国物业产权制度与物业管理》,北京大学出版社2005年版,第9—10页。

[5] 参见齐恩平:《业主区分所有之共有权论》,载《北方法学》2008年第6期,第31页。

以一般的一栋建筑物为限确定建筑物区分所有权,权利客体并没有像一个权利主体在一栋建筑物上成立一个所有权那么明确,所谓区分所有,经常是从使用状况角度确定一栋建筑物内有多套可供独立使用的"房屋",有多个专有部分,有多个业主。[1] 就像土地作为权利客体是依据四至这种物理标准界定土地范围来实现的一样,一栋建筑物如果要成立多个所有权,最简单的方式就是以物理标准来区分两个以上交易观念中的有体物,表面上,一栋建筑物可以被区分为多个专有部分[2],但在区分所有建筑物中专有部分却无法像土地那样依据物理标准来确定其独立,甚至专有部分确定的界限也是不存在的。因此,专有部分不是建筑物区分所有权的客体,建筑物区分所有权的客体与传统不动产(土地)相比应该具有非常强的特殊性,表现为一种抽象的存在。

虽然人类对于建筑物区分使用的历史很长,但是很难有效地建立建筑物区分所有权制度,主要就是因为其权利客体的特殊,其中涉及的关系复杂。德国学者鲍尔认为,在《德国民法典》施行之前的德国州法也曾规定有建筑物区分所有权相关制度,但是《德国民法典》的第93条规定禁止新设立建筑物区分所有权,其原因既有理论上的考虑,也有基于经验事实,采取建筑物区分所有权(楼层所有权)方式的楼房,常是"是非之窝"。[3] 但德国也不得不顺应时代要求在1951年颁布了《住宅所有权与长期居住权法》,该法在2007年进行了修订,其即使在修订之后也没有明确表明住宅所有权的客体究竟是什么,而是从共有部分和专有部分(特别所有权指向的部分)进行

---

[1] 参见奚晓明主编:《最高人民法院建筑物区分所有权、物业服务司法解释理解与适用》,人民法院出版社2009年版,第40页。

[2] 参见房绍坤:《建筑物区分所有权的构造》,载《法学研究》1994年第2期,第30页。

[3] 参见〔德〕鲍尔/施蒂尔纳:《德国物权法》(上册),张双根译,法律出版社2004年版,第635页。

分别解释。《民法典》物权编也是从专有部分和共有部分区分来确定建筑物区分所有权客体的,这种方式最大的问题就是容易导致认为建筑物区分所有权是一个权利人享有指向两个物的两个所有权,并不是一个所有权。[1] 两个物的说法显然是想象的存在,客观上无法彻底区分开专有所有权和共有权两个物权客体。但是这种主观抽象的说法也有正确的成分,因为最初仅从横向分割一栋建筑物而确定单一所有权的做法与现实不符,对于建筑物区分所有权人来说,更重要的权利指向是有关共有的内容,或者说共有部分才是确定其权利的关键。我国最早关于建筑物区分所有的立法反映这种现实需求,建设部于1990年施行的《城市异产毗连房屋管理规定》[2]第2条第2款规定,异产毗连房屋,系指结构相连或具有共有、共用设备和附属建筑,而为不同所有人所共有的房屋。与《民法典》第271条相比,该条文以共有部分为基础解释建筑物区分所有,而《民法典》第271条是以专有部分为解释起点,不能忽略的事实是虽然权利人直观感受好像专有部分更重要,但是没有共有部分的存在则建筑物区分所有权就不能存在。而区分所有的建筑物的共有部分遍及建筑物的整体,甚至在专有部分的空间中也存有共有部分,例如自来水管、下水管、燃气管等管道,表现最明显的是下水管,卫生间和厨房的下水管都有一段弯管存于楼下住户的专有空间中,而这段弯管仅供楼上住户使用,这段管道只能定义为共有部分,但存在于他人专有空间当中。如此说来,建筑物区分所有权应该指向建筑物的整体,作为特定、独立、有体的物权客体在建筑物区分所有权的场合只能是整栋建筑物。

---

[1] 我国台湾地区学者谢在全采用此观点。参见谢在全:《民法物权论》(修订五版),中国政法大学出版社2011年版,第227页。
[2] 在《物权法》颁布后,由于内容和《物权法》不协调,并且效力位阶较低,所以《城市异产毗连房屋管理规定》已经在2011年1月26日被废止了。

理论必须对《民法典》第 271 条的解释进行拨乱反正，明确该条内容不能揭示出独立的专有部分的存在，更不能如《建筑物区分所有权解释》那样夸大将专有部分作为建筑物区分所有权客体的误解。若干权利人的若干所有权指向同一个建筑物，就物权客体来说应该是你中有我、我中有你，但这又不符合一般所有权客体的标准样态，按照物权的体系逻辑解释。因此，合理的解释只能说每个区分所有的权利人的所有权虽然都指向客观的一栋建筑物，其实每个权利人的所有权客体在抽象的层面都是不同的，专有部分和共有部分的界定和区分应作一体化处理。[1] 从一个权利人的角度讲其建筑物区分所有权抽象地指向了专有部分加上共有部分，具体的现实角度则所有权指向的是整栋建筑物，但一个权利人的权利相对其他权利人来说在整栋建筑物上并不是绝对的排他支配。

(二) 用专有部分和共有部分区分来使物权客体相对特定

建筑物区分所有权指向的专有部分和共用部分没有客观上(物理意义)的明确界限，专有部分功能上的"独立"不足以明确其具有物权客体特定主义所要求的特定、独立、有体的条件。高富平认为，区分所有是对独立的单元享有独立所有权与对共用部分享有共同所有权相结合的一种复合性房屋所有权形式，区分所有既承认房屋作为一个整体存在的事实，又承认这个整体中可以划分为相互独立的部分。[2] 依据《民法典》第 273 条的规定，共有部分是专有部分以外的其他部分，反向倒推成为界定共有部分的方式，换句话说，共

---

[1] 参见卓洁辉：《区分所有建筑物专有与共有部分的区分标准问题研究》，法律出版社 2012 年版，第 90 页。

[2] 参见高富平：《我国居住物业法律制度设计的缺陷及校正——物业小区开放的目的和意义》，载《河北法学》2017 年第 11 期，第 15—16 页。

有部分的界定的关键在于如何确定与其紧密相关的专有部分的范围。[1]《建筑物区分所有权解释》第 2 条规定了确定专有部分的三个条件,分别是:具有构造上的独立性,能够明确区分;具有利用上的独立性,可以排他使用;能够登记成为特定业主所有权的客体。三个条件需同时具备才可以认定为专有部分。[2] 这种正面认定专有部分的做法看起来清楚,但一旦涉及具体标明专有部分的客观存在就出现了问题,虽然根据"能够登记"的条件,登记簿已经记载了专有部分面积图示等内容,但是专有部分和共有部分的界限仍然是不清楚的。关于专有部分范围,学说上有中心说、空间说、最后粉刷表层说、壁心和最后粉刷表层说等四种学说[3],但无论哪种学说都不能做到既在客观上确定专有部分的物理界限,又能够确定从使用功能上的专有部分界限与物理界限是一致的。如果反其道而行之,先界定共有部分再界定专有部分,可能更有利于明确建筑物区分所有权的客体。《建筑物区分所有权解释》第 3 条试图明确共有部分的范围,但关键的问题是,并没有和建筑物区分所有权人直接对应,即明确特定的建筑物区分所有权所指向的共有部分是哪些,它不是一个具体的物理界限的部分,而应该是表现为确定的所有权人享有权利和承担义务的份额。

应该明确区分所有建筑物的共有部分包括建筑物的主体性结构和共同通行部分。共有部分依据一定的方法进行确定和公示才是明确建筑物区分所有权的外部形式,从建设工程规划文件一直到房地产登记都应该明示共有部分内容,而不是仅仅从专有部分的角度公

---

[1] 参见任超:《区分所有建筑物共有部分的界定——从实证规范和理论学说的角度展开论述》,载《河北法学》2016 年第 5 期,第 176 页。

[2] 参见奚晓明主编:《最高人民法院建筑物区分所有权、物业服务司法解释理解与适用》,人民法院出版社 2009 年版,第 47 页。

[3] 参见陈华彬:《建筑物区分所有权研究》,法律出版社 2007 年版,第 130—134 页。

示建筑物区分所有权。需要明确的是,共有部分中还有表现为共有专用部分的内容,主要表现为如顶楼的露台等部分,虽然是共有部分,但因为所处位置特殊,只能供特定业主来使用,其权利依据往往是区分所有权人之间的协议约定。共有部分还可以区分为法定共有部分和约定共有部分,法定的共有部分即一般意义上的共有部分,是区分所有建筑物赖以存在的基础,如住宅的基础、承重墙体、柱、梁、楼板、屋顶以及户外的墙面、门厅、楼梯间、走廊通道等。[1] 而约定的共有部分,是指本来为建筑物的专有部分,依照建筑物区分所有权人的合意或管理规约的规定,变更为共用的部分,约定共有部分不能是已经确定为特定建筑物区分所有权人专有之后再依约定成为共用部分,而应该是在构成建筑物区分所有权关系之始就应该通过合意成为共有部分,否则很难成为物权客体,而应该认为只在特定人之间形成债权关系。[2]

二、专有权和共有权复合是建筑物区分所有权的表现形式

建筑物区分所有权表述为专有权和共有权等要素,但并非专有权和共有权的简单相加,而是有机结合和相互影响。[3] 即使主张专有权是独立的所有权的学者也会认为专有权具有特殊性,孟强认为,虽然各个业主对其专有部分享有所有权,但这些专有部分毕竟存在于建筑物整体之中,局部不能脱离整体,更不能危害整体,所以在涉及建筑物区分所有之全体业主共同利益的情形下,建筑物区分所有的业主团体可以决定对于某些业主专有部分所有权进行限制甚至

---

[1] 参见 2008 年 2 月 1 日施行的建设部和财政部联合发布的《住宅专项维修资金管理办法》第 3 条的规定。
[2] 参见温丰文:《论共有》,三民书局 2011 年版,第 115 页。
[3] 参见高富平:《我国居住物业法律制度设计的缺陷及校正——物业小区开放的目的和意义》,载《河北法学》2017 年第 11 期,第 16 页。

剥夺之。[1] 专有权只是建筑物区分所有权的一种权利表现,并不是一个可以独立存在的权利,共有权和专有权复合一体是建筑物区分所有权的权利表现。建筑物区分所有权中,专有权和共有权仅为权能或权利作用,其表现特征为复合存在。

(一)专有权依附于共有权而存在

从建筑物区分所有权发展的历史看,专有权的预设和绝对所有权观念密切相关,或者说是按照绝对所有权的观念在建筑物区分所有的场合解读了专有所有权。《法国民法典》第 544 条是以立法固定绝对所有权观念的开始,其内容表述强调人的自由和所有权的绝对效力,进而忽略所有权的社会属性。针对现实中已经存在的区分所有建筑物,其仅规定了一个条文,《法国民法典》第 664 条确定在一所房屋的不同楼层属于不同所有人时,如果所有权证书对房屋的修缮与重建方式没有作出规定,应该如何处理的规则。[2] 但是,处理的不同所有人关系的现实需要超出了第 664 条规定的范围,所以必须用新的法律代替该条单薄的规定,进而导致法国在 1938 年制定了《关于区分各阶层不动产共有之法律》。关于专有权的法国法的解释:建筑物的整体从物质上属于集体所有权,而这种所有权不能被看成是"从权利",每一个共同所有权人仍然对其"区分份额"享有"不动产所有权",而这种不动产所有权的组成是:在不动产"共同所有权"中所占的"份额"、该份额所形成的空间以及私有的附属部分,它们构成独占所有权。[3] 但需要注意的是,法国法的这种"独占所有

---

[1] 参见孟强:《论建筑物区分所有中管理规约的效力范围》,载《法学论坛》2009 年第 6 期,第 24 页。
[2] 参见〔法〕弗朗索瓦·泰雷、菲利普·森勒尔:《法国财产法》,罗结珍译,中国法制出版社 2008 年版,第 738 页。
[3] 参见〔法〕弗朗索瓦·泰雷、菲利普·森勒尔:《法国财产法》,罗结珍译,中国法制出版社 2008 年版,第 762 页。

权"的说法是建立在建筑物区分所有权就是一种"集体所有权"（共同所有权）的基础上的，相当于我国物权法语境下专有权的独占所有权必须依附于共有权而存在。德国《住宅所有权和长期居住权法》第6条规定了特别所有权（专有权）的非独立性，特别所有权不得与其所属于的共有物应有部分相分离而为让与或设定负担。[1] 我国物权法理论所谓专有权指向专有部分，共有权指向共有部分的解释加剧了建筑物区分所有权概念的分裂，使建筑物区分所有权由一权而表现为多权，这显然在逻辑上是错误的。

从建筑物区分所有权人的角度看，共有权存在的目的就是实现对专有部分享有专有权，但如前所述，专有权指向的专有部分并不是一个确定的特定部分，很大程度上享有专有权只是一种现实感受而已，区分所有的权利人之间就是为围绕共有的利益和负担而构筑的关系，比较明显的表现是"合理需要使用共有部分规则"，根据《建筑物区分所有权解释》第4条的规定，共有部分的使用应该由全体业主共同决定，但即使如此也存在专有部分的业主合理使用与专有部分紧密相连的外墙面的必要，如果是合理使用就可以不经全体业主共同决定，其使用也是合法的。[2] 总而言之，利用共有部分不仅是专有权行使的合理延伸，而且是专有权依附于共有权存在的一种表现。而涉及属于共有部分的车库、车位的使用规则，则更是为了实现专有的目的，因为业主之间并没有一个共同实现共有部分利益的共同目的。基于建设用地使用权而使用的基地

---

[1] 参见陈华彬：《建筑物区分所有权研究》，法律出版社2007年版，第425页。
[2] 参见最高人民法院民一庭：《居民住宅小区的外墙面所有权属于谁》，载奚晓明主编：《民事审判指导与参考》（2008年第3集·总第35集），法律出版社2009年版，第176—181页。

也应该是共有权指向的内容[1],这就超出了房地分离为独立物权客体的我国《民法典》的逻辑,但在"房随地走、地随房走"的交易规则下,区分所有必须考虑建设用地使用权的问题,在区分所有的形态下,住宅楼在外观表现上为拥有多个楼层的高楼,在横向(单元)和纵向(楼层)上常常表现为复数的集合体,传统的个别式土地使用权的模式,无法简单套用到区分所有的建筑物之上,在同一个单元,在空间上自下而上同时有多间房屋,显然不能认为该单元所占有的土地的建设用地使用权仅属于一楼的住户所有,而宜将其确定为共有。[2]《建筑物区分所有权解释》第3条第2款所谓属于专有部分的建设用地使用权也应该解读为整栋建筑物属于特定业主的情况。[3] 分户登记建设用地使用权的传统土地管理模式并不能改变专有部分并没有排他的对应登记面积土地的建设用地使用权,从各国的法律实践看,建设用地也应该是属于共有权指向的内容。[4] 除了日常一般使用的共有部分如楼梯、过道等以外,业主都是要试图为专有目的而从共有部分获取更多的利益,明确共有权的行使规则才是实现专有权目的的唯一可靠手段。

---

[1] 对于建设用地使用权是否属于共有部分,实务上存在分歧,主要原因在于建设用地和建筑物在统一登记之前是分别登记并分别发证的,最高人民法院最初意图简单明确其共有的性质,在《建筑物区分所有权解释(征求意见稿)》第2条第2款规定:"建筑区划内的建设用地使用权,专有部分以外的建筑物部分,以及建筑区划内建筑物以外的其他公共场所、公用设施,应当认定为物权法第六章所称共有部分。"根据这一规定,共有部分包括建筑物所占有土地的建设用地使用权。
[2] 参见房绍坤:《建筑物区分所有权的构造》,载《法学研究》1994年第2期,第33页;石佳友:《区分所有建筑物中专有部分与共有部分的划分——兼评〈建筑物区分所有权司法解释(征求意见稿)〉第2条、第3条》,载《政治与法律》2009年第2期,第10页。
[3] 参见奚晓明主编:《最高人民法院建筑物区分所有、物业服务司法解释理解与适用》,人民法院出版社2009年版,第67页。
[4] 参见周树基:《美国物业产权制度与物业管理》,北京大学出版社2005年版,第46页。

(二)建筑物区分所有权属于缺乏信任关系支撑的共有

除了专有权被单一解读,建筑物区分所有权中的共有权也一样脱离专有权被单一解读,表现为讨论共有权究竟属于按份共有还是共同共有问题。谢在全、王泽鉴、房绍坤均认为共有权属于按份共有[1],但王泽鉴同时也强调建筑物区分所有权的共有不同于一般按份共有,不适用推定等额共有的规则。赞同按份共有观点的齐恩平也认为,建筑物区分所有权的共有具有特殊性,属于处分权受一定限制的按份共有。[2] 也有学者认为建筑物区分所有的共有属于共同共有,孟勤国认为,区分所有人的共有权应该是共同共有。区分所有人之间存在共同使用建筑物的关系,共有部分不存在分割的可能性,共有部分的权利不能为某一区分所有权人转让、设定负担或抛弃,也不存在优先购买权,共同使用关系的内容和条件也是法定的。[3] 王利明在其早期著作《物权法论》中认为,如果不能具体将哪一部分的财产确定为他人使用,也不能按照一定的份额确定使用范围,则只能认为该财产为共同共有的财产。[4] 但其在后来出版的《物权法研究》中则认为,建筑物区分所有权的共有权的性质既不是按份共有,也不是共同共有,应当是按份共有和共同共有之外的第三种共有。[5] 崔建远也采类似的观点。[6] 总结以上不同观点,从物权体系的逻辑看,建筑物区分所有的共有不能用普通共有的思维

---

[1] 参见谢在全:《民法物权论》(修订五版),中国政法大学出版社2011年版,第238页;王泽鉴:《民法物权》(第二版),北京大学出版社2010年版,第176页。房绍坤:《建筑物区分所有权的构造》,载《法学研究》1994年第2期,第33页。
[2] 参见齐恩平:《业主区分所有之共有权论》,载《北方法学》2008年第6期,第33页。
[3] 参见孟勤国:《物权二元结构论——中国物权制度的理论重构》(第二版),人民法院出版社2004年版,第163页。
[4] 参见王利明:《物权法论》(修订本),中国政法大学出版社2003年版,第370页。
[5] 参见王利明:《物权法研究》(第四卷),中国人民大学出版社2016年版,第576页。
[6] 参见崔建远:《物权法》(第五版),中国人民大学出版社2020年版,第216页。

来区分,因为普通共有是建立在单独所有权的基础上,更重要的是,在普通共有中,无论是共同共有还是按份共有都有一定的信任关系作为支撑。在物权法的具体规则上,应该确认共有权仅为建筑物区分所有权的权能,不是独立的权利,不能归类于按份共有、共同共有的一种,而应该类比某种类型共有产生的法律效果,因为共同共有比按份共有需要更强的信任基础,所以共有权的效力更接近按份共有。

建筑物区分所有权中的共有权的特殊性还在于其可以特定共有部分为特定业主设定共有部分的专用权。共有部分专用权,是指特定区分所有人对于区分所有物共有部分或其基地的特定部分依规约取得排他的使用收益权。[1] 业主通过设定共用部分如屋顶、外墙的专用使用权,由特定的区分所有权人或特定第三人专属独占享有,以最大限度地发挥其经济效用,实现物尽其用。专用使用权主要依商品房买卖合同设定。[2] 虽然仅具有债权效果,但应当可以对抗第三人,即在于随物权变动而发生债权债务的概括让与。

(三) 相邻关系内在于建筑物区分所有权

专有权和共有权的复合性还表现在相邻关系的内在化,在绝对所有权观念下的单独所有权关系中,相邻关系是解决基于所有权属性带来的权利人之间权利冲突的核心制度。在建筑物区分所有权关系中,相邻关系已经不需要单独存在,相邻关系的理念和具体规则已经内在化于建筑物区分所有权之中。但是,如果依据专有权主导的建筑物区分所有权内涵,还是会单独指出相邻关系的问题,即使有学者认为相邻关系已经内在化于建筑物区分所有权,仍然会有一些基于单独所有权前提而错误的说法,例如齐恩平认为,相邻权为业主权

---

[1] 参见谢在全:《民法物权论》(修订五版),中国政法大学出版社2011年版,第248页。
[2] 参见齐恩平:《业主区分所有之共有权论》,载《北方法学》2008年第6期,第37页。

的构成要素之一,对调节业主之间的矛盾及利害关系,起着巨大的作用。[1] 由于其观点建立在专有权和共有权是相对独立的权利的基础上,从而将相邻权也作为独立的权利看待,业主之间是基于专有权而享有相邻权,但如果在专有部分不明的情况下,则问题很难处理。实际上在共有权关系中已经包含了相邻关系的内容,在借鉴业主之间利益冲突的时候用共有权即可,无须再使用相邻关系。

(四)公示方法与建筑物区分所有权制度的契合

现阶段以登记专有部分为内容的登记簿已经严重和建筑物区分所有权的内涵不契合,因为建筑物区分所有权和独栋别墅类的建筑物单独所有权是不同的,其是以共有为核心的权利类型。所以,在重构房地产登记簿时,除了强化专有部分登记效力外,还要明晰共有部分的登记内容,区分所有建筑物的共有部分应随相应的专有部分一并申请登记。[2] 对共有部分的登记应该从两个方面入手:其一,明确共有部分的范围,如面积、位置等,虽然说共有部分的确切范围由于受制于专有部分影响是很难确定的,但相对来说共有部分是可以依据一定标准确定的,从而可以明确建筑物区分所有权人对共有部分享有权利的范围,将抽象的客体相对具体化。其二,明确建筑物区分所有人对共有部分享有权利和承担义务的份额,规范各个建筑物区分所有权人之间的互动关系,分清彼此的权利和义务,虽然前文述及,建筑物区分所有权中的共有并不是按份共有或共同共有的一种,但在其表现出类似于按份共有的区分份额的特征,其实量化建筑物区分所有权人的权利和义务,使作为业主团体成员的建筑物区

---

[1] 参见齐恩平:《业主区分所有之相邻权研究》,载《法学杂志》2009 年第 3 期,第 58 页。
[2] 参见谭峻:《区分所有建筑物空间关系与登记簿重构的思考》,载《中国房地产》2014 年第 8 期,第 58 页。

分所有权人的个体性更加明确,明确权利是表象,更深层的意义在于明确义务,从而更好地维护业主团体的利益,进而使建筑物区分所有权的客体——建筑物能够更好的存续和使用。从这个意义上,登记等措施重要的意义不是单个业主,而是业主的整体抑或团体的利益。

物权公示的作用还在于维护交易安全,在建筑物区分所有权交易中,登记仅仅是公示的手段之一,由于建筑物区分所有权存在复杂的共同关系,所以传统上属于债的关系的一些内容也需要有交易安全方面的措施与之配套,例如对于共用部分专用权的公示,为维持法律秩序的安定,以及兼顾善意第三人财产权的保障,区分所有权的受让人如果知悉专用权的约定,或者有可得知其存在的情形,该受让人即受其拘束。[1] 业主公约(管理公约)的有限对抗第三人的做法也应该通过具体规则加以明确。对于业主将共有部分为某些特定业主设定的债权,并不因建筑物区分所有权人发生变动而变化,债的相对性在此时失去效果,因为这些表现为债权的内容属于物上之债,物上之债是瑞士民法学概念,它指向那些既有相对性,又能约束物权受让人的债,表现为债权与物权并存,债的主体与物权主体重合,在符合法律规定的条件时,物权转让同时导致债的移转。[2] 由于业主团体管理的过程必然包括公开、公示的内容,因此对于业主来说,即使没有不动产登记这种公权力背书的形式,也完全具备物权所要求的公示对抗第三人的法律效果。

三、以团体主义思维解释业主共同管理权的行使机制

《民法典》第271条在解释论上有一种言外之意,即建筑物区分所

---

[1] 参见谢在全:《民法物权论》(修订五版),中国政法大学出版社2011年版,第253页。
[2] 参见常鹏翱:《物上之债的构造、价值和借鉴》,载《环球法律评论》2016年第1期,第7页。

有权人只是对专有部分以外的共有部分享有共有和共同管理的权利,共同管理权不能指向专有部分,当然,这是建立在专有部分能够明确区分,并且特定、独立、有体的前提下。但是现实并非如此,建筑物区分所有权指向的专有部分是一个相对抽象和模糊的存在,那么共同管理权就变成被专有权所排斥的一种权利,共同管理权和专有权成为一种对立区分的权利。而从区分所有建筑物现实使用的角度看,共同管理权应该成为区分所有权建筑物能够有效存续、保证使用的基础。而共同管理权的行使机制应该基于团体主义的思维构建,只有这样才能做到有效建构。对于这一点,《民法典》物权编并没有真正明确,《民法典》第277条规定的"业主可以设立业主大会"中,"可以"一词的使用表明,现行法的逻辑是业主团体的存续并非建筑物区分所有权构建的必要内容,更不用说业主团体是否可以构成独立的民事主体了。但是,如果不能依据团体主义的思维解释业主团体的构成和共同管理权的行使机制,则建筑物区分所有权将形同虚设。

(一)共同管理权表现的是建筑物区分所有权的外部衔接机制

共同管理权与共有权是一体的,由于建筑物区分所有权中的共有权没有信任关系为基础,所以共同管理权的行使机制成为建筑物区分所有权享有的核心内容,但更重要的是与业主团体及建筑物区分所有权以外的利益衔接。当然,解决这种缺乏信任关系维系的共有相关问题有一种最简单的思路,就是强化业主个体的权利,通过单个权利人的主张实现共有权的维护。例如,德国赋予单个的住宅所有权人一项管理请求权,通过这一管理请求权的帮助,一个住宅所有权人可以积极地确保对共有物的正常物业管理。[1] 但是,业主毕竟

---

[1] 参见白江:《德国住宅楼管理制度之研究及启示》,载《中外法学》2008年第2期,第194页。

是一个人数众多的团体,单个业主的维权不能实现共同的目的,反而导致了"搭便车"行为的产生,共有制度以共有人个体为权利义务的归属主体,在人数众多的团体中,在就共有部分的内外部民事交易中,产生了交易成本过高、共有部分管理效率低下、共有人责任风险过大等各种问题。[1] 为解决这些问题,同时为了严格保护每一个区分所有权人的个人财产所有权和有效维护财产所有权基本状态的稳定性与可预见性,对于共同生活在同一个建筑物或小区中的全体区分所有权人而言,在客观上需要一个订立和修改都需他们一致同意的"业主公约"。[2] 业主公约,包括《民法典》第278条所说的议事规则和管理规约在内,其规范对象应该包括区分所有权人、承租人或其他经区分所有权人同意而为专有部分使用的人。[3] 对于生活中常见的楼道被占用、楼梯坏掉而无人修理的状况,都应该由业主公约确定解决方法。

基于共有关系的基础,业主在非自觉的情况下结为业主团体,所谓团体就是在一种利益或事业中联合起来的任何数目的人[4],一旦结为团体则团体利益和成员利益就相对独立,但其中联系的基础仍是共有,换句话说,团体的利益增大则成员的利益也增大,但并不是说团体的利益等同于成员的利益,二者还是有区别的。建筑物构筑的整体性与所有权利的局部性特征,使得不同组成单元的所有人在行使其各自所有权时相互之间极易发生冲突或出现侵犯他人所有权的情况,各区分所有部分上就产生了区分所有建筑物所有成员之间

---

[1] 参见尤佳:《业主共有权行使主体研究——一种团体主义视角下的法经济学分析进路》,载《法商研究》2013年第2期,第70页。
[2] 参见白江:《传统与发展:德国建筑物区分所有权法的现代化》,载《法学》2008年第7期,第152页。
[3] 参见谢在全:《民法物权论》(修订五版),中国政法大学出版社2011年版,第256页。
[4] 参见〔英〕霍布斯:《利维坦》,黎思复、黎廷弼译,商务印书馆1985年版,第174页。

的共同利益,同一栋建筑物的建筑物区分所有权人之间事实上构成了一个利益共同体,正是这个利益共同体的形成,使得建筑物区分所有权人必须组建一个团体,以组织的形式一起行使共同管理权并实施相关共同事务。[1]

(二)将业主团体法人化实现的功能

业主团体作为独立民事主体存在,且组织为法人形式是建筑物区分所有权发展历史的一个趋势。例如,德国联邦高等法院在 2005 年首次判决确认,住宅所有权人共同体是一个具有自我形式的法律主体,即一个通过法律形成的具有机构性的多数人组织,它能够在住宅所有权人之外单独以法律主体的身份出现在法律活动中。[2] 如果社员权是独立的权利类型,则成员权不是社员权,因为其只是建筑物区分所有权构成中表现出来的内容。业主团体独立地位不强,业主自治公约就无法起到明显作用,在区分所有建筑物中,行政管理仍然是主要调整手段,由法律规定较多的禁止性、义务性规范调整区分所有建筑物的管理必然导致效率低下。[3] 就团体主义立法而言,效率是终极价值目标。[4] 但是团体利益最大化,并不是必然以牺牲个体利益为手段的,团体利益和个体利益可以通过意思自治而实现共赢。德国的《住宅所有权和长期居住权法》规定有不良业主住宅的强制拍卖制度,即当某一住宅所有权人有过错,严重违反了他针对其他

---

[1] 参见王珉:《建筑物区分所有权中的成员权行使研究》,法律出版社 2016 年版,第 28 页。

[2] 2007 年施行的德国《住宅所有权和长期居住权法》第 10 条第 6 款,确认了住宅所有权人共同体的民事主体地位,并且确认其有诉讼主体地位。参见白江:《传统与发展:德国建筑物区分所有权法的现代化》,载《法学》2008 年第 7 期,第 147 页。

[3] 参见王珉:《建筑物区分所有权中的成员权行使研究》,法律出版社 2016 年版,第 4 页。

[4] 参见尤佳:《业主共有权行使主体研究——一种团体主义视角下的法经济学分析进路》,载《法商研究》2013 年第 2 期,第 72 页。

住宅所有权人所负的义务,导致与他进行共同体生活已无法忍受时,其他住宅所有权人可以请求其出售住宅,若他不愿意,则可以请求法院作出强制其出售住宅的判决,并依据该判决请求依照法定程序进行强制拍卖。[1]

理想的情境下,对于建筑物区分所有权来说,应当承认两种不同的权利主体:建筑物区分所有权包括了建筑物和建设用地使用权在内的共同财产的共同所有权,因而当然归属于各建筑物区分所有权人;管理财产归属于建筑物区分所有权人共同关系自身。就共同管理财产而言,这一权利并不直接归属于建筑物区分所有权人,而是作为建筑物区分所有权人团体关系的成员享有权利,建筑物所有权人共同关系作为一种团体形式,有取得与作为其成员的建筑物区分所有权人权利和义务相分离的权利和义务的能力。[2] 但是依据《民法典》第 277 条的规定,业主大会是"可以"成立的,其只是业主的议事机构,并没有形成有序的组织成为具有独立地位的团体,但是结合实践中业主大会在管理中的作用,其实际上构成业主的自治组织。[3]

成员相对于团体而存在,业主团体虽然根据建筑物区分使用而存在但相对独立。在建筑物区分所有中,共有财产并不是简单地在权利人之间按照抽象分割,而是由权利人之间与建筑物区分所有权不可避免的联系而实现。例如,业主个人和物业服务企业不存在谈判交涉的空间,物业服务企业也不会因个人需求而改变整体服务。业主团体法人化的构成中,权力机关是业主大会,执行机关是业主委员会,监督机关现在是缺位的可以选任创设,从而构成现代三权并立

---

[1] 参见白江:《传统与发展:德国建筑物区分所有权法的现代化》,载《法学》2008 年第 7 期,第 151 页。
[2] 参见王珉:《建筑物区分所有权中的成员权行使研究》,法律出版社 2016 年版,第 78 页。
[3] 参见陈华彬:《业主大会法律制度探微》,载《法学》2011 年第 3 期,第 67 页。

式的法人结构。业主委员会在现实的物业管理中占有极其重要的地位,作为业主大会的执行机关,它代表了广大业主的利益,其表示行为具有整体性、集合性,行为效果也及于全体业主,这就在很大程度上降低了物业服务企业与业主直接交涉的成本和时间,有利于维护小区物业管理的稳定性和高效性。[1] 最高人民法院在《物权法》刚颁布的时候编写的理解适用的书中认为,业主大会和业主委员会不享有诉讼主体资格。[2] 而在《建筑物区分所有权解释》起草的时候就已经认为业主团体应该具有诉讼主体资格,只不过在最后通过的版本中去掉了相关条文,但是其在司法实践中已经认可了业主团体的诉讼主体资格。[3] 虽然最高人民法院仍然认为,在我国当前的法律体制以及社会发展情形下,由于业主委员会的运作模式仍有探讨的余地,发展尚不完善,因而不宜过早承认其民事主体资格[4],但由于诉讼主体资格的赋予,一定意义上业主团体相对独立的民事主体地位已经逐渐被确认。

(三)共同管理权行使机制中的团体决议规则

物业服务区内的业主数量与股份公司股东数量相当,但股份公司一旦上市,公司股东可以很容易用脚投票,而业主却不能用脚投票来实现自己的利益。孙中山早在100年前,就在《民权初步》书中强调,重要的是如何教会中国人开会,不会开会是中国人成为国民后还

---

[1] 参见王珉:《建筑物区分所有权中的成员权行使研究》,法律出版社2016年版,第123页。
[2] 参见最高人民法院物权法研究小组编著:《〈中华人民共和国物权法〉条文理解与适用》,人民法院出版社2007年版,第268页。
[3] 参见奚晓明主编:《最高人民法院建筑物区分所有权、物业服务司法解释理解与适用》,人民法院出版社2009年版,第270页。
[4] 参见奚晓明主编:《最高人民法院建筑物区分所有权、物业服务司法解释理解与适用》,人民法院出版社2009年版,第183页。

为一盘散沙的原因。[1] 但在现实中,业主真的是一盘散沙,由于《民法典》第 277 条、第 278 条、第 279 条、第 280 条、第 281 条没有确定开会的规则,在不能形成全体一致意见的情况下,无论何种形式的多数决议都可能罔顾少数业主的意思进而损害到其利益,此时开会规则的程序上的合法性和合理性是决定决议最终效力的根据。

决议虽然被规定在《民法典》总则编第 134 条第 2 款,但其与典型的民事法律行为并不相同,主要在于缺乏共同的一致,很大程度上决议是结果,而不是意思表示形成的过程。决议是意思表示形成的过程,还是以意思表示为基础的结果,这是对决议行为理解的关键。《民法典》第 134 条第 2 款规范的关键是"依照法律或者章程规定的议事方式和表决程序作出",否则不能构成对决议所涉及团体范围内成员的拘束力,而其中被拘束的成员可能对决议的内容是反对的,并且并没有有效提出就已经因为程序上的原因而直接接受决议的结果。

决议行为是否生效取决于其是否满足法律规定或者章程规定的多数决表决规则,而不是具体单个表决权人的意思表示是否真实。决议行为作为团体法的产物,对其效力控制不能完全采取合同行为或者民事法律行为效力瑕疵的一般性规定。[2] 全体一致的表决机制和多数决的表决机制混合使用是建筑物区分所有权兼顾业主自由和团体秩序利益的必须选择的方式,由于区分所有的建筑物本身是不可分割的,所以根本性的内容应该是不能用多数决的方式进行表决的,业主公约(包括《民法典》物权编规定的管理公约)就应该表现

---

[1] 参见孙中山:《民权初步》,三民书局 1993 年版,序言。
[2] 参见王雷:《我国民法典编纂中的团体法思维》,载《当代法学》2015 年第 4 期,第 77 页。

为共同行为而不是决议行为。[1] 而基于《民法典》第 280 条规定的业主对"侵害业主合法权益"的决议享有撤销权,此撤销权应该仅能针对程序上的问题而不能存在于个别业主的利益受损。[2] 决议行为是团体主义的产物,而非个体主义方法论的结果,多数决所集合的每一个个体意思表示失去其独立性,多数决得出的团体意思凌驾于个体意思之上。[3] 决议行为是团体内部的意思表示机制,但也会受到司法审查来决定其是否违反法律强制性规定而导致其无效,除此之外并不受《民法典》规定的一般因意思表示瑕疵而导致法律行为无效和可撤销规范调整。

四、行政管制对确定建筑物区分所有权具体规则的影响

在计划经济体制下,公权力的管制使公寓楼的居住使用中没有建筑物区分所有权这样的私权,住户只能诉诸公权力的管理来享有其利益,其调整影响至今。更重要的是在现代,国家和社会逐步近似,公法和私法逐步混同,公共权力和私人权利的界限被打破,国家不再伪装成社会秩序的中立监护人。[4] 由于区分所有建筑物的现实本身和社会公共管理秩序密切相关,公法的介入表现的不是一般

---

[1] 参见陈华彬:《论区分所有建筑物的管理规约》,载《现代法学》2011 年第 4 期,第 50 页。
[2] 最高人民法院的观点是撤销权的对象既包括实体权益受侵害也包括程序权益受侵害。参见奚晓明主编:《最高人民法院建筑物区分所有权、物业服务司法解释理解与适用》,人民法院出版社 2009 年版,第 175 页;王雷:《我国民法典编纂中的团体法思维》,载《当代法学》2015 年第 4 期,第 93 页。但是笔者以为实体权益受损在团体内部应该是不可避免的,因为在团体利益和个体利益不一致的时候才会出现多数决的问题。
[3] 参见王雷:《我国民法典编纂中的团体法思维》,载《当代法学》2015 年第 4 期,第 97 页。
[4] 参见[美]昂格尔:《现代社会中的法律》,吴玉章、周汉华译,中国政法大学出版社 1994 年版,第 181 页。

性的而是有时表现为公法手段替代私权秩序,所以有必要对此作深入检讨,公权力和私权应各归其位,各司其职,限制公权力对私权的干涉并不是要取消公权力的作用。

(一)应当限制行政管制对建筑物区分所有权不当干涉

在建筑物区分所有权制度构造中,政府的行政管制几乎介入到权利构成的每一个方面,无论是对于共有物的管理还是业主的团体的组成,政府的过多参与在解决纠纷的时候效果并不好。行政管制对于建筑物区分所有权的介入是全面的,高富平认为,我国居住区区分所有基本上是政府主导的,起始于政府规划,定格于土地出让。[1] 政府规划的封闭小区导致建筑物区分所有权徒有其名,主要表现为建筑物区分所有权的例外——建筑区划区分所有。而建筑区划区分所有加剧了共有部分和专有部分界限的模糊,并且将很多本属于共同管理资源的内容加入了建筑物区分所有权中,例如小区的公共道路被占用的问题,小区的路灯永远不是很亮的问题等。建筑区划本来只是成片开发土地而导致的一种事实结果,但行政管理没有和私权的利益分配相契合,导致建筑区划只具有和行政管理一致的一面,而没有和建筑物区分所有的内涵一致。引发公有物和私有物、物业管理和社区管理、公共事务和私人事务等边界模糊,物业管理失灵,城市空间资源配置低效等诸多问题。[2] 业主大会、业主委员会还应当配合公安机关,与居民委员会相互协作,共同做好维护物业管理区域内的社会治安等相关工作。

按照前文所述,共同管理权的行使机制应该是建筑物区分所有

---

[1] 参见高富平:《我国居住物业法律制度设计的缺陷及校正——物业小区开放的目的和意义》,载《河北法学》2017年第11期,第18页。

[2] 参见高富平:《我国居住物业法律制度设计的缺陷及校正——物业小区开放的目的和意义》,载《河北法学》2017年第11期,第14页。

权的重要内容,但是《民法典》从第277条到第281条的5个条文并没有有效建立共同管理权行使的机制,而业主团体的运转程序主要由行政法规效力位阶的《物业管理条例》来规范,而依据《民法典》第116条所表述的物权法定原则,《物业管理条例》并不具有规范物权的效力。实际上,《物业管理条例》核心的内容在于强化行政管制对于建筑物区分所有权的控制,试图通过公权力运行来确认业主之间的法律秩序。物业管理区域是《物业管理条例》确定的管理的基本单位,并不一定符合建筑物区分所有权成立的要求,《物业管理条例》第9条第2款规定:"物业管理区域的划分应当考虑物业的共用设施设备、建筑物规模、社区建设等因素。"这些因素的确定虽然和建筑物区分所有权有一定的关联,但并不是以建筑物区分所有权的有效存在为目的的划分,实际上完全是为了管理的需要。

由于业主自治的共同管理权行使机制不健全,政府的管理看起来很必要,但是同时加剧了问题的严重性。对业主共有的标的的管理,行政管理的效率是相对低下的,例如,建筑物区分所有权人在购房时已经预交了维修基金,现在由政府统一保管,使用要经政府统一批准,北京市已有小区申请使用维修基金,但没有一个小区获准使用维修基金。[1] 当行政管理替代了私权自治的内容之后,则容易产生互相推诿的后果,业主觉得维修是政府的工作之后,其日常就会不把权利的行使当回事,而行政管理同样以最低限度的调整是回应本属于业主之间可以通过自治表决而成为最优结果的事实。

而我国用行政管制解决的问题在外国往往都是通过有限的司法救济来解决,例如解除业主委员会的职务等,而《民法典》只有第280条第2款规定:"业主大会或者业主委员会作出的决定侵害业主合法

---

[1] 参见全国人大常委会法制工作委员会民法室编著:《物权法(草案)参考》,中国民主法制出版社2005年版,第220页。

权益的,受侵害的业主可以请求人民法院予以撤销。"其范围过于笼统,其在实践中的证明也比较困难,而业主委员会的构成由于必须由行政管理参与,因而其组成往往缺乏全体业主的意志,也会导致业主参与度不高。对此,解决的方案应该是回归传统的私权构成,用业主自治来解决建筑物区分所有权的问题,同时其前提是应该尽量按照单一建筑物来构成建筑物区分所有权,即使是建筑区划所有,也应该尽量规划较小的建筑区划范围。

(二)公私法接轨观念下建筑物区分所有权规则逻辑

现代法律肩负"自治"与"管制"双重目标的兼顾之重任,为实现这一重任,公法与私法相互交错和融合已无法避免。[1] 功能上的公私法区分是存在的,但在立法意义上已经无区分的现实标准。苏永钦认为,现行立法已经没有公私法的界限,但是作为一种简单类型化的手段,公私法的区分仍然是有用的,通过区分公法规范和私法规范来解决法律适用的问题,但在很多场合认定某规范属于公法规范还是私法规范是个难题。让平等主体间的民事规范,主要地或附带地承担辅助管制政策,在现代立法已经是常见的现象,这类民事规范一方面实现了私法的公平正义,另一方面也借私益实现的诱因,减轻国家管制的执行负担,提高管制的效率。[2] 在建筑物区分所有权的构成上应该明确区分一般意义上以一栋建筑物为限构成的建筑物区分所有权和以建筑区划构成的建筑物区分所有权,对于建筑区划的建筑物区分所有权应该更多地结合公法规范多元治理,包括小区开放的问题都是应该从公私法接轨的角度去思考,高富平认为,小区开

---

[1] 参见黄忠:《民法如何面对公法:公、私法关系的观念更新与制度构建》,载《浙江社会科学》2017年第9期,第70页。
[2] 参见苏永钦:《民事立法者的角色》,载苏永钦:《民事立法与公私法的接轨》,北京大学出版社2005年版,第9页。

放理念的提出,本质上是要改变城市规划对物业小区的影响,重新认识和重新配置小区物业管理权和城市社区的管理权。[1] 用业主自治来解决建筑物区分所有权的问题,首先就要在行政管制上更符合建筑物区分所有的内涵,尽量回归一栋建筑物来区分所有的状态。实现业主团体的实质独立民事主体地位,是解释立法和司法实践绕不开的进路。

建筑物区分所有权的核心内容是共有关系,通过团体主义思维实现对共同管理事务的处理,在通过团体实现的业主自治中,行政管制的作用不容小视。其一,促成业主团体的法人化导向,由于我国缺乏自治的传统,在业主团体法人化的进程中必须强化行政管制的作用,但其作用并不是用管理代替自治,而是用管理促成其自治,表现为帮助其构建有效的自治机关,我国的业主大会和业主委员会的结构过于简单,不能有效地运行,可以仿照德国的三种机构的架构,分别为住宅所有权人大会、管理人和管理参议会[2],从而符合三权并立的近代法人治理结构。其二,培育职业的管理人。由于中国的建筑区划为限的建筑物区分所有权的特点,建筑物区分所有权中共同管理权的行使是很难高效率的,业主自己很难胜任事务繁杂的管理事务,职业管理人的需求成为解决问题的一条出路,管理人对于日常决策来说其专业性要求较高,不仅有建筑物的正常维护和修缮,涉及共同财产的使用和分配等,不能事事都通过业主大会来表决,当然也不能如在实践中表现的直接由物业服务企业来决策,专业的以代理人或类似于监理人身份的职业管理人成为业主委员会的常设管理机关,能够很好地解决这些问题,而在中国是没有市场自发形成这种机

---

[1] 参见高富平:《我国居住物业法律制度设计的缺陷及校正——物业小区开放的目的和意义》,载《河北法学》2017年第11期,第15页。

[2] 参见白江:《德国住宅楼管理制度之研究及启示》,载《中外法学》2008年第2期,第192页。

制的可能性的,只能是通过行政管制的强制性推进才能形成,同时这也比行政机关直接介入区分所有建筑物的日常管理更加合理和高效。其三,改变物业管理和社区管理重叠的局面。这是封闭式小区的问题,政府应当承担的环卫、绿化、社区休闲、体育设施等都由业主的共有来埋单[1],公共事务自应由公共管理来承担,业主只应维护自己共有的权利,通过业主协商和自治来实现,但属于公共管理的内容应由行政管理来实现,其明确的界限是行政法规和地方立法必须明确的内容。将较大的建筑区划范围内容的公共道路、绿地等所有权收归国家所有,并由政府管理是解决现实较大范围的建筑区分范围内管理事务界限不清问题的出路。

建筑物区分所有权制度解释也伴随着社会和技术的进步,随着交易的频繁和交易方式的变革,不动产电子登记是发展趋势,类似于房屋交易中的即时在线备案制度的措施,网签的公示效能显然更强。正如前文所见,网签信息是在当事人和房管部门的共同参与下形成的,有高度的权威性和稳定性,它还被记载于楼盘表,形成公开的交易档案,具有相当的公开性。[2] 电子在线登记是替代传统登记簿制度的可行出路,可以及时反映建筑物区分所有权变化的情况,包括业主团体的变化和共有部分使用方式和利益的变化。《不动产登记暂行条例》第9条规定了不动产登记簿应当采用电子介质,但这还是传统的登记方式,因为网络时代电子登记方式不仅仅是存储介质的问题,更重要的是利用网络的可以即时登记、即时查询等特点来展开,不动产登记制度应该适应这一变化而应对其产生的新的问题,例如信息易得就易失的问题。另外,还需要注意的是,《不动产登记暂

---

[1] 参见高富平:《我国居住物业法律制度设计的缺陷及校正——物业小区开放的目的和意义》,载《河北法学》2017年第11期,第20页。
[2] 参见常鹏翱:《存量房买卖网签的法律效力》,载《当代法学》2017年第1期,第64页。

行条例》并没有有效区分建筑物区分所有权和一般单独所有权的不同，而显然基于建筑物区分所有权的特点，其和一般所有权的登记应该是不同的。因此，即使法律规则不能及时得到修正，对于登记等规则的解释也应该结合建筑物区分所有权的内涵特点进行重新阐释。

我国法律从《民法典》到《物业管理条例》等行政法规试图构建完善的建筑物区分所有权制度，但是实际上模糊了建筑物区分所有权概念内涵，不仅不能很好地解决现实纠纷，而且还产生了民法典体系上的问题。在民法典编纂背景下，分则编的物权法规范应该重新解释建筑物区分所有权概念：其一，应原则上以一栋独立建筑物为限确定权利客体，抽象而特定的不动产是建筑物所有权客体确定的实质。其二，专有部分和共有部分的界定和区分应作一体化处理，每个权利人的权利相对其他权利人来说在整栋建筑物上并不是绝对的排他支配，共有部分依据一定的方法进行确定和公示才是明确建筑物区分所有权的外部形式，从建设工程规划文件一直到房地产登记都应该明示共有部分内容。其三，所谓专有权、共有权仅为建筑物区分所有权的权能或权利作用，并且表现为复合存在的特征。

另外，共同管理权不是建筑物区分所有权中和专有权和共有权并列的权能表现，而应该是保障建筑物区分所有权正常存续必需的外部要素，共同管理权的行使机制应该基于团体主义的思维构建。另外，由于区分所有建筑物的管理与社会公共管理秩序密切相关，强化公共管理规则与建筑物区分所有权规则衔接机制是必要的，公共管理能够在公私法接轨的情况下更好地实现建筑物区分所有权的私权功能。

第三节 《民法典》中两种"土地经营权"的体系构造

民法典编纂主要是进行体系整合,具体制度多沿袭既有的单行立法,但就"土地承包经营权"一章的规定,《民法典》物权编与《物权法》相比发生了较大变化。[1] 土地承包经营权制度的变革在《农村土地承包法》2018年修正中就已经明确,主要是基于党和国家有关承包地"三权分置"政策引导[2],家庭承包经营的"两权分离"(集体所有权—土地承包经营权)权利结构被重构为"三权分置"(集体所有权—农户承包权—经营者经营权)权利结构,修正后的《农村土地承包法》第二章新增了"土地经营权"一节,创设了土地承包经营权流转的土地经营权这一新权利类型,但在第三章又规定了另一种"土地经营权"。《物权法》和修正前的《农村土地承包法》规定了两种"土地承包经营权"(家庭承包方式承包的土地承包经营权、其他方式承包的土地承包经营权),修正后的《农村土地承包法》和《民法典》物权编将其他方式承包土地的权利名称也称作"土地经营权",《民法典》因此同时规定了两种"土地经营权":一种是家庭承包方式承包的土地承包经营权流转的土地经营权,另一种是其他方式

---

[1] 《民法典》"土地承包经营权"一章的14个条文中,有3条是完全新增的内容,有4条作了一定程度的修改,另有7条与《物权法》基本一致,修改或新增的条文占全部条文的一半,新增的3个条文和修改的1个条文用于规定"土地经营权"。

[2] 以习近平同志讲话和2014年11月中共中央办公厅、国务院办公厅印发的《关于引导农村土地经营权有序流转发展农业适度规模经营的意见》为起点,通过《关于完善农村土地所有权承包权经营权分置办法的意见》等一系列文件明确了承包地"三权分置"的政策,并根据政策内容修改《农村土地承包法》等相关立法,进而使农地权利结构发生了根本变化。

承包的土地经营权。名称相同而权利来源不同的两种土地经营权究竟有哪些异同，法学理论亟须进行细致的梳理。

对农村土地承包经营进行分别赋权的政策性规定是经济学者的解读，虽然已经被立法所采纳，但仍然缺乏从法学视角进行体系化的解读，经济学对农地权利的理解表现为一种"权利束"的观念：在家庭联产承包责任制的框架下，农村集体土地产权结构被分解为三种权利，其一是土地所有权，其二是承包权，其三是经营权。[1] 这种观点早在20世纪90年代就已经为经济学者所阐释，用以区分三方主体——集体、承包户、第三主体（公司、联营、使用户等）——之间关系的经济学产权结构的分析。[2] 早在《农村土地承包法》修正之前，许多法学者都不同意这种"三权分置"观点可以在《物权法》的制度规范中存在，认为这种观点曲解了稳定土地承包关系与土地承包经营权流转之间的关系，不符合他物权设立的基本法理，无法在法律上得以表达。[3] 但是，纯粹法律逻辑的解读与农村土地经营制度的发展过程不符合，农村土地流转的实际和政策的推动总是走在法律制度修正的前面，在农地流转的实践已经超出了现行《物权法》规范的制度框架的背景，同时相关中央文件不断强化"三权分置"政策，法学理论有必要对"三权分置"法律关系的体系逻辑加以阐释，以明确在法律解释论上的合理权利结构。在《民法典》编纂完成前，学界主要从立法论的角度讨论承包地"三权分置"政策如何"入法"和"入典"，《民法典》编纂完成后，则需要依据民法典体系解释土地经营权的权

---

[1] 参见丁关良、阮韦波：《农村集体土地产权"三权分离"论驳析》，载《山东农业大学学报》（社会科学版）2009年第4期，第1页。
[2] 参见冯玉华、张文方：《论农村土地的"三权分离"》，载《经济纵横》1992年第9期，第5页。
[3] 参见高圣平：《新型农业经营体系下农地产权结构的法律逻辑》，载《法学研究》2014年第4期，第76页。

利构造和规则适用。作为具有强烈的行政管理色彩特别法的《农村土地承包法》,立法机关制定时还没有想好土地经营权究竟应属何种性质,因此只是用规则简单重述承包地"三权分置"的政策内容。《民法典》编纂完成后,即使立法仍无明确规定,理论和实践也必须遵循体系思维,阐释出土地经营权在民法典体系中的权利定位及其适用的具体规则。

一、两种土地经营权的客体均为土地

在《民法典》颁布之前,学界关于承包地"三权分置"政策中土地经营权性质的讨论,既有"物权说"[1],也有"债权说"[2],还有学者主张"债权物权化说"[3]等其他学说,争论一时难平。2018年修正的《农村土地承包法》只是原则性地界定了土地经营权,淡化或者回避了土地经营权是债权还是物权的问题。[4] 笔者认为,《民法典》编

---

[1] 参见宋志红:《三权分置下农地流转权利体系重构研究》,载《中国法学》2018年第4期,第287页;李国强:《论农地流转中"三权分置"的法律关系》,载《法律科学(西北政法大学学报)》2015年第6期,第186页。还有学者提出土地经营权兼具用益物权与债权属性的观点,实质接近物权说,但此种表达有违物债二分的财产法体系。参见姜楠:《土地经营权的性质认定及其体系效应——以民法典编纂与〈农村土地承包法〉的修订为背景》,载《当代法学》2019年第6期,第26页。

[2] 参见单平基:《"三权分置"中土地经营权债权定性的证成》,载《法学》2018年第10期,第43—47页;高海:《论农用地"三权分置"中经营权的法律性质》,载《法学家》2016年第4期,第42页。

[3] 参见高圣平:《承包地三权分置的法律表达》,载《中国法学》2018年第4期,第276页。

[4] 参见刘振伟:《巩固和完善农村基本经营制度》,载《农村工作通讯》2019年第1期,第22页。修正的《农村土地承包法》并未明确"土地经营权"是物权还是债权,亦如修正前的《农村土地承包法》并未明确"土地承包经营权"是物权还是债权一样,即使当时民法理论普遍将土地承包经营权解释为用益物权,也只有2007年颁布的《物权法》才能确定土地承包经营权是物权,因为在此之前立法并无真正的物权概念。《民法通则》没有完成物权与债权区分的体系构建,虽然《民法通则》时代的教材都是按照用益物权来阐释土地承包经营权,但显然《民法通则》第80条缺乏用益物权必要的具体内容,学者也多是依据土地承包的相关政策来阐释补足其用益物权的内容。参见钱明星:《物权法原理》,北京大学出版社1994年版,第290页。

纂完成,确立了物权和债权区分的财产权体系,规定于《民法典》物权编的"土地经营权"宜被认定是物权,但这并不意味着诸多争议就会戛然而止。不同学说的争论恰反映了土地经营权很难简单定性,因为其表现出很多物债混淆的特征,就像《物权法》规定土地承包经营权为物权一样,具体权利内容还是表现出很多债权的特征。一般来说,某种权利应被确定为物权还是债权只需作立法政策的考量[1],在立法论上阐释土地经营权属于物权还是债权并无对错之分,但"债权说"或者"债权物权化说"在解读修正后的《农村土地承包法》时,无一例外地都认为应该赋予土地经营权以登记能力而给予类似物权保护,这显然是一种自我否定,需要物权的保护还必须是债权吗?从传统权利分类标准看,某种权利究竟是物权和债权也可以解读为其是支配权还是请求权,或者说这种权利是对物权还是对人权。因此,与其从经验事实的角度讨论土地经营权是物权还是债权,不如从权利客体的角度阐释两种土地经营权属性,明确土地经营权人究竟是支配物还是请求人为或不为一定行为。

(一)两种土地经营权的客体均为土地

《民法典》编纂之前的农地流转实践中,家庭承包方式承包的土地承包经营权无论是出租还是入股,最初都是通过负担债权的形式来利用承包地[2],承包地"三权分置"的政策试点之前,承包地的租赁权是典型的债权,但其权利行使不是指向债务人的履行行为,而是权利人对承包地的直接利用。但与物权不同,承包地的租赁权并不具有对世效力,也不能主张物权请求权来保护,涉及第三人妨害承租

---

[1] 参见[日]铃木禄弥:《物权法讲义》,创文社1994年版,第344页。
[2] 参见孙宪忠:《推进农地三权分置经营模式的立法研究》,载《中国社会科学》2016年第7期,第154—155页。需要说明的是,"流转"本不是标准法律用语,指商品或货币的流通和周转。"流转"土地承包领域表达的内容既包含变动物权也包括负担债权。

人利用承包地,承租人只能按第三人侵害债权来主张保护。承包地"三权分置"政策分置出土地经营权的宗旨就是为耕作者提供稳定的土地使用和投资预期[1],权利属性的定位也应该服务于这一宗旨,所以"债权说"亦主张赋予土地经营权登记能力而获得对抗效力[2],表现为"债权的物权化"。物权化的土地租赁权仍被认为属于债权的主要原因是租赁权规定在合同编"租赁合同"一章,但出租亦可通过法定化而成为设定物权的方式,既然土地经营权已经规定于物权编且必须具有某些物权的效力,就没有必要继续走"债权物权化"的解释路径。反之,则按主张"债权物权化说"的学者评述民法典草案时所述,如将土地经营权界定为债权,《民法典》第342条即应删除,因为第十一章的章名为"土地承包经营权",而"通过招标、拍卖、公开协商等方式承包农村土地"已经不产生土地承包经营权这种物权了,也就脱逸出《民法典》第十一章的调整范畴。[3] 因此,《民法典》第342条的存在恰恰反证了土地经营权应该还是物权。另外,即使是主张"债权物权化说"的学者,也在论述土地经营权的客体时认为权利客体是承包农户承包经营的农村土地。[4] 也就是说,无论土地经营权是否是物权,土地承包经营权出租设定的权利都是以土地为客体的。[5] 这与传统权利客体的理论不一致。

---

[1] 参见刘守英、高圣平、王瑞民:《农地三权分置下的土地权利体系重构》,载《北京大学学报》(哲学社会科学版)2017年第5期,第114页。

[2] 主张"债权说"的学者认为,应该借助于登记所具有的公示公信力使原来仅具有相对性的经营权具有对世性,实际上是按照物权的效力来解释土地经营权,形成自我矛盾的逻辑。参见单平基:《"三权分置"中土地经营权债权定性的证成》,载《法学》2018年第10期,第51页。

[3] 参见高圣平:《土地经营权制度与民法典物权编编纂——评〈民法典物权编(草案二次审议稿)〉》,载《现代法学》2019年第5期,第48页。

[4] 参见高圣平:《论农村土地权利结构的重构——以〈农村土地承包法〉的修改为中心》,载《法学》2018年第2期,第21页。

[5] 参见崔建远:《物权:规范与学说——以中国物权法的解释论为中心》,清华大学出版社2011年版,第43页。

当然,"债权说"和"债权物权化说"也有合理的一面:土地经营权及作为其设立基础的土地承包经营权都是依据合同设立,受身份关系的限制较多,如《农村土地承包法》第46条规定的土地经营权再流转"承包方书面同意的限制",而且土地经营权无须登记即可取得与《民法典》物权编第208条规定的物权公示原则的要求也不一致。但是,这些内容都只能说明土地经营权作为物权的特殊性,身份关系的限制在于保护农民的利益,并不同于租赁合同的对人性。至于土地经营权的登记对抗,这是延续土地承包经营权的登记对抗效力而来,符合农村土地承包领域的交易习惯,不能依据《民法典》物权编整体上的形式主义的物权变动模式来解释,而应该作为物权编特例按照债权意思主义的物权变动模式的理论来解释,土地承包经营权和土地经营权也因此都表现出一些债权的特点。

关于其他方式承包的土地经营权的性质,有学者认为,土地承包经营权被重新界定为限于家庭承包方式取得的用益物权,而其他方式承包的土地经营权就被重构为债权,无须《民法典》作出规定,直接适用《农村土地承包法》即可。[1] 以其他方式承包的土地经营权是从土地承包经营权改名而来,之所以去掉"承包"二字,是为了明确其内容并不包含集体成员的身份属性,这种土地经营权原来就是物权,修正后的《农村土地承包法》也没有弱化其权利效力。[2] 在没有作任何体系和具体规则改变的情况下,仅因为"土地承包经营权"到"土地经营权"用语的变化就认为其权利属性发生改变没有道理。总而言之,土地承包经营权流转的土地经营权是限制土地承包经营权而产生的权利,其他方式的土地经营权是限制集体所有权而产生的

---

[1] 参见高圣平:《农地三权分置改革与民法典物权编编纂——兼评〈民法典各分编(草案)〉物权编》,载《华东政法大学学报》2019年第2期,第21页。

[2] 参见房绍坤、林广会:《土地经营权的权利属性探析——兼评新修订〈农村土地承包法〉的相关规定》,载《中州学刊》2019年第3期,第53页。

权利,从用益物权的设立规则看,其所依据的权利来源是不同的,但都是直接作用于土地的权利。

主张"物权说"的学者对土地经营权客体的认识也不一致。有学者认为土地经营权的客体是土地承包经营权而不是土地,理由是《物权法》承认在土地承包经营权、建设用地使用权、宅基地使用权等权利上可以设定地役权,就是认定特定权利可以作为用益物权客体,设定土地经营权是权利人对土地承包经营权的处分而不是对客体物的处分。[1] 此种说法难以在逻辑上自洽,循此逻辑则土地承包经营权的客体也不是土地而是集体所有权,只有所有权的客体才可能是物,其他物权的客体都只能是权利。而且其他方式承包的土地经营权是在集体土地所有权的基础上设定的,难道其客体也是权利?这些问题都是上述观点不能解释的。民法理论一般认为,在我国用益物权的客体以不动产为限,在动产和权利上不能设立用益物权。[2] 而且根据《民法典》第115条的规定,权利作为物权客体只能是依据特别规定,《民法典》和其他法律都没有特别规定权利可以作为用益物权的客体,而且两种土地经营权虽然设定的基础权利不同,但客体应该都是一致的。而且依据《民法典》第340条的规定,土地承包经营权流转的土地经营权人可以自主开展农业生产经营获得并取得收益,土地经营权的支配内容为承包地,以实现承包地的用益为目的,所以其客体应为承包地而不是土地承包经营权。[3]

(二) 多重权利结构下土地经营权支配客体的表现

传统用益物权的设立是"所有权—用益物权",仅解决民事主体

---

[1] 参见蔡立东:《土地承包权、土地经营权的性质阐释》,载《交大法学》2018年第4期,第25—26页。
[2] 参见房绍坤:《用益物权基本问题研究》,北京大学出版社2006年版,第169页。
[3] 参见房绍坤、林广会:《土地经营权的权利属性探析——兼评新修订〈农村土地承包法〉的相关规定》,载《中州学刊》2019年第3期,第52页。

无所有权而利用他人财产的有限需求,随着对物利用的多样化、多层次的需要,在用益物权的基础上再次设定用益物的需求日益增多,物权制度也从以所有权为中心转为以用益物权等利用权为中心,进而出现了多重权利结构的用益物权制度。

多重权利结构不等于多层权利客体,在传统民法理论中,用益物权是单层结构的,有观点循此逻辑将用益物权理解为是以用益物权为客体的所有权,进而再次套用在所有权的基础上设定用益物权的逻辑,以用益物权为客体设定次级用益物权。[1] 这种"多层权利客体"的观点试图将土地承包经营权流转的土地经营权纳入传统用益物权体系进行简单解释,其出发点值得肯定,但并不符合物权体系构造的现实,实际上多重权利结构并不是纯粹的新生事物,在封建时代的土地权利结构中就存在,但无论设置多少重权利,所有的权利均支配土地而不是支配权利。以用益物权是一种限制物权的思路来考虑,土地所有权是全面支配土地的权利,用益物权是限制土地所有权而支配土地的使用价值的权利,次级的用益物权则是限制用益物权而支配土地的使用价值的权利,每一层权利支配的都是土地,但支配的内容有区别,限制物权要小于或等于被限制物权支配的范围,但并不是支配被限制的物权本身。认为土地承包经营权流转的土地经营权的客体是权利的观点还受到"债权说"质疑,认为多层权利客体理论违反"一物一权原则"[2],用益物权是通过法定的间接的方式取得对土地的实际占有、使用和收益[3],这无异于债权对人主张的表

---

[1] 参见蔡立东:《土地承包权、土地经营权的性质阐释》,载《交大法学》2018年第4期,第24页。
[2] 参见高海:《论农用地"三权分置"中经营权的法律性质》,载《法学家》2016年第4期,第45页。
[3] 参见蔡立东、姜楠:《承包权与经营权分置的法构造》,载《法学研究》2015年第3期,第44页。

述,而且也表现为基于"一物"产生的内容相同、效力相同的权利。而实际上,土地经营权客体也是土地,支配的内容依据限制物权的理论而确定,即使在土地承包经营权的基础上设立了土地经营权,土地承包经营权仅仅是权利受限而已,其权能亦如设立了土地承包经营权的集体所有权一样。

主张多层权利客体观点的学者认为其理论依据是德国法上地上权和次级地上权的关系,次级地上权是以地上权为客体设立的下级用益物权[1],但仔细考查德国学者鲍尔等著述中的表达,"从土地所有权人的角度看,地上权为其土地上所负担的一项限制物权,但该限制物权的自身,在法律上又如同土地之对待……并受到土地所有权般的保护"[2],可以看出,土地和土地所有权是被等同使用的,如果地上权的客体是土地而不是土地所有权,那么次级地上权的客体也应该是土地而不是地上权。因此,土地经营权的客体是权利观点的比较法依据只是一种误读而已。在家庭承包方式承包土地中,土地承包经营权和土地经营权均以该宗土地为客体,二者客体为同一物[3],但并不是两个权利人同时对该宗土地进行占有和使用,而是当设立土地经营权后,只有土地经营权人可以行使对土地占有和使用的权能,土地承包经营权人虽然也有这些权能但被限制而不能发挥作用。如果土地经营权到期消灭,则土地承包经营权自动回复圆满支配状态,在此之前只是权能受到限制而已。

---

[1] 参见高飞:《土地承包权与土地经营权分设的法律反思及立法回应——兼评〈农村土地承包法修正案(草案)〉》,载《法商研究》2018年第3期,第11页;蔡立东:《土地承包权、土地经营权的性质阐释》,载《交大法学》2018年第4期,第25页。
[2] 〔德〕鲍尔/施蒂尔纳:《德国物权法》(上册),张双根译,法律出版社2004年版,第648页。
[3] 参见崔建远:《物权:规范与学说——以中国物权法的解释论为中心》,清华大学出版社2011年版,第43页。

二、两种土地经营权通过设立物权的方式发生

《民法典》第 339 条规定土地承包经营权人依法通过出租、入股或其他方式流转土地经营权，该条是对《农村土地承包法》第 36 条的重述，但删除了"向发包方备案"的管理性规定，另外，《农村土地承包法》第 38 条等还具体规定了限制性的原则等条件。《民法典》并未规定其他方式承包的土地经营权的设立方式，第 342 条规定的其他方式承包土地"可以依法采取出租、入股、抵押或者其他方式流转土地经营权"，是再流转土地经营权的方式而不是设立土地经营权的方式，只有《农村土地承包法》第 49 条有相关规定。因此，明确土地经营权的设立方式应从《民法典》与《农村土地承包法》相关规定的衔接入手。

（一）土地承包经营权流转的土地经营权的设立方式

1. 出租设立土地经营权

《民法典》第 339 条规定土地承包经营权流转的土地经营权设立方式为出租、入股或其他方式，这与《农村土地承包法》第 36 条规定不完全一致[第 36 条的表述为"出租（转包）"]。修正前的《农村土地承包法》区分了出租和转包两种形式，但并未具体明确两种形式的内容，只有《农村土地承包经营权流转管理办法》第 35 条具体表述了出租和转包的定义，虽然"出租"和"转包"用语差别较大，但仔细比较其定义，其差别主要在于转包的对象限于同一集体经济组织的其他农户，而出租则不限于同一集体经济组织农户，既可以是同一集体经济组织内也可以是集体经济组织外的任何市场主体。有学者将出租的主体解释为除"本集体经济组织的其他农户"以外的主体[1]，意

---

[1] 参见高圣平、王天雁、吴昭军：《〈中华人民共和国农村土地承包法〉条文理解与适用》，人民法院出版社 2019 年版，第 211 页。

在将出租和转包明确界分，但实际上农户仅是民事主体的特殊类型而已，出租给同一集体的农户也并非不可以，事实上肯定会出现转包和出租适用范围的重叠。实际上，转包和出租只是经验表述习惯的不同，二者没有本质上的不同，而从名称（债权性质的土地承包经营权或者承包地租赁权）、期限长短等来区别，虽有事实上的基础却没有法律上的意义，出租实际上可以包含转包这种特殊情形。至于《物权法》第128条仅规定了转包而没有出租，是由于将出租认为是纯粹的负担债权的方式而不应由物权法规定的原因。从《民法典》物权编的表述看，仅有出租而没有像《农村土地承包法》那样规定"出租（转包）"，意在《农村土地承包法》认为出租吸收转包的基础上，明确民法意义上只有出租。

土地承包经营权流转的土地经营权的主要设立方式是出租，如果定性土地经营权为债权[1]，则出租还要受到《民法典》合同编有关租赁合同规定的限制。土地经营权是用益物权，出租也并不是《民法典》合同编规定的"租赁合同"，土地经营权与土地承包经营权一样，在立法上经历了一个将债权法定化为物权的过程[2]，且其保留了很多物债混淆的特征，在法律适用上就会产生一些纠结，但一旦确定被法定化为物权，则即使出租设立土地经营权也不应受《民法典》第705条租赁期限不得超过20年的限制[3]，虽然《民法典》物权编并未规定土地经营权的最长期限，第340条只说"在合同约定的期限内"，但是由于土地承包经营权一般期限是30年，而土地经营权流转

---

[1] 其实名称的使用就已经证明"土地经营权"不是债权，如果是债权只需用"承包地租赁权"命名即可。

[2] 关于这一点可参照日本民法将地上权中属于物权属性的长期期限、稳定性与自由让与性有限度地赋予了土地租赁权的历史。参见谢潇：《日本借地权法要义》，中国社会科学出版社2018年版，第42页。

[3] 参见宋志红：《三权分置下农地流转权利体系重构研究》，载《中国法学》2018年第4期，第284页。

合同约定的期限不能超过土地承包经营权剩余的期限,即使依据承包关系"长久不变"的政策再次延包 30 年,设定土地经营权也只能是 30 年以内,所以土地经营权不受《民法典》第 705 条的限制,也不会有太长期限的土地经营权存在。

2. 入股设立土地经营权

入股是将财产权利作为出资转让给公司、农民专业合作社等市场主体。土地承包经营权人通过为公司或农民专业合作社设定土地经营权的方式入股[1],这有别于传统入股公司的转让权利方式。《农村土地承包法》修正之前的土地承包经营权入股却并非如此,《农村土地承包经营权流转管理办法》第 35 条规定:"入股是指实行家庭承包方式的承包方之间为发展农业经济,将土地承包经营权作为股权,自愿联合从事农业合作生产经营;其他承包方式的承包方将土地承包经营权量化为股权,入股组成股份公司或者合作社等,从事农业生产经营。"虽然从表述上看,土地承包经营权可以入股股份公司,但因为依据《公司法》入股公司的条件,以物权入股的需要发生物权变动,如果以土地承包经营权入股就需要转让土地承包经营权给公司,这与土地承包经营权的身份属性不符,且与土地承包经营权限制转让的规则也不一致,因此现实中并不存在以家庭承包方式的土地承包经营权入股公司。土地承包经营权的入股主要表现为入股合作社,虽然 2006 年颁布的《农民专业合作社法》在修正之前并无土地承包经营权入股的具体规定,但现实中合作社成员以土地承包经营权入股合作社,实际上仅为合作社提供承包地使用,土地承包经营权并没有成为合作社的法人财产,此种入股合作社实际上是一种负担

---

[1] 有学者认为入股公司和入股合作社还存在诸多差别。参见房绍坤、张旭昕:《"三权分置"下农地权利入股公司的路径与规则》,载《湖南大学学报》(社会科学版)2019 年第 6 期,第 126 页。

债权入股的方式,因为合作社并未取得其物权,这就导致现实中出现合作社对外负债时,土地承包经营权并不是可以用来清偿的财产的问题。2017年修正的《农民专业合作社法》第13条首次明确农民专业合作社成员可以用土地经营权等可以用货币估价并可以依法转让的非货币财产作价出资,实现了从负担债权式入股到变动物权式入股的转变,《民法典》规定的"入股"亦应作同一解释。

3. 其他方式流转设立土地经营权

《民法典》第339条规定的其他方式流转设立土地经营权可以明确的一种是代耕。代耕是农民自发产生的一种行为,表现为不改变承包关系,农户将承包地委托给第三人(代耕方)暂时经营的行为。代耕通常不收取费用,因此很难认定是一种交易行为。《农村土地承包法》第40条第2款规定代耕不超过一年的,可以不签订书面合同。如果超过一年的代耕而没有签订土地流转合同,应该认为只是一年期限的代耕,而超过一年且签订了书面合同的代耕,和出租设立的土地经营权没有本质的区别,代耕并不导致土地承包经营权人的变化,也是流转土地经营权的一种方式。[1] 5年以上的代耕也可以通过登记对抗第三人,具有更强的对世效力。其他方式流转还有哪些具体类型有赖于农地交易的实践来拓展,有学者提到承包地的赠与也是流转方式之一[2],但笔者认为赠与并不是一种独立的方式,赠与是一种典型的无偿负担债权的合同,通常赠与是转让权利,本身并不会设立新的权利,但结合《农村土地承包法》的规定,通过赠与方式应该也可以设立土地经营权,这是因为《农村土地承包法》限定土地承包经营权的转让为本集体经济组织农户之间,如果符合土地承包

---

[1] 参见高圣平、王天雁、吴昭军:《〈中华人民共和国农村土地承包法〉条文理解与适用》,人民法院出版社2019年版,第217页。
[2] 参见丁关良:《土地承包经营权基本问题研究》,浙江大学出版社2007年版,第204页。

经营权转让条件的情况下赠与应解释为转让的特殊情况,否则赠与应认为相当于无偿的出租,从而可以为受赠人设立土地经营权。

(二) 其他方式承包的土地经营权的设立方式

与土地承包经营权流转的土地经营权是次级用益物权不同,其他方式承包的土地经营权是限制土地所有权的初级用益物权,本来在《物权法》中也叫作"土地承包经营权",但承包地"三权分置"政策的思维是以"承包权"强调集体成员的身份利益。因此不具有农户和集体成员身份依据的用益物权另取名为"土地经营权",不过这又和土地承包经营权流转的土地经营权重名了。土地承包经营权与其流转而产生土地经营权从内涵上看没有差别,只是土地承包经营权用"承包"来表达农村集体经济组织成员具有取得土地承包经营权的资格权。[1] 在《农村土地承包法》修正之前,家庭承包方式承包的土地承包经营权和其他承包方式设立的权利名称虽然相同,但实质上存在两方面的主要区别:一是不以集体成员身份为承包的条件,承包主体不限于农户;二是客体不是一般的承包地,而是"不宜采取家庭承包方式的荒山、荒沟、荒丘、荒滩等农村土地"。

其他方式承包的土地经营权在《民法典》中只有第 342 条一个条文的规定,并没有规定其设立方式,《民法典》第 342 条规定"通过招标、拍卖、公开协商等方式承包农村土地"的表述并不是明确土地经营权有三种设立方式,因为招标、拍卖、公开协商都只是特殊的缔约方式而已,所谓"其他方式的承包"在设立土地经营权方面也可以表述为只是依据承包合同的"承包"方式。其他方式承包的土地经营权,虽然依据"承包"方式设立,此种"承包"已经不同于家庭承包方式的"承包",此种"承包"没有集体成员身份的要求,而家庭承包方

---

[1] 参见高飞:《土地承包权与土地经营权分设的法律反思及立法回应——兼评〈农村土地承包法修正案(草案)〉》,载《法商研究》2018 年第 3 期,第 12 页。

式必须具有集体成员身份并以农户为承包主体才能承包,但其名称不能包含"承包"就是要表明此种权利不是依据集体成员身份而取得。

(三)土地经营权公示的效力

关于土地承包经营权流转的土地经营权公示的效力,《民法典》第341条的规定主要是重述了《农村土地承包法》第41条,但表达略有歧义,须作整体解释。《农村土地承包法》第41条只规定了流转期限5年以上的土地经营权的登记对抗效力,而《民法典》第341条则一开始规定流转期限5年以上的土地经营权自合同生效时设立,这本是明确意思主义模式下的合意发生物权变动的问题,但产生的歧义是不满5年的土地经营权就不是合意设立吗?显然,不满5年的土地经营权也应该是合意设立,但不能发生登记对抗效力而已。对于《民法典》第341条的另一种解释则是,不满5年的土地经营权是债权不是物权,甚至有学者提出以登记为标准确定土地经营权是否是用益物权,不进行登记就依据合同保持其债权属性。[1] 对此,有学者认为,不宜用土地经营权是否登记来区分是物权还是债权[2],笔者也认为以能否登记来区分物权和债权是用错了标准。类比采取债权意思主义物权变动模式的日本法,即使没有登记也是可以明确区分物权和债权的,登记只是决定不动产物权的对抗效力,与日本法上的未登记不动产物权类似,家庭承包方式流转的土地经营权流转期限不足5年的,不能登记并不是说此时土地经营权就是债权,与5年以上的土地经营权未经登记一样,只是不能对抗善意第

---

[1] 参见房绍坤、林广会:《土地经营权的权利属性探析——兼评新修订〈农村土地承包法〉的相关规定》,载《中州学刊》2019年第3期,第53页。

[2] 参见高圣平:《农地三权分置改革与民法典物权编纂——兼评〈民法典各分编(草案)〉物权编》,载《华东政法大学学报》2019年第2期,第18页。

三人而已，其仍然是对物支配的权利，可以主张物权请求权来保护，而不是只能对人主张权利。反之，如果在同一制度框架下规定可能有两种属性的土地经营权，则会出现法律适用上的混乱，民法学基本理论上也不存在既属物权又属债权的民事权利。[1]

另外，关于其他方式承包的土地经营权的规定有限，有学者认为，其他方式承包的土地经营权应根据具体情形确定准用规则，如发包方的权利和义务、承包的原则和程序、承包合同，可准用关于土地承包经营权的规定，而土地经营权的权利内容、登记、限制，可准用关于土地承包经营权流转的土地经营权的规定。[2] 此种观点基本值得赞同。其他方式承包的土地经营权设立不需要登记，仅签订承包合同即可发生物权效力，但依据《民法典》第 342 条规定"经依法登记取得权属证书"的流转前置条件，应解释为再流转土地经营权则变为登记生效要件。

三、两种土地经营权再流转的条件

《民法典》并没有规定土地承包经营权流转的土地经营权再流转的条件，只在其第 342 条规定了其他方式承包的土地经营权再流转的限制条件，但是作为特别法的《农村土地承包法》明确规定了土地经营权再流转的条件，而再流转的限制条件会影响到物权变动的效果。另外，由于"流转"概念既包括变动物权也包括负担债权，所以需要明确再流转的各种方式究竟是发生物权变动还是负担债权。

（一）土地承包经营权流转的土地经营权再流转的限制

《民法典》没有规定土地承包经营权流转的土地经营权的一个原

---

[1] 参见高圣平：《农村土地承包法修改后的承包地法权配置》，载《法学研究》2019 年第 5 期，第 56 页。

[2] 参见高圣平：《农村土地承包法修改后的承包地法权配置》，载《法学研究》2019 年第 5 期，第 57 页。

因是,作为用益物权的土地经营权的流转主要是通过变动物权的方式,主要表现为转让和设定担保物权[1],而法律一般对权利人均不作特别限制。但是因为土地经营权和家庭承包密切相关,为了保护承包方的利益,《农村土地承包法》第 46 条规定了土地经营权再流转需要经承包方同意,并向本集体经济组织备案。该条规定了两个条件,其中备案的目的是以备查询,备案与否并不对再流转的物权效力造成影响。[2] 重点的条件是"承包方同意"。如果界定土地经营权是债权,则可以解释该条等同于《民法典》第 555 条债权债务概括转让条件,债权人可以自由决定是否同意。但比照修正前《农村土地承包法》第 37 条规定的"转让土地承包经营权需经发包方同意"来看,所谓"同意"并不是一个权利人可以自由决定的内容,《农村土地承包解释》第 13 条但书就表明"发包方无法定理由不同意或者拖延表态的除外",也就是说不同意必须基于法定理由才行,并不是债权人通常可以自由行使权利,而是为了保护承包人利益的一种特别限制。当然,上述司法解释还是将没有发包方同意认定为合同无效的情形,表现出把土地承包经营权当成债权来看待的思维,在土地承包领域包括土地经营权作为物权也表现出比较强的对人性,相关规则都类似于债权的规定。[3] 还有学者认为,土地承包经营权流转的"发包方同意"可以理解为土地承包经营权变动的公示途径,因为整个物权法体系都应该采纳了公示要件主义,而土地承包经营权对通常公示方法登记的效力是对抗主义,所以是通过"发包方同意"来代

---

[1] 这里我们主要探讨一下转让的情形,至于作为再流转方式之一的设定担保物权将在后文专门探讨。
[2] 参见高圣平、王天雁、吴昭军:《〈中华人民共和国农村土地承包法〉条文理解与适用》,人民法院出版社 2019 年版,第 302 页。
[3] 参见于飞:《从农村土地承包法到民法典物权编:"三权分置"法律表达的完善》,载《法学杂志》2020 年第 2 期,第 74 页。

替不动产登记的公示作用。[1] 此种把物权制度按照同一逻辑来解释的思路符合美学要求,但并不符合我国物权制度的实际状况。无论《物权法》还是《民法典》物权编都没有真正在体系上贯彻公示要件主义的思维,而是在根植于现实交易习惯的基础上,采取了公示对抗要件主义的相关规则。因此,虽然将土地承包经营权规定为一种物权,但基本上按照合同债权发生的方式设定,从物权变动模式的归类上属于债权意思主义模式,承包合同签订即设立土地承包经营权,进而导致其流转的土地经营权也是按照债权意思主义的模式来规范的,"发包方同意"会影响物权效力发生但并非替代登记的公示方法。

(二)其他方式承包的土地经营权的再流转

《民法典》第342条规定列举了其他方式承包的土地经营权再流转的方式,包括出租、入股、抵押等,列举的流转方式中并不包括转让,《农村土地承包法》第53条亦作同样的规定。有学者认为,现实中土地经营权转让在解释上仍应存在。[2] 因为作为一种市场化程度较高的用益物权,以直接转让物权的方式流转应是当然的方式,更何况此种土地经营权还可以抵押,在实现抵押权的时候拍卖、变卖的应该是土地经营权,受让人基于实现抵押权取得土地经营权也构成一种转让。所以,没有规定转让并不能认为不允许转让,反而是此处的"出租"是设定物权还是流转债权颇有疑问。一般来说,因为此种土地经营权已经可以自由转让,法律没有必要规定通过"出租"再次设定物权性的土地经营权,而负担债权的"出租"不应由物权编规

---

[1] 参见蔡立东、姜楠:《论土地承包经营权转让中的发包方同意》,载《吉林大学社会科学学报》2014年第4期,第20页。
[2] 参见高圣平、王天雁、吴昭军:《〈中华人民共和国农村土地承包法〉条文理解与适用》,人民法院出版社2019年版,第348页。

定,只需适用合同编关于"租赁合同"的规定即可,但既然《民法典》第342条已经规定了出租,则应认为其他方式承包的土地经营权还可以通过出租再设定次级土地经营权方。

《民法典》第342条规定的其他方式承包的土地经营权再流转的限制条件是"经依法登记取得权属证书",从而将此种没有身份属性的土地经营权的流转适用公示生效要件。根据《农村土地承包法》第49条规定,其他方式承包的土地经营权在设立时也采取债权意思主义的模式,即承包合同签订即设立土地经营权,但该法第53条和《民法典》第342条一致,从而将进入再流转市场的其他方式承包的土地经营权的公示效力规定为登记生效要件,虽然土地经营权人自己取得土地经营权无须登记,但再次流转不登记则不发生物权变动的效果,这与《民法典》物权编第208条原则性规定的公示生效要件主义一致,进而将出租等再流转方式纳入不动产物权设立的逻辑中,如果出租进行登记则成立设立次级土地经营权,否则构成一般意义上负担债权方式的流转,即负担土地经营权的租赁权。同样,入股、抵押或其他方式如果不登记则不发生物权变动,而只是负担债权。

四、以土地经营权为基础设定担保物权的规则

设定担保物权是土地经营权再流转方式之一,《民法典》只是在第342条列举了其他方式承包的土地经营权可以抵押,《农村土地承包法》第47条规定了在土地承包经营权流转的土地经营权基础上设定融资担保物权的内容,而所谓土地经营权融资担保物权属于哪种典型担保却没有明确。原因是《农村土地承包法》规定的土地经营权融资担保事实上是在抵押和质押之上来表达担保物权的概念,其目

的仍然是避免性质之争影响立法进程。[1] 因此,有必要在《民法典》的背景下对以土地经营权为基础设定担保物权的规则进行体系阐释。

(一)土地经营权融资担保物权应在体系上定位为抵押权

在《民法典》体系中,土地经营权融资担保物权可以循两条路径解释:其一,土地经营权融资担保物权属于抵押权。虽然《民法典》第395条并没有列举土地经营权是可以抵押的财产,但可以把土地经营权认为是第395条第1款第(七)项规定的"法律、行政法规未禁止抵押的其他财产",同时根据第399条第1款第(二)项但书规定,虽然集体土地的使用权不能抵押但法律另有规定的除外,这里所说的"另有规定"既可以包括《民法典》第342条规定的其他方式承包的土地经营权的抵押,也可以包括家庭承包方式流转的土地经营权的融资担保。[2] 其二,土地经营权融资担保物权属于权利质权。如果确定土地经营权是债权,则可以推导出土地经营权融资担保物权属于权利质权[3],但《民法典》第440条并没有列举土地经营权,只能依据第440条第1款第(七)项规定的"法律、行政法规规定可以出质的其他财产权利",将《农村土地承包法》第47条解释为土地经营权依据法律规定可以出质。看似两条路径都行得通,但比较而言只有以抵押权来解释土地经营权融资担保才合理。最基本的理由在于区分抵押权和权利质权应以担保物权设定后担保人是否丧失担保物的

---

[1] 参见刘振伟:《巩固和完善农村基本经营制度》,载《农村工作通讯》2019年第1期,第23页。

[2] 《民法典》第395条没有列举土地经营权可以抵押,同时第399条仍然规定集体土地使用权不能抵押。而现实中,集体经营性建设用地可以抵押、其他方式承包的土地经营权可以抵押都已经是明文规定的了。所以这两条的规定显然缺乏体系上的考虑,只是把《物权法》的规范简单照搬过来而已。

[3] 参见于飞:《从农村土地承包法到民法典物权编:"三权分置"法律表达的完善》,载《法学杂志》2020年第2期,第75页。

利用权为实质标准。[1] 即使是持土地经营权是债权观点的学者,也有认为土地经营权融资担保应该认定为抵押,除了认为土地经营权融资担保物权设定后担保人并不丧失利用权外,还认为试点实践也一直是按照抵押来运作的。[2]

对于作为抵押权一种的土地经营权融资担保物权的客体是土地还是权利也颇有争议。笔者认为土地经营权融资担保物权的客体是土地,理由在于:其一,抵押权的客体一般都是物而不是权利。《民法典》第395条规定可以抵押的财产是从两个角度来列举的,有的是从物的角度,如第(一)项、第(四)项、第(五)项、第(六)项;有的是从物上权利的角度,如第(二)项、第(三)项。表面上看起来抵押权的客体既可以是物也可以是权利,但如果从抵押权的实现来看,交易的都是权利,从物的角度列举的3项财产设定的抵押权,在实现的时候交易的是所有权;从权利的角度列举的4项财产设定的抵押权,在实现抵押权的时候交易的是用益物权。循此逻辑,似乎可以推导出抵押权的客体都应该是权利,但不管交易所有权还是用益物权,其实都反映了支配物的交换价值的属性,实际上作为物权客体的都是物而不是权利,这明显有别于债权、知识产权等不以有体物为支配对象的权利质权。其二,将土地经营权融资担保物权的客体解释为权利存在逻辑上的问题,因为如果认为土地经营权融资担保物权的客体是土地承包经营权,在实现担保物权时不能以土地承包经营权变价,而仅能为受流转方派生出土地经营权,承包户仍然保有土地承包经营权,最终得出担保物权的实现方式由变价转向强制管理之下的收益

---

[1] 参见高圣平:《论农村土地权利结构的重构——以〈农村土地承包法〉的修改为中心》,载《法学》2018年第2期,第24页。
[2] 参见高圣平:《农地三权分置改革与民法典物权编编纂——兼评〈民法典各分编(草案)〉物权编》,载《华东政法大学学报》2019年第2期,第23页。

执行[1],这显然逻辑不通。而如果认为土地经营权融资担保物权的客体是土地经营权,面临的问题就是在担保之时并没有设立土地经营权的程序,换句话说,此时并没有土地经营权而只有土地承包经营权[2],这就需要农户自己给自己设定土地经营权,而这又违反了用益物权设定是为使用他人之物的逻辑。[3] 还有观点认为,此时农户同时享有土地承包权和土地经营权,设定抵押是仅以土地经营权设定担保[4],此种解释直接将土地承包经营权简单解读为两权相加,与法律规定不一致,作为土地承包经营权人的农户本来就可以利用自己的土地,没有必要设定利用土地的土地经营权。所以,只有将土地经营权融资担保物权的客体界定为土地才是准确的。

如果确认土地经营权融资担保物权的客体是承包地,则进一步阐释为土地承包经营权人以承包地为金融机构设定抵押权,实现的时候拍卖、变卖土地的过程实际上是为受让人设定土地经营权的过程,而且这也同时解决了《农村土地承包法》第38条规定的土地经营权流转的条件限制问题,在拍卖的场合可以很好地保障本集体经济组织成员的优先权。另外,地上附着物和固定的农业设施并不当然包括在抵押物的范围之内,如果双方合同有约定,即可认定包括在抵押物范围内,但如果没有约定,考虑到两者之间的紧密关系,可以参照《民法典》第417条一并实现,但不能就承包地以外的物享有优先

---

[1] 参见高圣平、王天雁、吴昭军:《〈中华人民共和国农村土地承包法〉条文理解与适用》,人民法院出版社2019年版,第306页。

[2] 参见高圣平:《民法典视野下农地融资担保规则的解释论》,载《广东社会科学》2020年第4期,第214页。

[3] 参见房绍坤、林广会:《土地经营权的权利属性探析——兼评新修订〈农村土地承包法〉的相关规定》,载《中州学刊》2019年第3期,第51页。

[4] 参见黄薇主编:《中华人民共和国农村土地承包法释义》,法律出版社2019年版,第200页。

受偿权。[1]

(二) 土地经营权设定担保物权的公示效力

对于土地承包经营权流转的土地经营权设定融资担保物权来说,《农村土地承包法》第47条第2款规定,担保物权自融资担保合同生效时设立。当事人可以向登记机构申请登记;未经登记,不得对抗善意第三人。可以解读为该担保物权采公示对抗要件主义,从这一点看土地经营权融资担保物权也不是权利质权,因为权利质权都是采取生效要件主义。权利质权是参照动产质权而创设的担保物权类型,其核心是转移对权利的控制以给出质人造成压力,所以不能采取公示对抗要件主义。而抵押权正好相反,抵押权人不对财产进行控制,只要能支配财产的交换价值即可,在实现抵押权条件满足时,实现其交换价值来优先清偿即可。

另外,依照前文所论述,从财产法体系的角度解释,不能以是否登记为理由区分土地经营权是物权还是债权,土地经营权在体系上归类为物权,但也具有不同于一般物权的一些特性,按照《农村土地承包法》第47条的规定,登记不是生效要件,而是对抗要件,并不是不满5年的土地经营权是债权而不能设定担保[2],不能进行登记的不满5年的土地经营权之上也可以设定融资担保物权,同样是登记对抗要件。

在其他方式承包的土地经营权基础上设定抵押权除《民法典》第342条作列举式规定之外,并无其他具体规定。但通过援引《民法典》第395条、第399条的规定,适用抵押权的一般规则即可。唯

---

[1] 参见房绍坤、林广会:《解释论视角下的土地经营权融资担保》,载《吉林大学社会科学学报》2020年第1期,第13页。

[2] 参见房绍坤、林广会:《解释论视角下的土地经营权融资担保》,载《吉林大学社会科学学报》2020年第1期,第8页。

一需要注意的是,其他方式承包的土地经营权设立时是合意生效,并无必须登记公示的规定,但设定抵押权需要公示,就设定抵押的公示效力来说,既然《民法典》第342条规定土地经营权需要先登记取得权属证书才能抵押,可以推论此种抵押权的设立也需要登记才能生效,与其他不动产抵押权的公示效力相同。

五、两种土地经营权对《民法典》物权体系构造的影响

《民法典》在"土地承包经营权"一章事实上规定了两种不同的土地经营权,不同于传统用益物权"所有权—用益物权"的两层权利结构,出现了"所有权—用益物权—次级用益物权"的多层权利结构,而且多层权利结构与两层权利结构还是并存的。

(一)用益物权的多层权利结构

两种土地经营权改变了传统用益物权的权利结构。有观点站在维护传统物权体系的立场持反对意见,认为用益物权作为他物权都是建立在所有权之上的,土地承包经营权派生出用益物权属性的土地经营权是把土地承包经营权置于"准所有权"的位置,难免有取代所有权或者致使其虚置的风险。[1] 此种观点并无明确的法律依据,仅是从经验事实的角度得出该结论,两层权利结构的用益物权虽为常态,但并不是用益物权结构的必然状态。实际上多层权利结构是现代物权制度体系发展的必然,主要理由如下:其一,以德国民法为代表的传统民法体系中,用益物权和所有权的简单结构是建立在私人所有权的基础之上的,所有权是一个可以自由交易的权利,而集体所有权是公有制经济基础上的权利类型,并不能自由交易,集体所有权表现出不同于私人所有权的很强的公共利益的属性,而私人所

---

[1] 参见单平基:《"三权分置"中土地经营权债权定性的证成》,载《法学》2018年第10期,第39页。

有权完全是私人利益导向的,集体所有权的行使也不同于私人所有权,现代民法对所有权的功能解读已经超越了近代个人主义的绝对所有权观念。[1] 就农地集体所有权来说,其私益的目的多通过设定土地承包经营权等他物权来实现;其二,他物权也并非只能从所有权派生,除了上文提到的德国的次级地上权以外,我国的地役权当然可以在用益物权的基础上设定。对用益物权中的"他人之物"不能仅理解为他人所有之物,还应该包括他人享有使用权(主要指用益物权)之物。[2]

多层权利结构支配的内容虽然有重合,但基于限制物权的逻辑,最后一重权利的支配内容要小于或等于其所限定的权利,但同时其效力要强于其所限定的权利,进而使其所限定的权利的权能不能发生作用,唯有等待限制物权消灭方能回复圆满的支配状态。[3] 正如有学者的观点,土地承包经营权是土地所有权之上的权利负担,土地经营权是土地承包经营权之上的权利负担,土地所有权和土地承包经营权均不因其上设定了权利负担而改变其权利名称和性质。[4] 另外,用益物权的多层结构也是有限的,并不是无限分离下去。有学者认为,如果确认土地经营权是由土地承包经营权分离出的,则土地经营权还会再次生次级土地经营权,例如入股农民专业合作社,合作社不自己经营土地,而是再次入股其他企业或出租,由此产生新的次级用益物权。[5] 这在逻辑上有两点不通:其一,再次流转中需要区

---

[1] 参见李国强:《相对所有权的私法逻辑》,社会科学文献出版社2013年版,第189页。
[2] 参见房绍坤:《用益物权基本问题研究》,北京大学出版社2006年版,第7页。
[3] 参见席志国:《民法典编纂中的土地权利体系再构造——"三权分置"理论的逻辑展开》,载《暨南学报》(哲学社会科学版)2019年第6期,第50页。
[4] 参见高圣平:《论农村土地权利结构的重构——以〈农村土地承包法〉的修改为中心》,载《法学》2018年第2期,第16页。
[5] 参见高海:《论农用地"三权分置"中经营权的法律性质》,载《法学家》2016年第4期,第48页;单平基:《"三权分置"中土地经营权债权定性的证成》,载《法学》2018年第10期,第42页。

分两种方式,一种是物权变动的方式,即转让土地经营权,另一种是负担债权的方式。因为土地经营权已经是物权,受让方欲获得对世效力只需受让物权即可,而如果仅是依据合同的使用,依据物权法定原则并不发生物权效力。其二,土地承包经营权流转土地经营权是法定的,法律并未规定土地经营权再分离土地经营权的内容,如果经济领域有此需求,当然亦可再作分离,但需要知道的是,承包地"三权分置"政策只是要将身份属性的承包权和经济属性的经营权作分置,失去了身份属性的土地经营权已经可以自由交易,就没有需求再以土地经营权为基础设定用益物权,只需转让物权和负担债权即可满足需求。所以,用益物权的多层权利结构是可以合理存在的,但是依据经济社会的需求和物权法定原则的要求,并不是越多层越好。

(二)两种土地经营权的制度差异

民法体系要求民法的各种规范和制度依据民法自身的逻辑形成内在和谐统一的系统。[1]《民法典》的编纂和适用均需遵循体系化的思维方法,所谓体系化,其本质在于对内在关联或亲和性进行认识和描述,由此将个别的法律概念和法律规定整合为一个大的统一体,这首先要求体系无矛盾。[2] 但体系构造依赖简单类型化的方法,体系无矛盾可能只是法律秩序构建过程中追求的一个理想目标,而不是简单可以实现的现实,这从请求权竞合的处理到各具体制度适用中协调关系都可以看出来。《民法典》物权编"土地承包经营权"一章规定的两种土地经营权本身就存在规则适用上的不一致,但解释的底线是就土地经营权的规则适用来说不应该存在矛盾。

---

[1] 参见孙宪忠:《我国民法立法的体系化与科学化问题》,载《清华法学》2012年第6期,第47页。
[2] 参见朱虎:《法律关系与私法体系:以萨维尼为中心的研究》,中国法制出版社2010年版,第7页。

首先应该明确《民法典》物权编第十一章实际上规定了三种用益物权：土地承包经营权、土地承包经营权流转的土地经营权、其他方式承包的土地经营权。其体系逻辑本就难以解释，何况各种争论加剧了问题。尤其是以土地经营权兼具物权性和债权性来解释，表面看起来符合《农村土地承包法》规定的内容，但更凸显了体系化的矛盾问题，使土地经营权的体系构造趋向崩溃。笔者认为，只能简单解释《民法典》规定了两种统属在"土地承包经营权"概念之下的用益物权：一种是土地承包经营权流转而产生的次级用益物权，一种是与土地承包经营权并列但无身份属性的特殊的农地用益物权。两种土地经营权在民法典体系中的共同特征为都是利用集体土地的用益物权，权利客体都是土地，都不是土地承包经营权那样具有身份内容的福利性和保障性的权利[1]，都表现出去除身份属性的特征。但也存在具体的区别：土地承包经营权流转的土地经营权受土地承包经营权身份属性的影响表现出诸多的特殊性，主要表现为再流转（包括设定抵押权）条件的限制，且在公示效力方面，土地承包经营权流转的土地经营权再流转的公示为登记对抗效力，其他方式承包的土地经营权再流转为登记生效效力。由于权利结构层次、设定方式、公示效力方面的具体差异，并不能认为二者叫作土地经营权就是完全相同的一种权利。

---

[1] 参见高圣平：《论农村土地权利结构的重构——以〈农村土地承包法〉的修改为中心》，载《法学》2018年第2期，第21页。

第四章　债与责任分离的债法体系逻辑

　　债与责任的分离是近代以来民法发展表现出的一种趋势,尤其在我国民法理论和立法上表现得尤为明显。近代以《德国民法典》为代表的大陆法系民法将合同、侵权行为、不当得利、无因管理等统归为债的发生原因,从而构筑了债法总则制度统领下的债法体系。但是随着作为意定之债的合同制度愈来愈庞大的理论发展,合同关系构成的本质内容也逐渐发生了变化,合意虽然仍为合同构成的基础性要素,但合意之外的其他内容对合同构成的影响已经不可估量,更多的外部因素干涉了合同的合意的内容,在违约金调整等关键问题中,合意退位为次要的要素。同时,脱离了债的发生原因类型的侵权责任改变了民法典的体系,于2009年制定的《侵权责任法》宣告了异于侵权行为制度的侵权责任制度的正式确立,进一步则是民法典编纂中独立的侵权责任编。但是作为单行立法的《侵权责任法》并没有很好地考虑民事责任承担方式和侵权责任承担方式之间的关系,因而在体系解释上产生适用难题,《民法典》以"损害赔偿"为主要内容重新梳理侵权责任承担方式的体系定位,值得在理论上进行深入解释。这些变化背后的体系逻辑是债与责任的分离,合同中添加了合意之外的很多法定义务,而侵权责任的后果归结也超出了传统债的关系的构成。因此,有必要从合同和侵权责任这两个方面具体问题入手,对物债二分的财产法体系中的债与责任分离的表现进行深入探讨。

第一节 现代合同关系构成要素的演化
——基于合意、公权力介入的解释论展开

合同(我国传统上也叫作契约)是在合同自由乃至私法自治原则下展开的法律制度体系,合同制度是由依据合同自由原则确立的大量任意性规范构建起来的,自由意思表示构成合同关系成立的基础。但在现实中,合同缔结直至合同履行都表现得似乎与之相悖,合同当事人更像是身不由己地进入若干"标准的"合同关系之中,自由意思只是假定的合同关系的要素,虽然合同法理论仍认为合同在结果上是合意构成的,但合同关系经常缺乏合意。从我国合同法制度的逻辑考虑,合同应该是《民法典》第465条所描述的当事人之间自己立法,其中必须明确的合意就是法律效果的意思,但是很大程度上当事人并不明确效果的意思是什么,或者更容易表现出来的是对法律效果有很深的误解,此时解释适用法律来解决合同之债的法律关系构成变得无所适从,如何来看待合同究竟是怎样构成的是个严重的问题,不能仅局限于对私法自治原则的表面认识。

一、合同关系中真的存在合意吗——难以确定的合意

20世纪以来,就法律对意思自治的认可而言,呈现出倒退的趋势。[1] 在缔结合同时,考虑的因素已经不局限于所谓的"合意"。德国学者拉伦茨认为,对于合同而言,重要的并非缔结合同者之话语的

---

[1] 参见〔德〕维尔纳·弗卢梅:《法律行为论》,迟颖译,法律出版社2013年版,第17页。

真实含义,而是对方当事人依情事对该话语所必须理解的含义。[1]
当然,从另一角度看,合意虽然是合同成立的基础,但合意变得有些
不重要了。实际上,合意和合同本来就可能是疏离的,并不是所有的
合意都成立合同,情谊行为当然也包含合意,但其被民法理论界定为
没有合同构成所需的法律效果意思,对于合同构成的合意的解读脱
离了一般语境对于合意的理解,而合意成为合同制度构建基础只是
一个假设。现在的研究应该把所有关于合意的"意思表示"理论解
构,找出合同制度构建的各种影响因素,从而揭示中国式合同制度的
变量。这些变量从今天的中国理论和司法实践总结得出,应该包括
类型化方法对合同关系构成的影响,以及公权力介入的管制思维对
合同制度构建的影响等。尤其是在管制的思维之下,合意表现为成
立和生效的区分的关系。很大程度上,合同关系变成了一种仿照合
意却又是合意之外拟制的社会关系。提取公因式而成的《民法典》总
则编中的法律行为制度是合同以合意为基础的极致表现,当然,今天
的裁判已经开始初步抛弃这种合同对法律行为的依赖,遍览司法裁
判的理由,我们不禁要问:合意真的存在吗?

(一)为什么选择合意作为合同的基础

从中国古代的"民有私约如律令"看,合同(契约)在中国也成为
生活的重要方式,其中的约定当然包含合意的意思,只不过并没有强
调以合意为合同的基础。[2] 日本学者潮见佳男认为,从学问的角度
来说,"合意原则",也即基于合意或合同(或自律性决定)解释合

---

[1] 《德国民法典立法理由书》第73条,参见〔德〕卡尔·拉伦茨:《法律行为解释之方法——兼论意思表示理论》,范雪飞、吴训祥译,邵建东校,法律出版社2018年版,第5页。
[2] 参见霍存福:《中国古代契约精神的内涵及其现代价值——敬畏契约、尊重契约与对契约的制度性安排之理解》,载《吉林大学社会科学学报》2008年第5期,第58页。

同,确定合同规范进而寻求其他各种解决规则,这种设想不是从今天才起步,而是在历史上早已存在。[1] 合意成为合同法的基础是近代民法理论的产物,在罗马法学家看来,罗马法中的合同,即两人或者多数人就旨在实现的法律效果所表示出的合意,对此罗马人既没有专门名称也没有理论。[2] 但从合同的本意去考虑,无论中国古代法和还是罗马法在表达合同的意思时,都是按照合意去考虑问题的。[3] 人类社会中各种形式的交往是以人们对作为外界环境中人或物的符号世界的意义识别为前提的,只有交往双方就交往对象通过各种方式在相互理解的基础上达成了共识,交往才可能持续下去,其实这种共识就是一种合意,哪怕是一种意义模糊、结构混沌的合意。此种合意与近代民法所强调的个人主义的私法自治不同,只是对人与人交流方式的解读。

仅从语言交流的角度,合意也难以确定。由于语言的多义性,人们在交往的时候就是要寻求共识,当达成共识的时候,就可以共同地去实行某个行为进而实现某个共同的目的。但也因为语言的多义性,交往的当事人之间单方面认为已经达成了共识,实际上则存在各自不同的理解,此时双方实际上是处于争议的境地。罗马法时代也意识到了存在这种争议的问题,其避免的方式是确定共识的某些形式要件,典型的是所谓的要式口约,要式口约本身要求使用形式相同的词语,而这种相同形式的词语不仅仅是表征词语的外形一致,它更是表明当事人双方在交易事项上通过简短的词语达成了心灵上的契合,双方从事交易的意向性通过严格甚至僵化的形式传达给对方,

---

[1] 参见〔日〕潮见佳男:《日本债权法的修改与合意原则》,徐慧译,载《交大法学》2014年第3期,第63页。

[2] 参见〔德〕马克斯·卡泽尔、罗尔夫·克努特尔:《罗马私法》,田士永译,法律出版社2018年版,第85页。

[3] 参见张奎:《罗马法上的合意》,载《甘肃政法学院学报》2012年第6期,第124页。

一方的呼求和另一方的应和在用词上除了有"你""我"的人称变化以外,所选择的词语也保持了同一性,这种同一性在当时的条件下除了能确保形式上的高度统一性外,也是保证词语的内涵不发生歧变最可靠的方式。[1] 某种意义上可以说,罗马法时期对于合意的理解主要是因为语言的歧变问题,并没有关于合意的个人主义理念的讨论,甚至对于合意本身的解释也都不是有意的,在今天看来罗马法对于合同的一些表述,都是近代罗马法学家对于合同的解释而形成的,从罗马法最初的文献看,无论是处于形式之内的内在合意还是被形式阻隔而由伦理调整的外在合意,在早期的罗马合同法中都没有获得法律意义,甚至没有被人们注意到或引起足够的重视,相反,形式处于核心地位,成为早期合同法的标志性要素。[2] 但是,从罗马法的时代就开始通过确定合意来理解合同,从一个侧面说明了合同理论的构筑的基础在于合意,或者合意是最初也没有其他替代选择的选项。即使从语言技术的角度考虑是多义性,或者很多时候恐怕由于当事人各自理解的不同而产生对文本的歧义,但从反向的角度考虑,一旦确定双方意思没有达成一致,或者其中一方的意思是不自由的,那么合同就不能产生使当事人受拘束的法律效力。正如德国学者弗卢梅认为的那样,意思与表示一致的"必然性"不仅在于一般而言法律行为的意思与表示实际上相互一致,而且在于当法律行为构成以意思表示自治方式形成法律关系的行为时,法律秩序应该以意思与表示的一致性这一"必然性"为基础,将这种一致性视为法律行为的本质。[3]

合意作为合同基础在于个人主义立场的私法自治,近代以来的

---

[1] 参见张奎:《罗马法上的合意》,载《甘肃政法学院学报》2012年第6期,第124页。
[2] 参见张奎:《罗马法上的合意》,载《甘肃政法学院学报》2012年第6期,第125页。
[3] 参见[德]维尔纳·弗卢梅:《法律行为论》,迟颖译,法律出版社2013年版,第57页。

民法从康德哲学宣扬的每个人都是自由的出发[1],强调个人的自主决定,进而在民法上表达为私法自治。德国学者弗卢梅在其《法律行为论》一书的开篇就提到,私法自治指个体基于自己的意思为自己形成法律关系的原则,私法自治是自主决定这一普适原则的一部分。[2] 从这种精神主线出发,合意作为合同基础不再仅仅是在交易中考虑语言技术的结果,而且是为了确定合同(甚至法律行为)解释的基础要求,最初的真实意思仅为个人自由意思,这符合自由主义的精神,但是个人自由并不是无限制的,主要的原因在于人不是孤立存在的。在以《德国民法典》为代表的物债二分的财产法体系中,不仅作为债的发生原因的合同,即使是物权行为也需要遵循这一意思自治的理念来构造,私法自治成为法律秩序构建的一个来源,只要获得法律秩序的充分认可,私法自治的设权行为就会产生类似造法的效力。[3] 很大程度上,合意在于展现这种保护人的自由的精神,表明不是通过公权力管制确定的秩序进行的利益分配,而是由自由的人自主决定法律关系乃至于法律秩序,是不是真的完全依照合意来发生恐怕并不是法律追求的结果。

从近代以来民法的发展看,合意作为合同基础还能有效阻隔公权力对私生活的过分介入,强调的是当事人的意思不受外力(主要是公权力)的影响。这一点对于我国市场经济的法治化尤为重要。由于我国长期处于强管制的计划经济,在建设社会主义市场经济的道路上,合意成为我国合同关系构造的基础也是当然的选择,计划经济时代的《经济合同法》虽然也强调协议,但恐怕并不是合意为基础的

---

[1] 参见[德]康德:《道德形而上学》(注释本),张荣、李秋零译注,中国人民大学出版社2013年版,第28页。
[2] 参见[德]维尔纳·弗卢梅:《法律行为论》,迟颖译,法律出版社2013年版,第1页。
[3] 参见[德]维尔纳·弗卢梅:《法律行为论》,迟颖译,法律出版社2013年版,第6页。

意思,公权力介入的管制和合意的关系恐怕是每一部合同法都必须区分清楚的问题。早在1999年《合同法》颁布之前,学者就已经认识到解释合同关系的根本在于回归合意代表的私法自治,我国学者郑立认为:"不论大陆法系的契约与合同或者英美法系的契约以及我国的合同或契约,它们都是双方当事人意思表示的合致或合意,即能够产生债权债务关系的协议或发生民事法律关系的协议。"[1]这段表述与《经济合同法》的规范逻辑并不一致,完全剔除了《经济合同法》若干规则表现得强烈的公权力干预的色彩,试图只是按照当事人合意来解读合同关系的构成。

(二)合同以合意为基础构成存在的不足

近代以来基于私法自治构造了民法典,很大程度上民法典不是为了穷尽所有的规则,《法国民法典》第4条规定:"法官如果以法律无规定或不明确或不充分为由拒绝依法判决,那么他得因此而负责任。"该规则是建立在法律规定不完善的基础上,很明显已经说明了法典不可能规定所有现实需要的规则,法典的存在主要是为了明确法律的精神主线,民法典的合同规则以私法自治为中心,通过合同具体规则编制的网确定了合同构成的要素,进而使交易中的合同关系必须按照法典的精神来解读。但许多解释的合意已经脱离了合意本身的语义,美国学者詹姆斯·戈德雷认为,在英国法中,违反诺言的人在违约赔偿诉讼中要承担责任,在罗马法中,对标的和价格的同意构成一项买卖合同。[2] 某种意义上,英国法更强调违反诺言并不要求双方之间有在先的合意,而且现代合同理论也逐渐产生出反对依

---

[1] 郑立:《论合意(协议)是合同理论的基石》,载《法学家》1993年第4期,第11页。
[2] 参见[美]詹姆斯·戈德雷:《现代合同理论的哲学起源》,张家勇译,法律出版社2006年版,第3页。

据允诺确定合同关系的理论。[1] 可以说,合同以合意为基础是为司法者和合同当事人编造的一个美丽肥皂泡,或许现实存在,终究会变成一个泡影。

民法典编纂的体系化要求使合意成为合同基础,但并不是说没有民法典编纂,合意就不被重视,只不过没有民法典编纂,合意不会替代其他所有因素成为影响合同关系构成的唯一基础。民法典编纂同时也把合意为基础的问题放大,司法实践中裁判遇到最大的问题是有时候当事人真的没有合意,连拟制的合意都没有,如果认定合同不成立则无法在私法的领域去评判他们之间的关系,如德国法上的真意保留的情形。[2] 在合同领域,各种特例和强制缔约规则的出现很好的表明了问题所在,大陆法系传统下的体系思维被各种特例打击得千疮百孔。但是在英国法传统的语境下,虽然也有类似的问题,显然要好得多,原因在于英国法没有体系化思维要求的民法典,梅因认为,当原始法律一经制成"法典",所谓法律自发的发展,便告中止。[3] 英国学者冈特·特雷特尔认为,英国逃避了法典编纂,虽然1965年支持法典编纂的说法是基本原则已经完备地建立起来,但是合同法并没有建立完备的基本原则,对合同法领域内模糊的,不确定的以及有争议的问题没有给予足够的重视。[4]

从具体的表现看,即使现行法典已经规定了各种特例,但仍然有许多内容不能涵盖,在"冯勇诉微软(中国)有限公司侵犯商业秘密

---

[1] 参见〔美〕罗伯特·A. 希尔曼:《合同法的丰富性:当代合同法理论的分析与批判》,北京大学出版社2005年版,第15页。
[2] 参见〔德〕维尔纳·弗卢梅:《法律行为论》,迟颖译,法律出版社2013年版,第477页。
[3] 参见〔英〕梅因:《古代法》,沈景一译,商务印书馆1959年版,第15页。
[4] 参见〔英〕冈特·特雷特尔:《二十世纪合同法的几个里程碑》,杨帆译,易继明校,北京大学出版社2009年版,第8页。

纠纷案"中[1],双方虽然并无合同关系,但已经进入缔结合同的磋商阶段,在不符合《合同法》第43条规定的侵犯商业秘密的缔约过失责任的情况下,并不能否认冯勇基于其劳动成果在与微软公司进行合同磋商的过程中损失了利益,微软公司在未与冯勇磋商的时候并不知道其微软输入法存在瑕疵。与此相应,英国法的合同理论也会认同司法实践的作用,英国学者冈特·特雷特尔认为,通过司法实践或者通过特定领域进行必要的立法来促进合同法的发展,被证明是一种明智的选择。[2] 但是司法实践的做法往往在不停破坏逻辑,学界急于找到替代早已千疮百孔的以合意为基础的合同理论,随着合同意志理论正当性基础的削弱,合同被客观化或"社会化"了,合同法不仅以维护自由意志设定的义务实现为己任,而且肩负信赖保护的职责,合同保护义务的扩张则使合同扩及于原本属于侵权法的保护范围。[3] 在我国的法律实践中,虽然公权力的直接干预被阻隔了,但是合同并没有真正只是按照合意来构成,甚至公权力的干预也通过另外一种方式复活了。

(三)格式缔约、强制缔约等形式对合同关系以合意为基础的冲击

现代社会分工日益强化,社会经济结构中很难发现自由竞争资本主义时代假定的抽象平等,由于掌握的社会资源的差异,具体不平等成为常态,但是现代民法仍然坚持拟制为抽象平等,只是会特殊规定格式缔约等规则来予以特别调整。在格式缔约的时候,合意在

---

[1] 参见湖北省武汉市中级人民法院民事判决书,(2003)武知初字第70号。
[2] 参见〔英〕冈特·特雷特尔:《二十世纪合同法的几个里程碑》,杨帆译,易继明校,北京大学出版社2009年版,第13页。
[3] 参见张家勇:《合同法与侵权法中间领域调整模式研究——以制度互动的实证分析为中心》,北京大学出版社2016年版,第1页。

一定程度上被利益交换机会所代替,在合同成立之前,甚至进入缔约磋商之前,合意的机会已经被交易出去了,即为了获得本次缔约的机会,接受使用格式条款的一方已经放弃了自由磋商这种合意方式缔约的利益。更严重的是基于秩序价值而规范的强制缔约,强制缔约是市场中的商品或者服务提供人,基于社会保障、维护市场开放和良性竞争秩序、保护消费者和人格平等原则而负担必须与交易相对人订立合同的义务。[1] 对于多数消费者来说,放弃自由缔约的机会并不是什么坏事,并不需要去确认合同的全部内容,省去了谈判等缔约的成本进而快速实现交易的目的,当然如果出现了不公平的内容,消费者则显然不能接受,所以事前、事后的公权力介入成为必要的手段。

　　私法自治所衍生的合同自由某种程度上不符合社会的需求,个体追求私益最大化就如同现代社会的交通一样,希望别人都遵守交通规则,而自己总是试图抢行或逆行来获得优先的通行,于是个体为自己的利益而损害社会秩序的现象屡见不鲜,主要的表现是利用自己的优势地位提出格式条款或选择不缔约,强制缔约无异于对传统私法自治的平滑逻辑掺入的一粒沙子。强制缔约首先是在垄断领域,尤其是提供公共产品的经营者,在这些领域,纯粹的合同自由必然会影响到多数消费者的利益,也很难通过个别商议的形式达成合意,针对现实中实质不平等来说,强制缔约的目的在于维护实质层面上合同自由的实现。现代合同中的强制缔约可能会发生于消费者保护的领域,消费者概念的提出实际上否定了实质意义上人的抽象平等,经营者和劳动者之间的强弱交易只有添加某种强制才能实现真正的自由和平等。而在劳动合同领域,用人单位和劳动者之间也并非一个恒定的强弱关系,在某些小企业,劳动者在某些关键的时点也

---

[1] 参见朱岩:《强制缔约制度研究》,载《清华法学》2011年第1期,第65页。

可能转换强弱者的地位,强制缔约实际上并不是一个固定的适用某个领域的原则,而只能是一种调整实质上不平等和差异性的工具,但我们可以发现,假定合同是由纯粹的合意构成的观念被改变了。

二、合同关系的现代构成与替代合意的要素

除了近代民法试图通过合意彰显人的自由以外,合同以合意为构成基础从来就不是很可靠,需要考虑各种因素来确定合同的构成,但并没有一种因素可以替代合意成为假定的合同基础。只是随着社会的不断发展,交易形式的愈加复杂带来了更多因素介入到合同构成的理论,我们可以从经验中总结出更好地确定合同构成的方法,并确定考量各种影响合同构成因素的方法。

(一)从典型合同到标准合同

由于合同以合意为基础变得不可靠,民法理论在没有找到绝对替代合意的基础之前,只能是采取各种方法弥补确定合意的障碍,从罗马法的要式口约制度开始,通过简单类型化的方法确定客观上的合意成为解决问题最简单有效的方法。德国学者弗卢梅认为,就私法自治的设权行为而言,法律秩序规定了类型法定原则,限定了设权行为的种类和其所形成的法律关系的类型。[1] 简单类型化的方法被德国学者拉伦茨所积极主张,但是也有德国学者反对,或者认为不存在类型化的方法,或者认为类型化的方法只不过是目的解释中的表现而已,也有日本学者把这种类型化的合意当成"合同书"本身,进而批评其缺乏当事人之间的约束力。[2] 但是如果没有这种类型化的确定,多义性的语言会形成在订立合同之初和订立合同之后当事

---

[1] 参见〔德〕维尔纳·弗卢梅:《法律行为论》,迟颖译,法律出版社2013年版,第2页。
[2] 参见〔日〕潮见佳男:《日本债权法的修改与合意原则》,徐慧译,载《交大法学》2014年第3期,第63页。

人采用两种不同的含义解释最初的意思,法律并无法追溯到合同订立的时候的所有客观情况去考虑究竟客观的意思是什么,更何况合同本身也是没有经过充分协商的。我国学者张家勇认为,没有哪个时代的实证法会执行当事人无论什么样的意思或允诺,而总是会对这种意思或允诺施加某种限制,即使是在意志论盛行之时也是如此。[1] 限制意思和允诺的方法不能退回到任意干预的境地,只能是从保护人的自由的出发点去寻求各种平衡利益的方法,类型化的合同规范,将忽略各种交易当事人身份差别,通过设定典型合同或者标准合同,将合意缩小为简单的选择类型,并进而影响到人们对合同关系的理解。

早期简单的自由缔约合同是以个别商议条款为内容的,双方的交易很大程度上是建立在信息空白的基础之上的,随着社会的发展,很多交易都是以既有的商业习惯、他人在先交易为模板而展开的,虽然一开始也有诸多商议,但很多时候这已经转换为选择题,即选取何种典型合同来构成法律关系。除了《民法典》合同编规定的19种典型合同之外,《保险法》《旅游法》等法律还规定了更多类型的典型合同,常见的交易形式几乎都被法律概括为典型合同,典型合同在实践中还会结合交易的不同形成各种变种。但即使这样,由于社会发展更加迅速,交易还会需要更多的变化的形式,只不过这并不是一种单纯的创新,而是在典型合同的基础上进行增加或修改。在此基础上,具备市场优势地位的交易方,还会通过制定一般交易条件或者格式条款的方式进行典型合同的格式化,至此,当事人的合意变得越来越抽象,很难在具体的场合把握。德国学者拉伦茨认为,正如合同成立通常所需的那样,一般交易条件需要合同当事人双方一致的

---

[1] 参见张家勇:《合同法与侵权法中间领域调整模式研究——以制度互动的实证分析为中心》,北京大学出版社2016年版,第14页。

意思表示。但也有不同的观点认为,不是基于当事人的意思合意,而是基于法律的规定,即在特定的条件下单方所确定的合同内容应予适用。[1] 在以格式条款订立合同的过程中,受表意人实际上已经丧失了自由表意的机会,或者说双方当事人已经不能通过意思表示进行交流而订立合同,合同作为约束双方权利义务关系的形式成为一种被动接受的定式,一定意义上所谓的合同自由已经荡然无存。《德国一般交易条款法》不是要把消费者作为市场中的典型弱者加以保护,而是要防止一般交易条款使用人通过单方面的合同自由损害相对人的利益。[2] 法律在调整格式缔约的过程中,也不再关注当事人的合意与否,而是纯粹从利益衡量的角度去看问题。

典型合同加上格式缔约仍然满足不了在交易中的简单类型化交易的需要,借助于公权力,标准合同成为合同关系构建的一种重要形式。建设工程施工合同、商品房买卖合同都有相关行政主管部门印发的示范文本,这些示范文本虽然有一些内容可以由当事人来自由拟定的,但是不能忽略的是很多内容都已经备制完毕,这固然有简化缔约过程、平衡当事人之间利益的作用,更主要的是将相关交易领域的行政管制掺入合同文本中,当事人的自由意思也当然被限制了,几乎只存在有限的选择自由,假定的合意磋商的过程被简化了,双方合意成为单纯理想结果上的一个假定判断。此时,已经不需要判断当事人是否还有法律效果意思,表意人在作出法律行为意思表示时是否对其设权行为在法律秩序中予以正确定位在所不问。[3] 标准合同中,法律规则的一些具体内容都已经表现为通用条款,成为当事人

---

[1] 参见〔德〕卡尔·拉伦茨:《德国民法通论》(下册),王晓晔、邵建东、程建英、徐国建、谢怀栻译,法律出版社 2003 年版,第 768 页。
[2] 参见徐涤宇:《非常态缔约规则:现行法检讨与民法典回应》,载《法商研究》2019 年第 3 期,第 13 页。
[3] 参见〔德〕维尔纳·弗卢梅:《法律行为论》,迟颖译,法律出版社 2013 年版,第 61 页。

不能排除的合同内容之一,甚至是合同的主要内容。

典型合同到标准合同改变缔结合同过程中个别商议过程,但从结果上来衡量,合意仍然是存在的,表现为对合同文本或合同条款的认同。某种程度上国家公权力有正当理由干预某类合同,在总结当事人之间典型交易的过程与利益状态基础上,明确规定当事人的权利义务,进而避免法院在非典型合同裁判中过大的自由裁量权,但法律对典型合同所作的补充性规定并没有真正符合交易中当事人的真实意思。随着合同类型的不断发展,合意理论不断受到信赖保护理论、法律规范论等合同正当性新理论的冲击。

(二)关系合同理论以及对干预合同构成的各种因素解释的理论

针对现实社会对合意基础的不断挑战,合同法理论开始反思对合同关系构成的认识,我国学者张家勇认为,随着社会经济、政治关系的发展,将私法关系完全交由当事人自决的立场不断遭遇挑战,从而出现了所谓合同自由衰落的现象。国家立法已经不再以消极设限的方式隐蔽自己干预合同的权力,而是开始直接介入合同内容的确定,由此,合同中开始出现大量的法定义务。[1] 在讨论合同最初的效力依据的时候,除了意志论以外,学者也重点探讨了原因理论、关系合同理论。[2] 尤其是关系合同理论是解释合同关系构成的新路径,能够更好地解读合意之外的影响合同构成的各种因素。[3] 但是仍需要注意,除了解释影响合同构成的各种因素,关系合同理论并没有有效提供解释合同关系的理论基础,不能按照法律简单类型化的

---

[1] 参见张家勇:《合同法与侵权法中间领域调整模式研究——以制度互动的实证分析为中心》,北京大学出版社2016年版,第20页。
[2] 参见谢鸿飞:《合同法学的新发展》,中国社会科学出版社2014年版,第36—38页。
[3] 参见〔美〕麦克尼尔:《新社会契约论》,雷喜宁、潘勤译,中国政法大学出版社1994年版,第1页;孙良国:《关系契约理论导论》,科学出版社2008年版,第4页。

思维说明合同究竟是如何简单构成的。在现代社会中交易并不是简单的一锤子买卖，即使是家庭主妇到菜市场去买菜也都是有固定光顾的商家，因此从单个合同交易的内容很难明确全部法律关系，法律关系需要考虑的因素被概括为多种社会关系。关系合同理论在解释现代合同关系的复杂性方面可谓发现了问题，但并没有给出一个有效的解决问题的路径，实际上，关系合同还是要通过一些合意之外的例外调整方法去弥补合意的不足，比如将抽象平等的主体解释为各种具体的人格，已经为法律所认可的就是经营者和消费者的区分。通过合同自由的肯认而确保交换的正义，乃以当事人缔约能力均等为前提，因为只有磋商能力均等，当事人才能实现自决。[1] 如果磋商对等性发生障碍，亦即当事人之间在磋商能力上发生结构性差异，合同就可能退化为"他决"的工具。[2]

除了关系合同理论，对于原因理论的探讨也值得关注。原因理论关涉价值，不仅关注程序性公平，也对最终结果的实质公平进行评价，正当性是社会文化的产物，当事人的意志也是文化的产物，所以正当性的判断应该超越个体性。[3] 在我国的司法实践中，合同关系的解释在合意和原因论之间任意游走，更重要的是原因，司法裁判者会因为各种利益的平衡结果去追溯合同成立时的合意和原因，至于选择合意和原因则完全是追求结果的需要，此时理论上的多样性不是从科学的方法论的角度去选择，而是从纯粹的个案结果妥当性的角度去判断，因此，有必要对以合意为基础的合同理论给出一个更科学的方法论的解释。

---

[1] 参见徐涤宇:《非常态缔约规则:现行法检讨与民法典回应》，载《法商研究》2019年第3期，第12页。

[2] 参见〔德〕迪尔克·罗歇尔德斯:《德国债法总论》(第7版)，沈小军、张金海译，中国人民大学出版社2014年版，第23—24页。

[3] 参见谢鸿飞:《合同法学的新发展》，中国社会科学出版社2014年版，第36页。

从现代中国的缔约方式看，当事人并没有一个自己给自己立法的自觉法效意思，除了事实上的目的性以外，当事人更多考虑的是能否实现个体的利益，至于合同成为约束双方关系的法律效力，恐怕只能是在发生了纠纷之后，如果仅以合意来探讨合同的缔结过程，则未免过于简化，实际上当事人更多的是考虑利益的实现，在双方之间则是利益的平衡。正是在纠纷处理中过分考虑了各种利益，无论是当事人还是司法裁判者都开始排斥单纯的合意，导致合同关系越来越不稳固或模糊，但是，以关系合同理论为代表的合同理论并没有提供一种有效的工具用于解决所发现的问题，反而导致出现了一些新的问题。因此，我国学者李永军指出，关系合同理论要想成为一种对交换关系全面说明的正当化体系理论而替代历来的合同理论，并成为实定法的法源，羽毛却尚未丰满。[1]

三、公权力介入及合同关系构成的限制要素

在合同缔结的场合，法律假定其他主体的意志不能影响当事人的自由意志，这是近代民法实现人的解放的前提，但实际上并不意味着其他主体的意思真的不能成为符合当事人自身利益的要求。就比较典型的消费合同而言，法律通过特别规定改变消费者在缔约过程中的结构性弱势地位，用预设的权利取代"弱而愚"的消费者的自由意思，从而和"强而慧"的经营者之间的关系趋向平等。但公权力不仅仅借助于立法中的特别规定来对合同关系进行干预，也有更多直接的手段，虽然我国已经从计划经济过渡到市场经济社会，但计划经济的强管制思维仍然根深蒂固地存在于经济和法律的各个领域。就合同关系的构成来说，最初的成立和生效的关系就很好地表明了公权力的介入作用。

---

[1] 参见李永军：《合同法》（第三版），法律出版社2010年版，第162页。

(一)合同成立和生效的关系

《民法典》合同编第 502 条第 1 款确定的是合同成立即生效,其中包含的理念是对意思自由的尊重。但第 502 条第 2 款是管制思维的遗产,从成立和生效的关系看,《民法典》总则编第 143 条的存在就是《民法通则》《合同法》管制思维的继续。很大程度上,成立和生效的关系在中国法的思维中不能简单祛除。《民法典》规定了意思表示真实是法律行为有效的条件,但是没有规定真意保留等意思表示不真实的特别规则,只是在第 146 条规定了虚假意思表示,这就导致解释论上不以意思说为根据,真正的合意也无从谈起,仅从文义解释在真意保留的情况下合同应该是无效的,因为不符合第 143 条规定,但显然与现实生活的逻辑违背。对于《民法典》第 502 条第 2 款究竟是规定了一种新类型的合同效力——未生效,还是仅仅是附条件合同的一种表现,学界的争论的焦点实际上在于公权力介入到底对合同效力有多大的影响。例如,在《合同法》的时代,《合同法解释(一)》第 9 条和《合同法解释(二)》第 8 条的规定,确认了未生效合同的概念〔1〕,但民法学界仍然有观点认为这并不是新的效力类型。〔2〕 未生效合同的概念和合同以合意为基础的私法自治的理念相违背。我国学者蔡立东认为,合同的效力评价属于价值判断,体现着合同法承载的公共选择,合同的效力状态表征着国家对于合同当事人一致意思表示的不同立场,是合同法规范当事人与国家间的关系以及在当事人间分配利益与负担的核心技术机制。〔3〕 如果按照第 502 条第 1

---

〔1〕 参见许中缘:《未生效合同应作为一种独立的合同效力类型》,载《苏州大学学报(法学版)》2015 年第 1 期,第 21 页。

〔2〕 参见孙学致、韩蕊:《特约生效要件成就前合同的效力——未生效合同概念批判之一》,载《当代法学》2011 年第 6 期,第 56 页。

〔3〕 参见蔡立东:《行政审批与权利转让合同的效力》,载《中国法学》2013 年第 1 期,第 61 页。

款规定的思维,合同成立即生效,并不存在成立和生效的时间点的区别,当然法律从公共利益的角度会选择一些合同认为不应该有效,于是产生了无效和可撤销的合同效力类型,比较特殊的是效力待定的合同,是否有效取决于一定的条件,成立和有效出现了时间上的分离。

德国法关于批准前合同的效力,从合同成立到确定批准为止,存在一个效力待定状态,在此未定状态任何一方都不能成功诉请仍待批准的给付,但是当事人又必须受该合同"预先效力"广泛的拘束。[1] 即使主张未生效是一个独立的合同效力类型的观点也认为,未生效合同只是需要待生效条件完备才能发生法律效力,但该合同已经发生有效合同的后果,即双方在合同中所作的约定,对双方而言已经具有一定的拘束力。[2] 我国学者汤文平认为,从法律行为成立至最终确定批准为止,存在着一个不稳定的无效状态,这与必须法律行为性同意的情形是一样的。又可以译作效力未定。[3] 我国学者陈卫佐将《德国民法典》第 763 条翻译为:"摸彩活动或者抽奖活动经国家批准的,摸彩活动或者抽奖合同有拘束力。"这不仅是用语的不同,实际上在于确认国家的批准行为究竟起到什么作用,未生效的说法其实区分了成立和生效的两个阶段,而拘束力的说法则确定在成立即有效的例外情况。

无论是主张未生效合同是独立合同效力类型的观点,还是反对的观点,都主张合同成立之后就具有一定的拘束力,韩世远阐释合同

---

[1] 参见汤文平:《德国法上的批准生效合同研究》,载《清华法学》2010 年第 6 期,第 158 页。
[2] 参见许中缘:《未生效合同应作为一种独立的合同效力类型》,载《苏州大学学报(法学版)》2015 年第 1 期,第 21 页。
[3] 参见汤文平:《德国法上的批准生效合同研究》,载《清华法学》2010 年第 6 期,第 162 页。

拘束力为,除当事人同意或者有解除原因外,不容一方任意反悔请求解约,无故撤销。[1] 许中缘也认为,已经成立的合同是有效的合同,对当事人而言具有拘束力,而生效的合同则具有履行的效力。[2] 成立与生效的区别对待,包含了行政管制对私人自治的介入。孙学致等认为,将没有国家意志介入,所谓未生效的根据完全来自于当事人意思的合同,称之为特约生效要件的合同,具体就是指当事人双方约定的生效条件未成就或者生效期限未届至的合同。[3] 最高人民法院法官刘贵祥认为,未生效合同仍然是有合同拘束力的,未生效合同处于效力不确定的状态。在当事人于合同中有关于报批义务的约定时,报批义务是合同本身约定的义务,无须行政审批也是有效的,即使当事人并未对报批义务进行约定,也同样存在法定的报批义务。[4] 将效力未决法律行为说成是未生效有失片面,它不仅是未生效,也是未无效。须批准的法律行为可以类比附延缓条件的法律行为的效力。

(二)合同当事人以外主体介入合同关系的意义

如果认为合同纯粹为一个合意,实际上并不存在当事人以外的主体介入合同的问题。但是如果认为合同不仅仅是一个合意,即使不是一个为第三人利益的合同,公权力也会介入认定合同是否具有法律效力。所以合意的理论在大陆法系传统下也被改造,比较极端的理论是进一步的类型化,德国学者莱嫩提出对意思表示和法律行

---

[1] 参见韩世远:《合同法总论》(第四版),法律出版社 2018 年版,第 75 页。
[2] 参见许中缘:《未生效合同应作为一种独立的合同效力类型》,载《苏州大学学报(法学版)》2015 年第 1 期,第 22 页。
[3] 参见孙学致、韩蕊:《特约生效要件成就前合同的效力——未生效合同概念批判之一》,载《当代法学》2011 年第 6 期,第 57 页。
[4] 参见刘贵祥:《论行政审批与合同效力——以外商投资企业股权转让为线索》,载《中国法学》2011 年第 2 期,第 150 页。

为理论的重大改造,传统德国的"要素—包含"模型被"工具—分层"模型所替代,形成所谓的双层六阶段理论,其中核心就是区分作为事实的意思表示的构成和作为价值判断的法律行为的构成,法律行为和意思表示之间并没有必然的效力影响。[1] 实际上,德国学者弗卢梅认为,一般而言,当法律行为所形成的是构成许多法律关系基础的法律地位时,这类法律行为中的意思瑕疵原则上不应受到关注,例如,法人成立表示、设立或加入表示、决议,有关增资的决议,这些表示一旦生效,就无须考虑它们是否具有意思瑕疵。[2]

在计划经济的时代,行政权力具有直接监督管理经济合同的功能,《经济合同法》第44条规定:"县级以上各级人民政府工商行政管理部门和其他有关主管部门,依据法律、行政法规规定的职责,负责对经济合同的监督。"从《合同法》开始,行政机关已经不再具有监督管理经济合同的权力,工商行政管理机关退出了合同管理的领域,但是《民法典》第502条规定的批准、登记形式仍然一直存在,而且法律可以通过违反法律、行政法规的强制性和违背公序良俗的审查而确认无效。无效的合同其效力在法律上不承认,但是合同的拘束力是否还存在呢?许中缘认为,未生效合同的存在,为行政权力对私领域的调整确立了一道防火墙,可以抵御行政权力对私领域的肆意侵袭。[3] 但行政权力和私人领域并不是完全对立的关系,行政权力的适当介入可以有效防止不正常的合意带来的不公平的结果。只是从《经济合同法》规定的工商行政管理局开始,公权力介入主体总是不

---

[1] 参见王琦:《德国法上意思表示和法律行为理论的新发展——兼论对中国民法总则立法的启示》,载《清华法学》2016年第6期,第42页。
[2] 参见〔德〕维尔纳·弗卢梅:《法律行为论》,迟颖译,法律出版社2013年版,第475页。
[3] 参见许中缘:《未生效合同应作为一种独立的合同效力类型》,载《苏州大学学报(法学版)》2015年第1期,第27页。

确定,且总是超越权限和目的导致事实上出现干预私领域、侵犯私权利的后果。

(三)公权力的有限介入——单纯作为债的发生原因的合同已经不存在

公权力介入和私法自治应保持一个平衡的状态,介入的限度是现代合同法必须关注的。超越了对自由和单纯合意的简单认识,将合同解释为包含了自由的合意和法定义务的秩序关系,而不是纯粹的私领域的个人关系,从而导致作为债法基础内容的法律关系发生了变化,法定义务越来越多,合同关系出现了除了主给付义务以外的义务群构成的复杂秩序。即使是资本主义的自由,也是建立在机构性行会的秩序与束缚的基础上的。在美国学者吉尔莫提出合同死亡这一命题的时候,合同实际上只是另一种再生。

国家和市民社会的区分并不意味着二者是对立的,代表公权力的国家是限制自由还是更好地保护自由恐怕不是本身的问题,而是如何行为的问题,公权力和市民社会的自由之间的纽带是秩序。在格式条款规制的时候,需要做到的就是通过公权力介入实现真正的自由,徐涤宇认为,在民法典合同编的制定中,不是应否承认格式条款的行政规制问题,而是在原则性承认经行政主管部门批准的格式条款可以纳入合同以及免于司法审查的基础上,如何严格要求此类格式条款的批准程序问题。[1] 张家勇认为,如果合同作为一项社会事实需要第三者能够加以确定,调查当事人内心真实的意愿就几乎是不可能或者是有极高成本的。使合同成立的协议从来就不表现为当事人心理学意义

---

[1] 参见徐涤宇:《非常态缔约规则:现行法检讨与民法典回应》,载《法商研究》2019年第3期,第21页。

上的意思合致,而应是外在客观的可被理解的意志。[1]

合意、自由、公权力介入,这些内容从截然的区分到交错在一起共同构筑秩序,恐怕是现代合同法必须接受的前提。很大程度上,意思自治已经成为一种理念,而不是解释规则的唯一标准。意思表示和法律行为的分工与协作归根结底呼应于私法世界私人自治和法秩序中两种力量辩证式的对立统一,个人通过意思表示创设法律行为,法律行为使个人意愿在法世界获得实现。[2] 没有强制力加以保障的授权是不可能存在义务的。[3] 合同自由原则仍在,物债二分的体系仍在,但很多原则已经不甚牢固。近代民法建立在逃脱封建桎梏的自由基础之上,却在现代遇到了更多的限制,因为绝对的自由从来都是不存在的,绝对的自由导致的还是不公平、不自由的结果,如何实现公平和有秩序的自由成为法律追求的目的。合同不是从合意开始的,而是从固定的交易方式开始的,自由意志虽然在最终确定法律关系中起到了关键的作用,但并不是只有自由意志创造了合同,依据交易秩序附加的法定义务成为合同关系中的主要内容。

第二节 超越债的观念的违约金调整规范逻辑

约定违约金是现代合同中的重要的条款,通常可以替代损害赔偿的计算,也能够对债务人产生压力促使其履行合同。违约金的数

---

[1] 参见张家勇:《合同法与侵权法中间领域调整模式研究——以制度互动的实证分析为中心》,北京大学出版社 2016 年版,第 18 页。
[2] 参见王琦:《德国法上意思表示和法律行为理论的新发展——兼论对中国民法总则立法的启示》,载《清华法学》2016 年第 6 期,第 47 页。
[3] 参见〔德〕罗尔夫·克尼佩尔:《法律与历史——论〈德国民法典〉的形成与变迁》,法律出版社 2003 年版,第 137 页。

额并不是当事人随意约定的,因为过高或过低的违约金约定会明显不公平而被法律介入调整。从表面上看,违约金调整是法律追求公平价值目标的结果,但不可忽视的是,违约金调整会与合同自由原则相悖,违约金调整的规则在以合意为基础的合同法制度中显然有另类的感觉。明确《民法典》合同编的违约金调整规则,进而明确违约金调整与合同自由的关系是财产法体系的重要课题。一定程度上,违约金调整(或司法酌减)反映了合同自由(意思自治)并非合同构成的纯粹基础,在典型合同、标准合同大行其道的背景下,合同处于特定的社会关系中,意思自治不能决定合同真实存在的全部关系。以合同自由原则为基础构筑的合同法体系如果不能解释违约金调整的困境,则不能称为完成了体系解释的任务,因此有必要对违约金调整的逻辑进行体系上的梳理。

违约金调整规则的立法基础在于立法者认为依据合同自由会带来不公平的结果,违约金条款异化为合同当事人一方压榨另一方的工具,失去了合同关系以合意为基础的平等前提,这也反映了交易现实中几乎不存在真正的平等主体。《民法典》合同编第585条对约定违约金的形式、违约金调整制度以及违约金能否与迟延履行请求权的并用问题作出了明确规定,该条除明确必须当事人请求人民法院或仲裁机构才能调整以外,其内容与《合同法》第114条保持一致。在《合同法》时代的司法实践中,针对违约金调整规则在适用过程中存在的问题,《合同法解释(二)》第29条第2款对法院在调整违约金时需要考虑的因素以及如何认定约定违约金是否过高等问题进一步作出了具体规定。根据约定违约金的目的,可以分为赔偿性违约金、惩罚性违约金和责任限制性违约金,[1]违约金调整规则的适

---

[1] 参见黄薇主编:《中华人民共和国民法典释义》(中),法律出版社2020年版,第1131页。

用对象也需要进一步进行研究,《最高人民法院关于当前形势下审理民商事合同纠纷案件若干问题的指导意见》(以下称《民商事合同纠纷指导意见》)更是直接确定当事人约定的违约金应坚持"以补偿性为主、以惩罚性为辅"原则。基于上述内容,可以明确司法实践对于违约金的性质采纳的是"以赔偿性为主、惩罚性为辅"的双重性质说,合同自由并非绝对,需以合同正义予以规制,以防止违约金条款成为一方压榨另一方和获取暴利的工具。[1]《合同法解释(二)》第29条规定人民法院在调整违约金时,应以实际损失为基础,并兼顾合同的履行情况、当事人的过错程度以及预期利益等因素。实际损失是违约金调整的基础,因此合理认定当事人的实际损失就显得尤为重要。当事人的实际损失是否包括预期通过履行合同可以获得的利益以及该利益的范围,计算可得利益是否适用可预见规则、减损规则、损益相抵规则等问题都需要进一步研究。《合同法解释(二)》第29条规定调整违约金时需要兼顾其他因素,并未得到足够重视,虽然法院在判决时都会引用该法条,但是对兼顾其他因素的论述却极少,无法明确各考量因素在调整违约金时所起到的作用。《民法典》第585条明确当事人申请模式,人民法院不能再主动援用违约金调整规则,而《合同法解释(二)》规定的违约金调整规则限定的30%标准,不再只是人民法院认定违约金过高的标准,而是法院调整违约金的最高额。进一步解释《民法典》第585条的体系定位,对于理解现代合同制度逻辑有重要的意义。

一、违约金的功能定位与违约金调整根据

合同订立的假定前提是民事主体的法律人格抽象平等,但抽象

---

[1] 参见刘言浩主编:《合同案件司法观点集成》(上册),法律出版社2015年版,第346页。

平等只是私法自治假定的前提,从来就不是现实,交易中的具体人格有着各种差异而表现为具体的不平等,违约金调整规则反映了私法自治无法达致的平等需要公权力介入。如果民事主体不需要调整违约金,则违约金就是符合现实的利益平衡的,无须司法作出调整的裁判。基于违约金功能的不同,将违约金区分为赔偿性违约金和惩罚性违约金等不同的类型,但是《民法典》第585条并没有基于违约金类型的不同规定不同的内容,《民法典》颁布之前的研究中,学者解读《合同法》第114条的规定,多认为其规范的仅为赔偿性违约金,即使第3款所规定的"就迟延履行约定违约金",可与"履行债务"并用,亦不过是对于迟延赔偿的赔偿额预定,仍属于赔偿性违约金。[1]但即使如此理解《民法典》合同编违约金的规定,也不能认为《民法典》合同编是禁止惩罚性违约金的,现实中合同当事人可能并未从功能上如此区分,只是单纯地从约束对方的角度出发约定了违约金,难以在争议时明确究竟约定的是惩罚性违约金还是赔偿性违约金。相对而言,惩罚性违约金考虑的主要是当事人双方是否真的存在地位平等的合意的问题,而赔偿性违约金则考虑真实的损害范围以做到充分的填补损害的问题。我国学者多以违约金是否可以与请求履行主债务或请求损害赔偿并存为标准,区分违约金到底是赔偿性违约金还是惩罚性违约金。[2] 违约金调整规则是否一概而论地普遍适用应依据类型区分来解释。

(一)赔偿性违约金可以适用违约金调整规则的根据

从违约金的双重功能属性可以确定违约金既包含赔偿内容也包

---

[1] 参见韩世远:《合同法总论》(第四版),法律出版社2018年版,第825页。
[2] 参见韩世远:《违约金的理论问题——以合同法第114条为中心的解释论》,载《法学研究》2003年第4期,第19页;崔建远:《合同法》(第三版),北京大学出版社2016年版,第359页。

含惩罚内容,姚明斌认为,违约金具有担保功能,进而认为违约金不仅解决损害赔偿的问题,还可以构成对债务人不履行债务的压力。[1] 违约金对履行方的履行压力被扩大解释为具有担保功能,违约金具有履行担保功能的说法是从债权人的视角概括。这里的担保指涉的是一种具有行为控制意义的预期,而不完全是对债权实现结果的保障。王利明也认为,违约金不仅具有担保债务的职能,而且作为一种违约责任形式,对于一方违约以后,及时补偿受害人的损失、制裁违约行为人具有重要作用。[2] 单纯地将赔偿性违约金和惩罚性违约金区分开来意义并不大。只有从功能的角度进行评价,才能明确违约金制度在实践中的作用。从功能的不同即可以发现二者的履行方式也有所不同,进而必然导致对二者的规制方式也应当有所差异。赔偿性违约金属于对损害赔偿额的预定,主张违约金的前提是存在实际损失,而惩罚性违约金主要的功能是对违约方的违约行为进行惩罚,并不要求产生实际损失。因此,违约金调整规则主要适用的对象应是赔偿性违约金,而不是具有惩罚性质的违约金,正如韩世远指出的,违约金是压力手段,通过违约金,债权人掌握有一种压力手段:债务人为避免支付违约金,便会竭力履行其债务。[3] 如果不承认或者严格限制惩罚性违约金的话,此项功能在事实上就不能存在。在司法实践中,也有案例依据此裁判,在"邹平萍与龙里县铁五建置业有限责任公司、贵州中铁兴隆物业管理有限公司商品房预售合同纠纷案"中,[4]人民法院认为违约金调整规则,应当针对的是填补当事人损失的违约金,当事人请求人民法院酌减的违约金,不应

---

[1] 参见姚明斌:《违约金双重功能论》,载《清华法学》2016年第5期,第140页。
[2] 参见王利明:《违约责任论》(修订版),中国政法大学出版社2000年版,第564页。
[3] 参见韩世远:《合同法总论》(第四版),法律出版社2018年版,第823页。
[4] 参见贵州省黔南布依族苗族自治州中级人民法院民事判决书,(2016)黔27民终455号。

包括当事人约定的惩罚性违约金。

1. 赔偿性违约金的填补损害功能

即使将违约金定义为赔偿性,其也兼具压力功能[1],赔偿性违约金的压力功能主要体现在履约阶段,督促债务人及时履约,否则需要承担违约金责任,实际上是通过提示赔偿的后果来给债务人压力,而不是对违约方的惩罚,违约金数额与违约造成的损失应当是相当的。《民法典》第585条第2款规定,约定的违约金"低于或者是过分高于"造成的损失,当事人可以请求人民法院或者仲裁机构调整,《合同法解释(二)》第29条更是明确规定,当事人以违约金数额过高为由请求人民法院予以酌减的,人民法院应当以实际损失为基础。因此,确定当事人因违约所遭受的实际损失是赔偿性违约金调整的要素。违约损失主要分为财产上的损失与非财产上的损失,财产上的损失既包括财产的积极减少,也包括本应获得而未获得财产的消极减少,而非财产上的损失,是指守约方所遭受的财产之外的损失,包括精神上的损失。对于非财产上的损失,有学者认为在计算违约损失时,不应包括精神上的损失和非物质上的损失。[2] 德国和法国虽然并未将非财产上的损害在民法典中明确规定,但是司法判例已开始考虑对精神损害的赔偿。[3]《瑞士债务法》第49条规定因违约而侵害生命、身体及其他人格关系,对于非财产上的损害亦应赔偿。[4] 赔偿性违约金的功能主要是填补当事人所遭受的损失,双方当事人在事前约定违约金数额时,对违约金数额均属于预测,与实际

---

[1] 参见姚明斌:《违约金双重功能论》,载《清华法学》2016年第5期,第140页。
[2] 参见崔建远主编:《合同法》,法律出版社2011年版,第320页。
[3] 德国法和法国法上对于违约导致的精神损害并未规定,但是在判例中开始承认因违约导致的精神损害赔偿。参见韩世远:《合同法总论》(第四版),法律出版社2018年版,第779—782页。
[4] 参见韩世远:《合同法总论》(第四版),法律出版社2018年版,第781页。

遭受的损失相比会存在或高或低的情况。鉴于赔偿性违约金的主要功能就是填补损害,如果约定的违约金与所遭受损失之间的差额"过大",则使当事人之间的利益失衡而致不公平的结果,因此需要司法介入对违约金进行调整。如果仅仅是依据当事人之间的事前约定,即要求违约方承担过分高于实际损失的违约金,不仅可能使债务人承担过重的责任,而且也与违约金的赔偿功能相悖。在"陕西省咸阳市建筑安装总公司与陕西鸿裕物资有限公司买卖合同纠纷案"中[1],最高人民法院肯定了二审法院以实际损失为衡量标准,对逾期履行进行酌减处理的做法,肯定了违约金填补损失的功能。在"海南同晟房地产开发有限公司与文昌正豪房地产开发有限公司合资、合作开发房地产合同纠纷案"中[2],海南省高级人民法院认为违约金以填补守约方的损失为主要功能,而不以严厉惩罚违约方为目的,过高的惩罚性违约金可能与公平原则存在冲突,因此当事人以约定的违约金过高为由而请求人民法院予以适当减少的,人民法院应当依法酌减。

2. 约定违约金数额与实际损失不一致

赔偿性违约金是双方当事人在缔结合同时对可能因为违约而发生损害的预估,又称为损害赔偿总额的预定,《日本民法典》第420条直接将违约金规定为预定的赔偿额,我国台湾地区"民法"第250条第2款明确规定"债权人除得请求履行债务外,违约金视为因不于适当时期或不以适当方法履行债务所生损害之赔偿总额",法国法亦认可债务履行与损害赔偿的并用,而之所以允许迟延履行请求权与违约金并用,就是将该违约金视为对迟延履行所造成的损害额的预

---

[1] 参见最高人民法院民事裁定书,(2016)最高法民申1249号。
[2] 参见海南省高级人民法院民事判决书,(2015)琼民一终字第84号。

定。[1] 在我国的司法实践中,法院多认为我国法律规定的违约金仅是赔偿性违约金,法律并未对惩罚性违约金作出明确的规定,违约金是对因违约所遭受损害赔偿额的预先约定,应当与实际损失相当,畸高时应予以酌减。[2]

违约金仅为损害赔偿总额的"预定",因此约定的违约金数额与遭受的损失之间不一致也很正常。但是,鉴于损害赔偿总额预定制度的目的在于填补损失,预定的损害赔偿数额仍应与各类违约行为在通常情况下可能造成的典型损害相当,如果预定的数额过分超过典型损害,则该违约金更侧重强调履约担保功能,而不是损害数额的预定。[3] 如果让债务人承担全部的预定损害赔偿额则明显违背公平原则,基于公平原则的考虑,也只有在违约金"低于或过分高于"实际损失时,才会对其进行评价和酌减。也有观点认为不应适用调整规则,因为损害赔偿总额预定的目的就是赔偿当事人的损失,约定的赔偿额理应与实际损失或者是典型损害相一致,如果不符合则该约定应认定为无效。[4] 但是考虑在缔结合同时对损害赔偿额的预估与实际损失总是会有误差,如果因为违约金数额与实际损失不符就认定违约金约定无效,那么很多约定都会因此而无效,不仅不符合实际,而且将造成约定的空间被压缩进而导致权力过度干预私法领域。违约金调整规则完全可以在尊重当事人意思和目的的基础上,将其约定调整到合理的结果,以有效的司法介入保护当事人双方合意的结果。英国法早期对违约金过高采取约定无效的后果归结,近些

---

[1] 参见邱聪智:《新订民法债编通则(下)》(新订一版),中国人民大学出版社 2004 年版,第346 页。
[2] 参见浙江省瑞安市人民法院民事判决书,(2015)温瑞商初字第 2868 号。
[3] 参见[德]迪特尔·梅迪库斯:《德国债法总论》,杜景林、卢谌译,法律出版社 2004 年版,第 342 页。
[4] 参见王洪亮:《违约金功能定位的反思》,载《法律科学》(西北政法大学学报)2014 年第 2 期,第 117 页。

年,受英格兰法影响的苏格兰法也开始质疑"一刀切"将罚金条款认定为无效的理念,认为应当尊重当事人的意思自治和合同效力的确定性,赋予罚金条款可执行性,不应直接认定无效。[1] 从私法自治的精神考虑,不宜轻易将当事人约定归结为无效。

(二)惩罚性违约金不宜调整

我国学者多认为,惩罚性违约金主要的功能就是惩罚当事人的违约行为,督促当事人及时履行合同。[2] 将其视为当事人对违约所约定的一种私人制裁,一般不考虑实际损失。当前多数国家立法都未明确规定惩罚性违约金,我国《民法典》合同编关于违约金的规定也应解释为不包含惩罚性违约金。当然,基于合同自由原则,当事人可以自由决定合同内容,约定惩罚性违约金,该约定只要符合法律、行政法规的强制性规定,不违背公序良俗原则即被认为有效。我国与多数大陆法系国家一样,均未限制或者禁止当事人在缔约时约定惩罚性违约金或在特定交易习惯中存在惩罚性违约金。惩罚性违约金的具体数额也完全由当事人合意确定,或高或低,而通常情况下当事人在缔约时都会约定高额的惩罚性违约金。

1. 惩罚性违约金的功能在于担保合同的履行

约定了惩罚性违约金后,债务人除了需要支付违约金外,还需要继续履行合同,这显然已超过了原债务的内容,此种高额违约金会督促债务人为了避免承担沉重负担而积极履行合同。在"刘铭锦与新疆现代混凝土有限公司保证合同纠纷案"中,[3]新疆维吾尔自治区高级人民法院认为惩罚性违约金的目的在于给债务人心理上制造压

---

[1] 参见姚明斌:《违约金论》,中国法制出版社2018年版,第287页。
[2] 参见王利明:《合同法研究(第三卷)》(第二版),中国人民大学出版社2015年版,第701页;韩世远:《合同法总论》(第四版),法律出版社2018年版,第824页。
[3] 参见新疆维吾尔自治区高级人民法院民事判决书,(2015)新审一民提字第94号。

力,促使其积极履行债务。通常情况下,合同双方当事人之所以会约定高额的惩罚性违约金,主要有两个方面的原因:其一,债务人为提高与债权人缔约的可能性,而允诺高额的违约金;其二,债务人信赖自己能够履约,但伴随而来的是其低估了高额违约金的危险性。因此,约定高额违约金完全是债务人处于高度信赖状态下完成的,如果债务人未按约履行,债务人就会处于一种极为不利的地位。与约定赔偿性违约金不同,惩罚性违约金并不是对因违约可能造成损失的预测,而是双方当事人希望通过约定惩罚性违约金以实现对另一方的约束。从双方当事人缔约的初衷来看,任何一方的目的都不是获得高额违约金,而是通过履行合同以实现合同目的。因此,惩罚性违约金所起的作用只是担保合同履行甚至是一种威慑,使双方因惩罚性违约金的压力只能积极地履行合同,以保证合同的顺利履行。

如果允许惩罚性违约金调整,则惩罚性违约金的担保功能基本不再存在,当事人的预期下降,保证合同履行的功能也不会存在。惩罚性违约金的目的从来都不是惩罚当事人,但是也不能纵容当事人的违约行为,如果确定为惩罚性违约金,则不应使用违约金调整规则。

2. 惩罚性违约金不要求发生实际损失

根据惩罚性违约金"责任并行说"观点,惩罚性违约金主要的功能就是给债务人制造心理压力,督促其积极履约,债务人除了需要支付违约金外,其他损害赔偿责任亦不受影响。[1] 因此,可以推导出惩罚性违约金的适用并不要求发生实际损害。在我国的司法实践中,也有法院采纳这一观点。在"重庆米林广告有限公司与四川虎马文化传媒有限公司广告合同纠纷案"中[2],人民法院认为双方在违

---

[1] 参见韩世远:《合同法总论》(第四版),法律出版社2018年版,第824页。
[2] 参见重庆市第三中级人民法院民事判决书,(2016)渝03民终1011号。

约责任中约定除赔偿损失外还应支付20万元违约金,故该违约金系惩罚性违约金,对该违约金不予酌减。但是,在立法未明确规定可以约定惩罚性违约金的情况下,大部分法院都不区分赔偿性违约金和惩罚性违约金,而是一律进行过高或过低的调整,在"曾兆强劳动争议案"中[1],人民法院认为违约金既有补偿性违约金,也有惩罚性违约金,但即使是惩罚性违约金也应参考因违约方的违约行为所致守约方的损失情况、违约方的获利情况等予以确定,而不可完全脱离实际情况直接约定过高的数额。这种处理方式无法实现当事人约定惩罚性违约金的意图,使违约金类型二分毫无意义。需要注意的是,与赔偿性违约金不要求过错归责事由不同,发生违约后惩罚性违约金即是对过错的惩罚,其成立要求债务人存在过错。[2]

二、违约金调整考量的各种因素

《民法典》第585条第2款仅规定违约金调整规则,对于规则适用中需要考量的因素并未具体列明,基本上沿袭了《合同法》的笼统规定,并未吸收《合同法解释(二)》第29条以及《民商事合同纠纷指导意见》列举的违约金调整需要考量的因素。结合司法实践的经验,可以明确违约金调整考量的因素包括:合同履行的情况、当事人过错程度、预期利益、当事人的主体身份以及其他在条款中未提及之因素,如社会经济状况、违约金所占合同标的额的比例。[3] 在具体案件中如何考量上述因素,需由法官结合具体案情裁量确定,并不是每个案件都要考虑以上全部考量因素。司法实践中,人民法院在援用违约金调整规则时,往往没有充分综合考量各因素,而是简单地依

---

[1] 参见广州市中级人民法院民事判决书,(2018)粤01民终6150、6151号。
[2] 参见韩世远:《合同法总论》(第四版),法律出版社2018年版,第826页。
[3] 参见黄薇主编:《中华人民共和国民法典释义》(中),法律出版社2020年版,第1133—1134页。

据30%标准对违约金是否过高作出认定,导致约定违约金被大概率地调整,并以当事人直接损失的130%确认违约金。这不仅无法实现违约金调整规则的目的,也使得违约金制度的功能大打折扣。因此,有必要对违约金调整的考虑因素逐一厘清。

(一)实际损失是违约金调整的基础

《民法典》第585条规定调整违约金时应当以实际损失为基础,兼顾其他综合因素。韩强认为,判断违约金是否过高不能简单地将其与实际损失相比较,而是应从债务人角度评价,让其承担高额违约金是否显失公平,即使违约金数额远超实际损失,而违约金的绝对值较小,不会对债务人构成沉重负担,也无须酌减。[1] 由于填补损失是赔偿性违约金的一个主要功能,所以应将违约金数额与实际损失之间的差额限定在合理的范围内,不能因为绝对数额不会给债务人构成威胁,就不对其加以酌减。从赔偿性违约金功能的角度来看,既然一方的违约行为未对相对方造成严重损害,让违约一方承担绝对值极高的违约金,显然有违公平原则的要求。

《民法典》第584条规定违约损害赔偿应相当于因违约所造成的损失,包括履行合同可以获得的利益。绝大部分的违约损失都是针对的预期利益。[2]《合同法解释(二)》第29条第1款规定的"实际损失"与"预期利益",前者主要为信赖利益损失,后者是可得利益损失,二者共同构成"造成的损失"。[3] 将"实际损失"限于当事人的信赖利益损失,明显缩小了实际损失的范围,并不能完全填补守约方的损失。对于"造成的损失"的理解应当既包括所受损害,也应包括

---

[1] 参见韩强:《违约金担保功能的异化与回归——以对违约金类型的考察为中心》,载《法学研究》2015年第3期,第54页。
[2] 参见杨良宜:《损失赔偿与救济》,法律出版社2013年版,第72页。
[3] 参见雷继平:《违约金司法调整的标准和相关因素》,载《法律适用》2009年第11期,第24页。

"合同履行后可以获得的利益",也就是《合同法》第 584 条规定的预期利益。[1]《德国民法典》第 252 条规定可得利益为依事物的通常进行或者是依特殊情形,特别是依已采取的措施或者准备,可预期取得的利益。因此,在衡量当事人所遭受的实际损失时,应兼顾债权人已采取措施或准备可得的利益。在"上海鸿达饮料有限公司、谢元元、李仲儒、孙可琢联营合同纠纷案"中[2],最高人民法院认为违约方的违约行为不仅使守约方遭受了包括有形资产的损失,而且产生了无形资产的损失,同时守约方还丧失了合同履行后可以获得的利益,其中部分损失数额是难以具体量化的,这也是双方在合同中约定一系列确定损失的原因所在。当事人在缔结合同时是以合同得以履行,进而获得经济利益为目的,其中已经包括了无法客观量化的利益。人民法院在对违约金进行调整时,不应该无视债权人对违约金数额所寄予的利益期待。《买卖合同解释》第 29 条规定,一方违约给对方造成损失,对方主张赔偿可得利益损失的,人民法院应当予以认定。在"香港哦啦国际有限公司与吴绍俊承揽合同纠纷案"中[3],浙江省高级人民法院认为,在酌减违约金时,应考虑到原告的可得利益。《合同法解释(二)》第 29 条第 1 款既强调违约金调整要以实际损失为基础,又明确兼顾预期利益的规范地位,可以使法官在认定违约金是否过高和酌减时明确当事人的意旨,对于预期利益的考量,使得约定违约金在损害填补方面较法定损害赔偿有着更大的覆盖力度。[4] 在"中国信达资产管理股份有限公司甘肃分公司与庆阳市智

---

[1] 参见姚明斌:《违约金司法酌减的规范构成》,载《法学》2014 年第 1 期,第 135 页。
[2] 参见最高人民法院民事裁定书,(2013)民申字第 1765 号。
[3] 参见浙江省高级人民法院民事判决书,(2010)浙商外终字第 113 号。
[4] 参见姚明斌:《论定金与违约金的适用关系——以〈合同法〉第 116 条的实务疑点为中心》,载《法学》2015 年第 10 期,第 41 页。

霖房地产开发有限公司等债权债务概括转移合同纠纷案"[1]中,最高人民法院也认为违约造成的损失不仅仅是指实际损失,还应包括合同履行后可以获得的利益。违约行为导致可得利益损失的,只有对可得利益损失进行弥补,才能与违约金"以补偿性为原则,惩罚性为例外"的性质相符。

合同履行后可得的利益除了受市场因素的影响外,还会受到当事人经济状况等因素的影响,致使可得利益的计算较为困难。由于人民法院在认定损失时无法准确地计算可得利益,导致其更侧重于对实际损失的认定,只能是将可得利益视为兼顾因素。正是由于忽视了预期利益计算,人民法院多选择保守的判决调整违约金,当事人约定的违约金被大概率的调整。对具体案件实际损失的计算,理应重视当事人的可得利益,不应仅将其视为兼顾因素。在"陈晨、蔡婷、广州宏康房地产有限公司商品房买卖合同纠纷上诉案"[2]中,广州市中级人民法院认为,陈晨、蔡婷不能入住房屋的损失并不限于当地租金的损失,还有替代房屋的租金损失或出租收益等可预期利益。

对于可得利益的计算还应当加以限制。有观点认为"实际损失"应不以可预见范围为限。[3]但是,根据《民商事合同纠纷指导意见》第 10 条规定,可得利益损失的计算和认定,应当综合适用可预见规则、减损规则、损益相抵规则以及过失相抵规则等。可得利益损失应当具有可预见性,应受到可预见规则的限制,并不是所有的可得利益都会获得补救。在缔结合约时,无法预见的损失,不能成为可得利益损失。在"山西数源华石化工能源有限公司与山西三维集团股份有

---

[1] 参见最高人民法院民事判决书,(2018)最高法民终 355 号。
[2] 参见广州市中级人民法院民事判决书,(2009)穗中法民五终字第 2262 号。
[3] 参见姚明斌:《违约金司法酌减的规范构成》,载《法学》2014 年第 1 期,第 135 页。

限公司租赁合同纠纷上诉案"[1]中,最高人民法院认为可得利益的损失必须具有确定性,假设或者可能发生的损失,不能得到赔偿。既然是对可得利益的"预见",当事人事先肯定无法准确预见到因违约可能造成的具体损失额,只能要求违约方在缔结合约时预见到违约可能造成损害的范围。《民商事合同纠纷指导意见》中将可得利益损失按照不同的合同类型划分为:生产利润损失、经营利润损失和转售利润损失。虽然最高人民法院已对可得利益的范围作出限定,但是,在具体案件中,利润的确定不仅受到市场变动的影响,更与当事人的经营能力有关。在计算当事人可得利益时,应当综合行业的平均利润状况和企业自身的经营,对涉及的利润加以确定。只要准确把握可得利益的种类和同行业同期利润两大因素,可得利益损失的数额是可以公平确定的。[2] 另外,可得利益的计算还要受到减损规则的限制。《民法典》第591条规定守约方在对方违约后,有义务及时采取措施,减少损失的扩大。因未及时采取措施而扩大的损失,应排除在可得利益损失范围之外。基于损益相抵规则,应当将非违约方因违约行为所获得的利益,在所遭受的损害中扣除。

(二)考虑不同的合同履行情况

《民法典》第585条规定的违约金调整规则,并未规定不同的合同履行情况对违约金调整的影响。但是有观点认为,合同部分履行情况下,人民法院可以对违约金适当减少。[3]《合同法解释(二)》第29条规定违约金调整要兼顾合同履行情况,在一方当事人的履行

---

[1] 参见最高人民法院民事判决书,(2012)民一终字第67号。
[2] 参见孟勤国、申薈:《论约定违约金调整的正当性与限度》,载《江汉论坛》2016年第7期,第134页。
[3] 参见王利明:《合同法研究(第三卷)》(第二版),中国人民大学出版社2015年版,第719页。

构成违约时,不同的履行情况对守约方造成的损害可能存在差异,在对违约金调整时需要充分考虑合同的履行情况以及对当事人的影响。因此,在调整违约金时,有必要对合同的履行情况进行区分,针对各种不同情况确定调整幅度和数额。合同的履行情况可以概括为拒绝履行和履行不能、不适当履行和部分履行。

第一,部分履行情形可以予以调整。在不同的合同履行情形中,对违约金调整影响最大的就是部分履行。《法国民法典》第 1231 条规定主债务已部分履行的,法官可以酌减违约金。我国台湾地区"民法"第 251 条也作出类似规定,"一部履行之酌减"即债务已部分履行的,法官可以比照债权人因部分履行获得的利益,减少违约金。但是《民法典》并未对合同部分履行时的违约金调整作出规定,只是《合同法解释(二)》第 29 条规定合同履行情况作为兼顾因素。部分履行情况下的违约金调整,应更强调债权人因部分履行所获得的利益,而不是直接根据未履行部分所占比例而定。约定违约金主要是为了担保合同的履行,违约金的数额并不是根据合同的履行情况确定,违约金数额也相应地不能因为合同的履行而减少,但是可以根据未履行部分给非违约方造成的损失,而适当减少违约金的数额。[1]在某些情况下,即使已经部分履行,仍给债权人造成损失。此时,债务人请求调整违约金的应当不予调整。在某些部分履行场合,要考虑未履行部分给当事人造成的损失,不能根据未履行部分占全部的比例调整违约金。在"吴善媚、李耀生与梁新业、宋汉之等股权转让纠纷案"[2]中,最高人民法院认为,受让方给对方造成的损失,也只是基于未支付款项而产生的损失,既不能以全部款项为基础调整违

---

[1] 参见王利明:《合同法研究(第三卷)》(第二版),中国人民大学出版社 2015 年版,第 719 页。
[2] 参见最高人民法院民事判决书,(2016)最高法民终 51 号。

约金,也不能以未支付部分占全部款项的比例调整违约金。在受让方已经支付了约三分之二转让款的情况下,应以受让方未付的股权转让款为基础认定约定的违约金是否过高,并以此确定调整后的违约金。在部分履行情况下,还应该注意的问题是过高违约金和定金规则的适用顺序。根据《担保法解释》第 120 条第 2 款对部分履行作出的特别规定,在部分履行场合应当优先适用定金规则,在按比例适用定金规则后仍存在过分高于部分履行合同造成的损失时,再考虑违约金调整问题。[1]

第二,拒绝履行情形不予调整违约金。债务人拒绝履行债务的,其不仅没有履行合同的行为,也没有履行合同的意思。在拒绝履行场合,债权人有权解除合同并要求债务人承担违约责任。就拒绝履行而言,违约方在主观上属于故意违约,对于缔结合同时约定的违约金,如果再以过高为由申请调整的,人民法院不应支持,否则不利于对非违约方履行合同信赖利益的保护。在"陈燕刚、武保福与庞永富房屋买卖合同纠纷案"[2]中,人民法院认为在守约方已支付定金、并且尽到注意义务的情况下,违约方拒绝履行合同,有违诚实信用原则。在当事人一方拒绝履行的场合,其主观恶意较严重,有违诚实信用原则,应当不予调整违约金。

第三,不适当履行应区分类型调整。对于不适当履行,《民法典》第 582 条规定了特殊的救济方式,在当事人的履行质量不符合约定的情况下,首先应当按照当事人之间的约定处理,如果当事人对此并未约定或者约定不明,事后又不能达成协议的,只能是按照法定的补救方式处理。针对瑕疵履行的违约金自缔结合约时即已确定,但是可能产生的损害是不确定的,如果违约金"过高或者过低于"实际损

---

[1] 参见姚明斌:《违约金论》,中国法制出版社 2018 年版,第 323 页。
[2] 参见深圳市中级人民法院民事判决书,(2016)粤 03 民终 14184 号。

失,则可以请求调整。[1] 司法实践中,人民法院多数情况下会考虑瑕疵履行对合同履行的整体影响。而按瑕疵的程度不同可以将瑕疵履行分为一般瑕疵履行和严重的瑕疵履行;按照瑕疵的内容不同可以分为质量瑕疵和权利瑕疵。如果是一般的瑕疵履行,对合同履行影响不大,则允许当事人通过修复、更换、使权利完整等手段解决,以保证合同的顺利履行。如果一方当事人的瑕疵履行较为严重,严重影响合同的履行,致使合同目的无法实现,则应支持守约方解除合同,并请求赔偿。若当事人的履行有严重质量瑕疵,致使当事人无法实现合同目的,应视为合同未履行,原则上应当不予调整违约金,以保证守约方的利益。在"江苏省苏盐连锁有限公司盐城分公司与孙彤房屋租赁合同纠纷案"[2]中,盐城市中级人民法院认为,被告在未申请消防备案的情况下,允许原告改变设计用途,致使在开业时未能通过消防验收,在经营中被停业整顿,被告存在缺陷未符合约定用途,为瑕疵履行。最终法院根据双方的违约程度,将双方约定的10万元违约金调整为6万元。在严重的权利瑕疵履行场合,若当事人的瑕疵履行致使合同目的无法实现,在酌减违约金时,应尊重当事人约定违约金的意图,保护守约方的利益,不应再以"30%"标准为限。在"戚向军与杨光明租赁合同纠纷案"[3]中,宿迁市中级人民法院认为,被告作为出租方应保证出租房屋的正常使用且其应对出租屋享有处分权的情况下才能出租,如果其不享有处分权或者没有完全取得处分权,就不应当出租涉案房屋,否则即使出租后也达不到租赁合同目的。对于违约方的瑕疵履行,虽然房屋买卖合同纠纷案件中人民法院会考虑瑕疵履行对合同整体履行的影响。但是在大多数案件

---

[1] 参见姚明斌:《违约金论》,中国法制出版社2018年版,第214页。
[2] 参见盐城市中级人民法院民事判决书,(2015)盐民终字第3402号。
[3] 参见宿迁市中级人民法院民事判决书,(2016)苏13民终2172号。

中,人民法院并未对瑕疵履行可能给当事人造成的损失,给予太多的重视。在不适当履行场合,人民法院应当根据瑕疵履行对合同整体的影响,决定违约金调整的幅度,如果瑕疵履行轻微,不影响合同的履行,则可以予以调整违约金。如果瑕疵履行严重影响合同履行,无法实现合同目的,人民法院在调整违约金时应当谨慎对待,原则上应当不予调整违约金。

(三)考虑各方当事人过错程度

根据《民法典》第577条的规定,成立违约责任并不要求当事人具有过错,只要造成损失即可。一般而言,在无特别约定的情况下,违约金责任的成立遵循合同法之严格责任原则,而不问债务人的可归责性。[1] 原则上赔偿性违约金的调整无须考虑违约方的过错,只要求发生实际损失即可。是否要求当事人有过错,要区分不同的情况:其一,如果当事在缔结合约时约定,违约金的成立以当事人有过错为要件,则按其约定;其二,如果法律有特殊规定要求有过错的,依该规定;其三,对赔偿性违约金不要求有过错。[2] 但是《合同法解释(二)》第29条规定在违约金调整时,应当考虑双方当事人的过错,其中最主要的是认定违约方的过错程度。如果债务人的过错程度较高,违约金原则上应当不予调整或者少量调整;如果过错程度较低,则可以调整。当债权人亦有过错时,可以作为违约金调整的衡量因素。

第一,债务人有过错的情况。在《合同法》制定原则上即采纳了严格责任原则,立法者认为其代表了国际上先进的立法经验。[3] 根

---

[1] 参见韩世远:《合同法总论》(第四版),法律出版社2018年版,第826页。
[2] 参见韩世远:《合同法总论》(第四版),法律出版社2018年版,第826页。
[3] 参见王利明:《合同法研究(第三卷)》(第二版),中国人民大学出版社2015年版,第432页。

据《民法典》第 577 条规定,违约责任的成立采取严格责任原则。通常情况下,违约责任的成立不考虑当事人主观是否有过错。在严格责任原则下,守约方只需要证明违约方存在违约行为,违约方即应当承担违约责任,并不要求守约方举证证明违约方主观上亦存在过错,从而减轻了守约方的证明责任。严格责任原则的侧重点是违约责任的成立,而与之不同的是《合同法解释(二)》第 29 条规定的是违约金调整的问题,违约责任的成立可以不考虑当事人的主观过错,但是在对约定违约金的数额进行调整时,不得不对其主观过错进行认定。最高人民法院在起草《合同法解释(二)》时对 29 条的另一种规定是:"当事人一方过失违约未造成另一方损失的,人民法院根据违约方的请求可以适当减少违约金。对于故意违约,违约方请求减少违约金的,人民法院不予支持。"[1]违约责任的成立并不意味着当事人就要承担约定的违约金,这是严格责任原则和违约金调整规则在功能上的本质不同。司法调整中考虑债务人的过错程度,可以减轻在责任成立环节不考虑当事人过错,可能产生的不良后果。[2] 所以,在违约方为过失违约时,请求调整违约金的,人民法院应当对违约方的主观过错加以认定,据此对违约金进行调整。若违约方故意违约,其在缔结合约时就已知道违约金的存在,所以不应支持其酌减违约金的请求。在"上海明太投资发展有限公司等与叶跃群股权转让纠纷案"[3]中,法院认为被告将同一股权同时转让给不同的受让人,在签约时即存在不诚信行为,明知违反合同要承担高达 4 500 万元违约金,仍选择违约,有理由相信其违约获利远高于违约损失,其属于恶意违约,守约方因此失去获得较大利益的机会。尽管

---

[1] 沈德咏、奚晓明主编:《最高人民法院关于合同法司法解释(二)理解与适用》,人民法院出版社 2009 年版,第 212—213 页。
[2] 参见姚明斌:《违约金论》,中国法制出版社 2018 年版,第 325 页。
[3] 参见上海市高级人民法院民事判决书,(2012)沪高民二(商)终字第 5 号。

4 500万元违约金数额较高于明太公司的实际损失,但综合考虑黄帆的过错程度以及预期利益等因素,法院认为 4 500 万元违约金并不属于过高情形,不予酌减违约金。在当事人之间已经就违约行为约定违约金的情况下,违约方在权衡违约获利与违约责任后,如果预期的违约获利明显高于履行合同的获利,当事人仍然选择违约,此时违约方属于故意违约,应当排除适用违约金调整规则。如甲将一套房屋以 100 万的价格出售给乙,约定违约金为 50 万,在办理房产变更登记前该房屋价格猛涨至 200 万,甲又以 200 万的价格将该房屋出售给丙,并办理变更登记。此时即使甲选择违约并支付违约金,其仍然处于获利状态。因此,甲请求法院酌减违约金的请求不应得到支持。如果违约系由第三人行为导致,对于债务人本人的主观过错也应当考虑,因为最终仍然由违约方承担违约责任。因此,若债务人为故意违约的,其主观上具有恶意,在提出违约金调整请求时,人民法院原则上应当不予调整。

第二,双方当事人均有过错。人民法院在调整违约金时,若债权人亦有过错,如何适用调整规则,应当区分不同的情况加以确定。如果债权人为了获得高额的违约金而故意使对方违约,且债务人能够举证证明,人民法院则可以直接适用《民法》总则编第 159 条的规定,认定债务人不构成违约,债务人则可以请求解除合同并向债权人请求损害赔偿。如果债权人对于违约行为的发生有轻微的过错,则不能完全免除债务人的债务,需要根据双方当事人的过错程度,综合《合同法解释(二)》第 29 条规定的因素调整违约金。在"茂名市建筑集团有限公司诉江苏国信象山地产有限公司等建设工程施工合同纠纷案"[1]中,人民法院认为原告的项目经理不在现场产生的后果主要是工程存在质量问题,原告在施工中监督不力,也存在一定过

---

[1] 参见江苏省高级人民法院民事判决书,(2013)苏民终字第 0124 号。

错,而被告所承担的涉案工程修复费用已部分弥补了原告的实际损失,最终法院根据双方当事人的过错,将违约金由 149 万酌减为 50 万元。当双方当事人对违约的发生均有过错时,是否适用过失相抵规则,学界有不同的观点。王利明认为,立法对违约责任采取严格责任原则,无法比较双方当事人的过错,过失相抵规则和严格责任原则存在冲突。[1] 过失相抵是因为非违约方对于违约的发生亦存在过错,而相应地减少对违约方的责任。而严格责任的适用是在认定违约责任的成立时,二者的适用时间不同,因此二者并不存在适用上的冲突。如果非违约方亦存在过错,在调整违约金时应当相应地减轻违约方的责任。《买卖合同解释》第 30 条规定双方当事人对违约损失均有过错的,人民法院可以根据违约方的请求,扣减相应的损害赔偿额。

(四)考虑当事人使用格式合同情形

《民商事合同纠纷指导意见》第 7 条规定,违约金调整时,要综合考虑当事人缔约地位强弱、是否使用格式合同或条款等多项因素。如果缔约双方当事人在信息掌握、经济实力、谈判能力存在较为明显的强弱悬殊,虽然看似是基于意思自治订立的合同和违约金条款,实质上很难做到真正的自由和公平。当事人之间实力上的悬殊差距,使得一方当事人在合同中处于弱势地位,尤其是大公司与个人之间缔结的违约金条款。对于格式合同中的违约金条款,可以分为针对格式合同提供方的违约金条款和针对格式合同接受方的违约金条款。作为格式合同的提供者,合同内容由其单方事先制定,其在缔结合同时占据主动,且制定的违约金数额也在其可承受的范围之内。由于二者对违约金的承受能力不同,即使对双方的违约行为约定相

---

[1] 参见王利明:《合同法研究(第三卷)》(第二版),中国人民大学出版社 2015 年版,第 678 页。

同数额的违约金,也会产生不同的结果。格式合同的接受方作为弱势的一方,对合同的内容无法与对方协商,对于违约金条款亦是如此,通常情况下,消费者要么选择接受要么选择离开,消费者根本没有可选择的空间。双方的强弱对比较明显,使得违约金调整规则更应该考虑对弱势一方的保护。司法实践中也不乏相应的案例,在"中国联合网络通信有限公司绍兴市分公司与孙建新特许经营合同纠纷案"[1]中,人民法院认为双方当事人签订的合同是由原告单方制作的格式合同,对双方权利义务的约定存有不公平因素,最终将约定的30万违约金调减为4.5万。虽然格式合同提高了缔约效率,但是限制了合同自由原则,格式合同的拟定方可以利用其优越的经济地位,制定有利于自己、而不利于消费者的合同条款。双方当事人之间天然的差距,必然会产生不公平结果。

在格式合同情形中,人民法院应当区分格式合同提供方和接受方,对双方提出的违约金调整请求分别对待,因格式合同提供方处于优势地位,应当对其提出更高的注意要求,针对提供方的违约行为而约定的违约金,原则上不应当予以酌减或少减;针对接受方的违约行为而约定的违约金,一般应考虑予以调整。

三、合同关系内违约金调整的限制条件

违约金调整是合同关系外部的干预规则,要坚持合同自由原则,应适当对违约金调整进行限制,不能以所谓结果的公平损及合同关系构成的基础。在确定限制条件时,首要的问题是限制公权力的介入,并且适当考虑违约金的功能,对调整数额比例进行弹性规定,而不是一味将违约金纳入赔偿损失的框架内。

---

[1] 参见绍兴市中级人民法院民事判决书,(2016)浙06民初769号。

（一）人民法院不得主动援用违约金调整规则

《民法典》第 585 条第 2 款规定约定的违约金"低于或者过分高于"造成的损失时，当事人可以请求人民法院或者是仲裁机构予以调整。"请求"一词突出了当事人在违约金调整程序启动上的主动性，人民法院只有在当事人提出请求的情况下，才能对约定违约金数额是否合理、非违约方因违约所遭受的损失进行判定，进而决定是否调整违约金以及违约金调整的幅度。[1] 调整程序的启动，是司法权力介入违约金调整的前提条件。对于违约金调整程序的启动，存在法院主动介入调整模式和当事人申请调整模式。《德国民法典》第 343 条第 1 款规定债务人以约定的违约金过高为由，向法院提出请求，法院可以将违约金减至适当数额。实质上是赋予法官介入私法领域，对当事人意思加以调整的权力。法院依职权启动，是指在具体案件中法院无须当事人的申请，即可直接依法根据掌握的案件情况衡量相关情势调整违约金。我国台湾地区"民法"第 252 条即规定法官可主动依职权援用规则调整违约金[2]，其并未要求必须由当事人向法院提出请求，"最高法院"作出的判决也表明法院可依职权对过分高额违约金进行调整。只要法院收到有关违约金过高的案件材料，即可在无须当事人申请的情况下，对过高违约金作出认定并加以调整。法国法亦赋予法官相应职权，无须当事人提出请求，即可以主动介入对违约金进行调整。但是在具体案件中，法官主动调整违约金的权力却受到严格的限制，如果法官决定对当事人约定的违约金进行调整，其必须说明该违约金数额的不合理之处，约定的违约金与

---

[1] 参见黄薇主编：《中华人民共和国民法典释义》（中），法律出版社 2020 年版，第 1132 页。

[2] 我国台湾地区"民法"第 252 条："约定之违约金金额过高者，法院得减至相当之数额。"

损害之间的差额,必须达到相当的程度。[1] 两种不同的启动模式,体现的是不同的立法追求,德国法更强调对当事人意思的尊重,而法国法则更侧重于追求结果的公平。德国法采取的当事人申请模式,更多的是在尊重当事人意思的基础上对约定违约金进行规制,法院不轻易介入私法领域,由当事人掌握主动权,以对法院自由裁量权加以限制。法国法则是为实现平衡意思自治与公平之间的关系,赋予法院可主动介入的权力,以保障当事人的利益,保证违约金制度价值的实现。而《民法典》选择当事人申请模式,是对原来我国立法尤其是民事诉讼法存在超越职权现象的调整。当事人是合同的直接参与者,比法院更了解自己的利益所在,如果其未请求法院酌减违约金,法院也无须再干预,不仅可以尊重当事人的意思自治,更是对公权力干预私法领域的限制。[2]

虽然人民法院不得主动援用违约金调整规则,但是人民法院可以向未提出酌减请求的当事人就违约金调整进行释明。当事人未向法院提出违约金调整的请求,可能是基于以下两方面原因:当事人对法律规定不熟悉,不知道可以请求法院调整;当事人认可约定的违约金。因此,在不明确当事人具体想法的情况下,为了实现违约金调整规则的价值,人民法院有必要向当事人释明。《民商事合同纠纷指导意见》第 8 条亦规定,人民法院可以向当事人释明其是否要求主张违约金过高,最终由当事人自己决定。如果经过法院释明,当事人主张约定的违约金过高的,其应当承担相应的举证责任。但是司法实践中,有的法院却将实际损失的证明责任分配给守约方,违约方只需要提出约定违约金过高的主张和违约金调整的请求,若守约方无法证

---

[1] 参见韩世远:《合同法总论》(第四版),法律出版社 2018 年版,第 830 页。
[2] 参见韩世远:《合同法总论》(第四版),法律出版社 2018 年版,第 828 页。

明自己的实际损失,则守约方要承担不利后果。[1]

(二)当事人申请才能适用酌减规则

关于违约金调整规则的启动,《民法典》采取当事人主动申请模式。《民法典》第 585 条规定"当事人"请求减少,因为违约金本就属于当事人之间的约定,属于当事人私法自治的范围,合同内容由其自由约定,权利的行使亦应如此。对于当事人提出调整违约金的请求行使的是一种什么权利也需要明确。依据《民法典》第 585 条的表述,违约金调整是当事人向人民法院或仲裁机构提出请求,姚明斌认为,相比撤销权和情势变更解除权,违约金调整权更接近合同变更权,因为司法权的介入不仅涉及是否酌减或变更,还决定了酌减的幅度或变更的内容,甚至可以说,违约金调整权本身属于合同变更权的范畴。[2] 谢鸿飞也认为应该将违约金调整视为合同变更的一种,如果将违约金条款界定为显失公平,则可能将其界定为合同变更权的一种。[3] 但是,《民法典》删除了有关可变更合同的规定,即使总则编也没有规定可变更的民事法律行为,因此无法再按照可变更合同的路径进行解释,但循此逻辑可以认为违约金调整请求是一种相当于变更合同权利的形成权。

(三)限制 30%标准的适用

《合同法解释(二)》第 29 条第 2 款规定,约定的违约金超过造成的损失 30%,即可被认定为"过分高于"。由此可得出,30%是判断过高的数额标准。[4] 该标准只是判断当事人约定的违约金是否过

---

[1] 参见四川省高级人民法院民事判决书,(2015)川民终字第 35 号。
[2] 参见姚明斌:《违约金司法酌减的规范构成》,载《法学》2014 年第 1 期,第 133 页。
[3] 参见谢鸿飞:《合同法学的新发展》,中国社会科学出版社 2014 年版,第 509 页。
[4] 参见王利明:《合同法研究(第三卷)》(第二版),中国人民大学出版社 2015 年版,第 716 页。

高,人民法院在酌减时,不能机械地将违约金调整至实际损失的30%。只有在认定违约金是否过高时,才能适用"30%"标准,其并不是确定违约金数额上限的标准。《民法典》第585条第2款并没有明确规定如何认定"过分高于",约定的违约金与造成的损失之间达到何种程度才构成"过分高于"标准。最高人民法院也明确指出,30%标准只是对约定违约金过高的初步判断标准,认定违约金过高时仍然要结合其他因素考量。[1] 但是在司法实践中,30%标准已不仅仅是衡量违约金过高的标准,也已成为人民法院调整违约金的标准。《合同法解释(二)》第29条规定人民法院在酌减违约金时需以实际损失为基础,综合考量其他因素,而违约金的数额通常很难与合同损失的130%相一致。但人民法院在判决时直接以实际损失的130%酌减违约金的情况,较为常见。在"黄忠国与黄志强、范锋等股权转让纠纷案"[2]中,法院认为原告未举证证明自己的实际损失,对原告的损失酌情参照中国人民银行同期贷款基准利率计算,在此基础上约定的违约金不得超过造成损失的30%。而最高人民法院认为,30%标准并不是一成不变的固定标准。

《合同法解释(二)》第29条规定的30%标准也是以事后的角度,对违约金数额是否过高作出认定,若以其作为违约金最高额,不仅可能使法院在调整违约金时忽略对其他综合因素的考量,更可能破坏违约金所具备的功能。合同法领域坚持当事人意思自治,国家公权力也不宜进行过多的干预。因此,应当限定30%标准在司法实践中的应用,而且《民法典》第585条并未规定30%的调整标准,也是考虑到在《合同法解释(二)》的时代,人民法院过于机械地适用30%

---

[1] 参见沈德咏、奚晓明主编:《最高人民法院关于合同法司法解释(二)理解与适用》,人民法院出版社2009年版,第214页。
[2] 参见瑞安市人民法院民事判决书,(2015)温瑞商初字第2868号。

的调整标准。现在《合同法解释(二)》已经被最高人民法院废除,30%的调整标准只能成为参考标准,人民法院在审理案件时,既不能机械地将约定的违约金超过造成损失的30%情形均认定为《民法典》第585条第2款规定的约定违约金过高,也不能在调整违约金数额时机械地将违约金数额减少至实际损失的130%。人民法院在调整违约金时,还需要考量其他兼顾因素。

第三节　民事责任与债分离的制度演进逻辑

　　民法典编纂过程中表现出责任与债分离现实,"侵权责任"乃至"民事责任"概念都超越了近代民法的内涵,一定程度上表现出动摇传统债法体系基础的色彩。《民法典》总则编第八章规定的"民事责任",其根源是1987年施行的《民法通则》的第六章"民事责任"。由于近代民法的开端《法国民法典》直至《德国民法典》都没有专门规定作为基本制度的"民事责任",因而民事责任只是在解释债的关系中使用的概念[1],而且在民法典体系下总则编专门规定作为民事责任制度会影响到整个体系构建的逻辑。从《民法通则》施行以来,我国又陆续颁布施行了多个民事单行法,其中对民事责任多有表述,但其内涵也在逐渐发生变化,实质上反映了民事责任制度的理论演进逻辑。在《民法典》解释的背景下,有必要深入讨论"民事责任"制度从初创至今演进的逻辑,进而明确"权利—义务—责任"作为范畴在我国民法典体系的表达,为财产法体系的解释作好理论准备。笔者

---

[1] 拉伦茨将承担"责任"解释为接受其行为所产生的后果并对这种后果负责。参见〔德〕卡尔·拉伦茨:《德国民法通论》(上册),王晓晔、邵建东、程建英、徐国建、谢怀栻译,法律出版社2003年版,第50页。

还试图还原我国自《民法通则》以来至《民法典》的若干立法的内在逻辑安排。需要注意的是,立法既有依据理论作体系展开的一面,当然也有为完成政治任务脱离法学理论规定的可能,另外还有一种可能是没有系统受过法律思维的训练的立法参与者想当然地提出来的看起来可行而实际上脱离法律思维的意见,这都会导致作为具体立法的民事法律规范很难解释出一个明确的逻辑线索,但既然是在法学研究的进路上展开,就尽量把我国历次民事立法的过程当成是在法学方法论的意义上正常展开的过程来解读,即使其出发点是脱离法律思维的,解释论上也应该用法律思维重新解读。

一、《民法通则》规定了与债分离的民事责任

从体系上看,《民法通则》第六章规定的"民事责任"与第五章"民事权利"呈并列的结构,结合权利和义务的对应关系,在体系上形成"权利—义务—责任"的逻辑结构,进而可以定义民事责任是民事主体违反民事义务所应承担的法律后果。[1] 虽然《民法通则》不是一部真正意义上的民法典,但其在整体上基本坚持了大陆法系民法典的体系逻辑,由此可以认为,民事责任的规定和民事权利的规定应该具有明确的体系根据,但实际情况则恰恰相反,《民法通则》的相关规定很难解释出明确的体系逻辑,存在很多体系上的漏洞和问题,虽然《民法通则》把民事责任作为一个基本概念来规定,但在其后 30 多年的理论研究中,民法学界主要还是坚持使用传统民法的概念体

---

[1] 《民法通则》施行前后出版的民法教科书多采用"后果说",另外也有"义务说""制裁说"等其他学说。参见佟柔主编:《民法原理》,法律出版社 1986 年版,第 42 页;金平主编:《民法通则教程》,重庆出版社 1987 年版,第 380 页;郭明瑞、房绍坤、於向平:《民事责任论》,中国社会科学出版社 1991 年版,第 11 页。

系,司法实践也有民事责任使用混乱的不成功表现。[1] 笔者认为,虽然理论和实践的反应说明立法规定民事责任这一基本概念是一种不成功的尝试,但由于已经经过了我国 30 多年的理论和司法实践的沉淀,就不能简单说专门规定民事责任的做法错误,应予修正,立法进程如果能够继续顺利进行,就无须回头推翻既有的制度构成,而应该解释民事责任制度的深层内涵。

(一)《民法通则》中"民事责任"的内涵

《民法通则》中的"责任"除了第六章的标题"民事责任"以外被多次使用,其含义和第六章"民事责任"的"责任"并不一致。梁慧星认为,责任在法律上存在三种含义,第一种含义等同于职责,第二种等同于义务,第三种含义是作为民事责任来使用,指的是不履行法律义务而应受的某种制裁。[2] 三种含义在《民法通则》的立法上都有表现,在全部 68 处使用"责任"一词的表述中,第 16 条、第 17 条规定的监护责任是职责的意思,而第 35 条规定的合伙人的清偿责任则是义务规定,只有第六章"民事责任"的规定才是法律后果意义上的"责任"。即使仅就"民事责任"的表述,从《民法通则》的规定看,不同场合使用的含义也不尽相同,《民法通则》第 43 条、第 63 条第 2 款中提到的"民事责任"与第六章的"民事责任"含义就不完全相同。[3] 通过这些不同含义的"责任"的规定,可以看出对于"责任"一词的使用,《民法通则》是比较随意的。但尽量精确使用"民事责任"用语,主要有两种解读。

---

[1] 参见杨立新:《民法总则规定民事责任的必要性及内容调整》,载《法学论坛》2017 年第 1 期,第 12 页。

[2] 参见梁慧星:《论民事责任》,载《中国法学》1990 年第 3 期,第 64 页;郭明瑞、房绍坤、於向平:《民事责任论》,中国社会科学出版社 1991 年版,第 9—10 页。

[3] 参见郭明瑞:《民法总则规定民事责任的正当性》,载《烟台大学学报》(哲学社会科学版)2014 年第 4 期,第 21 页。

第一,民事责任是民事义务的后果,责任因此和权利、义务一起被作为民事法律关系的要素,这改变了以萨维尼的学说为代表的传统民法对民事法律关系的解释,萨维尼认为法律关系的要素是权利,当然还可以同时解释出包括对应的义务。[1] "责任"要素的加入导致法律关系理论的重新阐释,但是显然《民法通则》时代的民法学界并没有真正做到,虽然梁慧星在当时已经把民事责任解释为民事法律关系的构成要素,认为民事法律关系是由民事权利、民事义务、民事责任构成的,但在论述责任和权利、义务的关系时,又说责任是权利、义务实现的法律保障。[2] 以"保障"来解释民事责任看起来很通,但考虑基于私法自治的原则,保障似乎超出了私权本身的范围已然进入了公权力救济的领域,如果在民事法律关系中实现保障,则可基于权利主张请求权,或者要求义务人承担义务,从而导致在解释民事责任的和民事义务的界限时往往模糊不清。虽然"保障说"有此弊端,但已经根深蒂固影响了民法学界。董学立就专门撰文指出民事责任是民事法律关系的要素,同时认为民事责任发挥作用的形式有权利的维护、对义务履行的保障、对不履行义务的制裁三种,民事责任作为权利保证的内容与权利主体、权利客体、权利本身共同构成民事法律关系。[3]

第二,民事责任是一种法律关系。与认为民事责任是民事法律关系要素不同,同时期还有观点把民事责任解释为一种法律关系。魏振瀛认为,当一方的权利受到侵害,另一方需要承担责任的时候,就发生了因责任而形成的法律关系,这种法律关系的内容是救济

---

[1] 参见〔德〕卡尔·拉伦茨:《德国民法通论》(上册),王晓晔、邵建东、程建英、徐国建、谢怀栻译,法律出版社 2003 年版,第 256 页。
[2] 参见梁慧星:《论民事责任》,载《中国法学》1990 年第 3 期,第 68 页。
[3] 参见董学立:《民事责任应为民事法律关系的要素》,载《山东法学》1997 年第 4 期,第 16 页。

权和责任。[1]这种"民事责任属于法律关系说"的重点是区分传统民法意义上的一般法律关系与民事责任所表达的法律关系,同时扩大了法律关系的概念范围,由于因民事责任而产生的新法律关系和原有法律关系之间的区别联系很难简单说通,因此所谓的新的法律关系的说法难以逻辑自洽。关于"法律关系说"还有更直接的解读,表达此观点的梁慧星在同一篇论文中,既认为民事责任是法律关系的要素,又指出民事责任实质上是一种特别的债权债务关系,其内容与普通债不同,为赋予权利人法律上之力,使之能够强制义务人为特定行为。[2]按照梁慧星的解读,民事责任如果是法律关系,那么仅仅对应的是债的关系,这在体系上就存在问题,因为《民法通则》第五章规定的民事权利既包括第一节"财产所有权和与财产所有权有关的财产权",也包括第二节"债权",还包括其他权利,如果认为第六章独立的民事责任仅为债权的一种特殊形式,进一步就会解释出《民法通则》的章节编排没有任何逻辑的结论。但从另一个角度讲,这种说法也有正确的成分,《民法通则》的民事责任仅规定了违约责任和侵权责任两种,从传统民法"物—债"二分的逻辑看,只有债法关系中的责任而没有物权法关系中的责任。换句话说,民事责任其实就是一种转化的债的关系,只是民事责任的独立成章似乎不合逻辑。

(二)《民法通则》中民事责任的类型区分及其与权利的对应关系

学界对于《民法通则》规定的民事责任有几种类型是有分歧的,米健认为,《民法通则》中规定的民事责任包括三种:违约责任、侵

---

[1] 参见魏振瀛:《制定侵权责任法的学理分析——侵权行为之债立法模式的借鉴与变革》,载《法学家》2009年第1期,第16页。
[2] 参见梁慧星:《论民事责任》,载《中国法学》1990年第3期,第70页。

权责任和特殊侵权责任。[1] 张佩霖认为,《民法通则》中规定的民事责任包括三种:违约责任、侵权责任、不履行其他义务的民事责任。[2] 从《民法通则》第 106 条的规定看,张佩霖的说法似乎更准确,但是第六章除了一般规定,单独设节规定的只有"违反合同的民事责任"和"侵权的民事责任",因此以主要内容而定,也可以说《民法通则》规定的"民事责任"只包括违约责任和侵权责任,并且主要是侵权行为的制度,而且扩大了侵权行为的承担责任的形式,并没有具体规定违反其他义务的民事责任,而且第五章"民事权利"第二节"债权"并没有规定作为债的发生原因的侵权行为,第六章的"民事责任"更像是专为侵权行为而规定的责任。另外,《民法通则》也没有规定和物权有关的民事责任,其规定的只是债法的民事责任,忽略了《民法通则》第 106 条第 1 款规定的违反其他义务责任的具体指向,从第六章和第五章的权利、义务和责任的对应关系看,第一节规定"财产所有权和与财产所有权有关的财产权"、第三节规定的"知识产权"、第四节规定的"人身权"都应对应义务,进而因违反义务而应承担责任,另外第二节"债权"中第 92 条规定的"不当得利"、第 93 条规定的"无因管理"既不能包括在违约责任中,也不能包括在侵权责任中,故而也应属于违反其他义务的民事责任范围,但是第 106 条的表述似乎应该包括,但从第六章第二节和第三节的两种类型区分看,这些违反其他义务的责任又似乎都放到侵权责任当中了,这就导致侵权责任的范围显著扩大了,事实上产生逻辑上不一致,传统民法上规定的以所有权返还原物请求权为代表的绝对权请求权都转化为

---

[1] 参见米健:《试析〈民法通则〉中的民事责任》,载《政法论坛(中国政法大学学报)》1986 年第 4 期,第 22 页。
[2] 参见张佩霖:《谈谈〈民法通则〉规定的民事责任》,载《政法论坛(中国政法大学学报)》1986 年第 5 期,第 17 页。

侵权责任的承担方式存在了。

《民法通则》没有规定绝对权请求权,理论上解释民事责任又属于债的关系的范畴,进而导致民事责任的归责原则除特殊侵权责任外都是过错归责原则,因为以《德国民法典》为代表的传统民法最初规定的违约责任和侵权责任都是过错归责原则,而且其承担责任的方式限于损害赔偿[1],但需要注意的是,德国法规定的损害赔偿包括了回复原状的内容,另外还在物权编规定了物权请求权,在侵犯物权的场合,只要物还在就适用物权请求权来救济,而主张物权请求权也不涉及过错归责原则的内容;当物不存在的时候,就适用侵权损害赔偿责任来救济。与传统民法不同,《民法通则》并未规定损害赔偿,而是规定了赔偿损失的承担责任方式,虽然看起来似乎差不多,但实质上赔偿损失和损害赔偿是有区别的,李承亮就指出,《民法通则》中的赔偿损失不同于德国民法上的损害赔偿,其是以支付一定金钱的方式填补受害人的财产损害,赔偿损失的外延小于损害赔偿,但远远大于《德国民法典》第251条规定的价值赔偿。[2]《民法通则》在民事权利一章第106条明确规定侵权责任是过错责任归责原则,在第四节第134条规定了10种承担民事责任的方式,这些方式基本上对应了前面两节规定的违约责任和侵权责任的承担方式,但是由于并没有规定违反义务的民事责任,所以在侵犯物权的时候只能区分两种情况适用《民法通则》第117条:财产还在则返还原物,财产不在则恢复原状或赔偿损失。由于第117条属于侵权责任,根据第106条第2款的规定应该适用过错归责原则,所以即使要求返还财产也是要证明过错的。但是从另一个角度考虑,所有权等

---

[1] 主要的规定是《德国民法典》第280条。参见陈卫佐译:《德国民法典》(第四版),法律出版社2015年版,第94页。
[2] 参见李承亮:《损害赔偿与民事责任》,载《法学研究》2009年第3期,第145页。

物权的义务人是权利人之外的不特定人，侵犯物就属于违反不得侵犯物权义务，进而在权利人向义务人主张返还原物的时候是不需要过错归责的。由此可以得出，在《民法通则》没有规定物权请求权的情况下，第 106 条和第 117 条是存在逻辑冲突的。魏振瀛认为，《民法通则》没有规定物权请求权是因为采取了民法责任的"后果说"，相对应《德国民法典》对于民事责任则采取"义务说"，进而指出如果违反了不侵害物权的不作为义务，就产生了承担侵权责任的后果。[1] 这种解读难言合理，因为德国法区分绝对权请求权和侵权责任发挥作用的范围，其根据是绝对权客体（物）还是否存在，如果客体不存在，则适用侵权责任的损害赔偿，如果客体还在，则直接主张绝对权请求权。从后果的角度讲，义务人被主张绝对权请求权即为承担不利后果，由此可以明确"后果说"不能简单得出绝对权请求权不能适用的结论，绝对权请求权也可以是绝对权受到干涉或侵害的法律后果。

虽然《民法通则》第六章"民事责任"的规定没有处理好其与第五章"民事权利"规定的对应关系，但仅就第二节规定的违约责任和第三节规定的侵权责任来说，仍然是在传统民法债的关系的观念下展开，真正发生实质改变的还在于第六章第四节"承担民事责任的方式"的规定，第 134 条是在体系上最难以解释的一个条文，当然其最一般的表现就是责任承担方式的多样化，考虑到涉及违约责任的承担方式是特定的，与传统民法也并无本质不同，所以主要表现的是侵权责任承担方式的多样化。非要解释第 134 条的合理性，只能说《民法通则》关于责任承担方式多样性的规定改变了传统民法侵权行为和侵权责任的概念，创新了民事责任的理念，甚至影响到了今天的我

---

[1] 参见魏振瀛：《民事责任与债分离研究》，北京大学出版社 2013 年版，第 109—110 页。

国民法典体系。[1] 因为侵权责任的多样化虽不改变侵权法主要为补偿法的性质特点，但对民法体系也提出了挑战，尽管侵权行为常常产生侵权损害赔偿之债，但也产生多种赔偿之外的责任形式。[2] 但排除赔礼道歉等效果尚待考量的创新方式，《民法通则》相比传统民法的一个潜在的变化只是把绝对权请求权并入了侵权的民事责任中，进而从侵权的角度将民事责任区分为制裁不法行为的民事责任和维护状态的民事责任，事实上产生了民事责任与债分离的效果。

(三) 民事责任与债分离的理论依据

民事责任与债分离是我国《民法通则》的创造，不可否认的事实是我国《民法通则》的立法深受《苏俄民法典》的影响，而且独立的民事责任的说法在现代俄罗斯的民法学教材中也有表述，只是实际立法中却没有独立规定。追溯前苏联的民事立法表述，1923年施行的《苏俄民法典》并没有关于民事责任的独立规定，和民事责任相关的内容包括：第59条关于物权请求权的规定，第106条关于债的发生原因的规定，第145条关于双务合同违约责任的规定，第403条至第415条关于侵权责任的规定。其中责任和债应是统一内涵的概念，并且再区分为违约责任、不当得利返还责任、侵权责任等。[3] 1964年施行的《苏俄民法典》也没有关于民事责任的独立规定，但与1923年施行的《苏俄民法典》不同，在第6条规定了民事权利的保护，其中规定的保护方式包括：确认这些权利，恢复权利被侵犯前的原状并排除侵权行为，判决以实物履行义务，终止或变更法律关系，向侵犯权利的人索取所致损失的赔偿，在法律或合同规定的情况

---

[1] 参见魏振瀛:《〈民法通则〉规定的民事责任——从物权法到民法典的规定》，载《现代法学》2006年第3期，第51页。
[2] 参见王利明等:《我国民法典体系问题研究》，经济科学出版社2009年版，第434页。
[3] 参见《苏俄民法典》，郑华译，法律出版社1956年版，第14页以下。

下索取违约金(罚款、逾期罚款),法律规定的其他方法。[1] 这些规定和《民法通则》规定的民事责任承担方式非常近似,如果《民法通则》关于民事责任的规定是移植于《苏俄民法典》应该即出自于此,但是显然前苏联并没有把这种民事权利保护的内容和民事权利、义务并列称为民法法律关系的要素看待。另外,1964 年《苏俄民法典》第 14 章第 151 条至第 157 条规定的所有权的保护,内容和 1923 年《苏俄民法典》的物权请求权内容大致相同。[2] 1964 年《苏俄民法典》第 19 章规定的了违反债的责任,第 217 条至第 227 条规定的内容把债定义为义务,而责任是不履行义务的结果。[3] 这就清楚表明,《苏俄民法典》的立法规范仍然坚持了责任是债务的不利后果的表述,苏联的民法学教材的编排也印证此结论,在格里巴诺夫、科尔涅耶夫主编的《苏联民法》中,论述民事责任的第二十六章属于第四编"债·一般原则"的内容,其中特别提到:"在苏联民法教科书中,把责任仅仅看作是对违反债的责任的传统认识,根深蒂固。"但同时该书又指出:"在违反其他民事权利和义务的情况下,也适用民事法律责任。"[4] 综合以上文本考察,我国《民法通则》规定的民事责任和 1964 年《苏俄民法典》规定的民事权利保护的内容类似,严格地说,《苏俄民法典》并没有和《民法通则》完全对应的独立"民事责任"的内容,但从苏联民法教科书看,苏联民法理论界已经在试图扩大民事责任的内涵范围,至少在债法的范围内要扩大,这有可能是我国

---

[1] 参见中国社会科学院法学研究所民法研究室编:《苏俄民法典》,马骧聪、吴云琪译,王家福、程远行校,中国社会科学出版社 1980 年版,第 6 页。
[2] 参见中国社会科学院法学研究所民法研究室编:《苏俄民法典》,马骧聪、吴云琪译,王家福、程远行校,中国社会科学出版社 1980 年版,第 51 页。
[3] 参见中国社会科学院法学研究所民法研究室编:《苏俄民法典》,马骧聪、吴云琪译,王家福、程远行校,中国社会科学出版社 1980 年版,第 69 页。
[4] [苏]格里巴诺夫、科尔涅耶夫:《苏联民法》(上册),中国社会科学院法学研究所民法经济法研究室译,法律出版社 1984 年版,第 490 页。

《民法通则》规定的理论根源。

苏联解体后的俄罗斯民法也主要沿袭了《苏俄民法典》的制度体系,因此,在《俄罗斯联邦民法典》中也没有关于民事责任的独立规定。但是俄罗斯的民法教科书中也是有民事责任的专门讲解的,在中国影响较大的 E. A. 苏哈诺夫主编的《俄罗斯民法》中,相关部分执笔者 E. A. 苏哈诺夫认为:"民事法律责任——这是国家强制的形式之一,它在于由法院为了受害人的利益而对违法者进行财产制裁,使违法者承担其行为的不利财产后果,其目的是恢复受害人被侵犯的财产权。"[1] 从其表述看,民事责任不仅能够包括债法上的违约责任和侵权责任,而且也能够涵盖物权意义上的所有权保护的内容,这就和我国《民法通则》的规定有些近似了,但需要注意的是,《俄罗斯联邦民法典》中规定的侵权责任内容并没有吸收物权请求权的内容,而是仅指债的发生原因的侵权行为。

与苏联民法理论解释不同,我国学者在《民法通则》施行后对于侵权责任的解释仍然还是坚持了传统将侵权行为作为债的发生原因的观点,例如,郭明瑞认为,侵权行为作为债的发生原因,而债务不履行发生债务不履行责任,在侵权行为之债中,"责任为因,债务为果",而在债务不履行责任中,"债务为因,责任为果"。[2] 这种说法其实已经改变了《民法通则》立法表述的"权利—义务—责任"的逻辑结构,反而将责任解释为义务的原因,实际上是回归传统民法将侵权行为作为债的发生原因,产生债务之后才会有损害赔偿责任的问题。这说明虽然立法创新了逻辑,但是理论并没有真正循此创新逻辑去解释,而是仍试图拉回到传统理论体系之内。

---

[1] 〔俄〕E. A. 苏哈诺夫主编:《俄罗斯民法》(第1册),黄道秀译,中国政法大学出版社 2011 年版,第 406 页。
[2] 参见郭明瑞:《民法总则规定民事责任的正当性》,载《烟台大学学报》(哲学社会科学版)2014 年第 4 期,第 21 页。

不能忽略的事实是,虽然近代大陆法系民法典实质上没有区分债务和责任,但近代之前的日耳曼法是区分债务和责任的,债务的内容是当为状态,所以是非由外部强制的履行义务,责任则是服从攻击权的意思,当债务不履行时可以诉之强制手段,要求债务的满足。[1] 日耳曼法的这种表述比较接近《民法通则》专门规定"民事责任"的逻辑,民事责任成为和法律强制力具有直接联系的概念,是义务违反的后果,所以义务违反都对应责任。因为日耳曼法不是个人主义的"权利本位"的法律制度,所以会有此解释,而《民法通则》虽被认为是"权利本位的法",但实际上因为是计划经济背景下制定的,特别从公权力的角度强调了法律义务的问题,这可能是解释民事责任和债分离的最有力根据了。有一个细节需要特别提示一下,《民法通则》第134条并没有沿袭《经济合同法》规定"继续履行"为承担民事责任的方式,主要原因可能是认为责任和义务是不同的,继续履行仍然是合同义务,所以不应成为违约责任的承担方式。[2] 但1999年施行的《合同法》第107条还是把继续履行规定为承担违约责任的方式,可见责任不是合同义务本身的说法并不是立法表述的根据。但是不管怎样,即使有再多的逻辑上的不顺畅或者理论上各种争议,不可否认的事实是,《民法通则》确立了与债分离的民事责任,这对于中国的民事立法和民法理论的发展产生了重大的影响。

《民法通则》之后,民事立法在沉寂了多年之后迎来了统一《合同法》的制定,《合同法》专门用一章规定了"违约责任",除了把《经济合同法》中规定的继续履行作为承担责任方式照搬过来以外,《合同法》主要坚持了《民法通则》对于民事责任的内涵解读,甚至对于

---

[1] 参见李宜琛:《日耳曼法概说》,中国政法大学出版社2003年版,第104—105页。
[2] 参见田土诚:《民事责任之本质探析——兼评我国的民事责任立法》,载《郑州大学学报》(哲学社会科学版)1994年第3期,第23页。

《民法通则》用语不精确的问题也继续沿袭,这从学者的解读可以看到,例如,崔建远认为,《民法通则》第66条第1款前段规定的"责任"、《合同法》第48条第1款规定的"责任"是从最坏的结果着眼,包括承担通常意义上的民事责任。[1] 这种多重内涵的解读实际上反映了立法用语的不精确。直到《物权法》的起草和颁布,有关民事责任概念的解释又一次成为法律条文体系解释的关键点。

二、《物权法》规定了与民事责任关系不明的物权请求权

《物权法》表面上并没有专门规定"民事责任"的章节,但是在第三章用第32条至第38条规定了"物权的保护",其中在第37条、第38条使用了民事责任的表述,除了第32条和第33条外,剩下的5个条文规定的就是《民法通则》第134条规定的承担民事责任的方式,另外《物权法》第34条和第35条规定的内容即传统民法上所谓的"物权请求权"。由此在《物权法》颁布后的时代产生了一个新的现象,民法学界对于《物权法》第三章都在用物权请求权的理论去解释,而似乎忘记了在只有《民法通则》的时代争论的民事责任和权利保护是否同一内涵的问题。

(一)《物权法》规定物权请求权的体系逻辑

以王利明为代表的多数民法学者以"物权请求权"来解释《物权法》第三章的规定,甚至认为《物权法》第36条规定的也是物权请求权。[2] 但是,一般认为修理、重作、更换属于违约责任的承担方式,而恢复原状显然属于侵权责任的承担方式,依循物权请求权的逻

---

[1] 参见崔建远:《合同法》(第三版),北京大学出版社2016年版,第104页。
[2] 参见王利明:《物权法研究》(第四版),中国人民大学出版社2016年版,第214页。当然也有不同观点,崔建远就认为第36条、第37条规定的是债权请求权。参见崔建远:《物权法》(第五版),中国人民大学出版社2020年版,第128页。

辑解释《物权法》第三章规定就产生了物权请求权和违约责任、侵权责任界限不清、关系不明的问题。不仅如此,将《物权法》第 32 条如果也理解为物权请求权在理论上更是有难度的,因为第 32 条完全与实体权利无关,甚至也是无关具体程序权利的内容,属于纯粹的程序法宣示条款,和解、调解、仲裁、诉讼只是民事权利保护的程序途径而已。而《物权法》第 33 条规定的确认物权也被解释成物权请求权[1]会产生更多的问题,如果将"物权确认请求"界定为实体法上的请求权,这就意味着请求权人在实体上享有"确认的权利",而被请求方负有"确认的义务",而且作为实体上的权利的"确认请求权"就可能是可以抵销的、让与和免除的,相应的也就存在确认请求权是否适用诉讼时效的问题。[2] 这显然不合理,更准确的解释应该是,确认物权请求的提出并不是以恢复权利人对物的圆满支配状态为指向,很大程度上是解决物权纠纷的程序制度,即使指向权利也应该是程序上的权利,确认物权请求权可以认为是一种裁判请求权。[3]

《物权法》第三章实际上可以解释为物权请求权的只有第 34 条、第 35 条规定的内容,一般意义上,民法理论提到物权请求权如无特例应指的是第 34 条、第 35 条规定的三项请求权。[4] 这三项请求权针对的都是物权的圆满支配状态受到侵害或侵害危险的情况而赋予

---

[1] 参见全国人民代表大会常务委员会法制工作委员会民法室编:《中华人民共和国物权法条文说明、立法理由及相关规定》,北京大学出版社 2007 年版,第 48 页。但也有相反的观点,认为第 33 条规定的不是物权请求权。参见崔建远:《物权法》(第五版),中国人民大学出版社 2020 年版,第 128 页。
[2] 参见王洪亮:《物上请求权的功能与理论基础》,北京大学出版社 2011 年版,第 14 页。
[3] 参见季秀平:《物权之民法保护制度研究》,中国法制出版社 2006 年版,第 115 页。
[4] 但是,《德国民法典》采取的是"自由所有权保护"的思路,物权保护的问题被浓缩为所有权保护问题,所以,德国法并没有规定物权请求权,而是规定了基于所有权的请求权。参见王洪亮:《物上请求权的功能与理论基础》,北京大学出版社 2011 年版,第 18 页。

物权人的权利,唯需要讨论的是"侵害"究竟指向什么,民法上的"侵害"是妨害和损害的上位概念,涵盖了妨害和损害[1],而在"物债二分"的财产法体系下,物权法意义上的"侵害"应该指在"物"没有毁损、灭失情况下的侵害,一旦"物"毁损、灭失则不能适用物权请求权而只能适用债权请求权要求损害赔偿。《物权法》第 34 条、第 35 条适用的前提应该限于没有达到毁损、灭失程度的侵害,而第 37 条适用的前提则应该是达到毁损、灭失程度的侵害,所以第 37 条规定的应该是传统民法上具有债权性质的损害赔偿请求权。[2]

以上只是分析了具体条文的内涵指向,如果从体系逻辑上分析,则应该理解为《物权法》第三章"物权的保护"是将物权请求权和债权请求权统一规定以保护物权,从体系上回归了传统民法"物债二分"的逻辑,是以"权利—义务—保护请求权"为逻辑展开,这就和《民法通则》的"权利—义务—责任"的逻辑不同了,按照郭明瑞的解释,《物权法》颁布后,绝对权请求权和多种责任承担方式的侵权责任并存的观点在学说上建立了。[3] 但是这就又产生了逻辑上的矛盾,由于《民法通则》规定的侵权责任既包含了传统物权请求权对应的后果,也包含了债权请求权对应的后果,表现为承担侵权责任的方式还有返还财产等方式,所以当物被侵害的时候,既可能是基于物权请求权要求返还原物,也可能是基于侵权责任要求返还财产。

(二)基于《物权法》解释民事责任制度

从前述分析看,《物权法》第三章"物权的保护"似乎做了错误的

---

[1] 参见魏振瀛:《〈民法通则〉规定的民事责任——从物权法到民法典的规定》,载《现代法学》2006 年第 3 期,第 53 页。

[2] 注意,《物权法》第 37 条没有使用《民法通则》第 134 条所使用的"赔偿损失"一词,而是使用传统民法意义上的"损害赔偿",可以认为《物权法》至少在形式上没有完全坚持《民法通则》的内容。

[3] 参见郭明瑞:《侵权立法若干问题思考》,载《中国法学》2008 年第 4 期,第 20 页。

逻辑安排,但仅从"保护"一词的意义看并无错误,无论是第 32 条纯粹程序内容的宣示,还是第 36 条、第 37 条债权请求权内容的规定,可以说都具有保护物权的意义,当然从物权客体特定原则的角度看,第 36 条修理、重作、更换的不再是原特定物,但就物权人的利益来说也得到了损害的填补,是不是回复物权原有的状态在所不问,但利益是一致了。如果按照体系化的逻辑,在民事责任制度的框架下重新解释《物权法》的相关规定,应该还是坚持了民事责任的"后果说"内涵,只不过返还财产、排除妨碍、消除危险在物权法领域被称为物权请求权,仅在此场合不需要再适用侵权责任规则。即使坚持构建与债分离的民事责任体系的魏振瀛也认为,在物权请求权关系中不存在责任问题,如果侵害人不履行义务,物权人有权请求法院强制执行,这也不被称为责任。[1] 通过解释区分物权请求权和侵权责任的做法虽然逻辑上似乎是通的,但与《民法通则》规范的逻辑不一致,反映了《物权法》和《民法通则》出现了逻辑不协调的问题。

除了《物权法》第三章的规定外,《物权法》第 245 条规定的占有保护请求权也符合物权请求权的逻辑,只是其保护的不是物权,而是基于占有的事实状态而享有的利益,是秩序价值所反映的公共利益的私权表达。但是,《物权法》第 243 条规定善意占有人的费用偿还请求权、第 193 条规定的抵押权人的价值减少防止请求权、恢复抵押物价值请求权和增加担保请求权,这些请求权很难说是物权请求权,因为其虽然是为了保护物权或物权利益而存在,但最终的结果并没有恢复特定物的圆满支配状态,当然《物权法》第 193 条考虑是为了保护抵押权这种支配交换价值为内容的物权,还勉强可以解释恢复了支配交换价值的圆满支配状态,至少说明在特殊的场合很难清

---

[1] 参见魏振瀛:《〈民法通则〉规定的民事责任——从物权法到民法典的规定》,载《现代法学》2006 年第 3 期,第 52 页。

晰地区分物权请求权和债权请求权。所以，还可以从另一个角度解释《物权法》，即从民事责任的角度去解释《物权法》第三章的规定，把第 34 条、第 35 条解释为保护物权的民事责任。即使民法典以请求权保护为逻辑的德国也有提出相似观点的学者，德国学者皮克尔认为，从责任体系出发，从所有物返还请求权以及防御请求权中抽象出统一的责任体系，在事实构成、法律效果上大大不同于损害赔偿以及不当得利责任，该责任体系应被定位为否认性责任之上，指向越权情况，目的在于权利的实现，通过责任形式统一所有物返还请求权以及防御请求权的优点在于避免物上请求权中"物上"的模糊性及其与请求权含义的矛盾。[1] 循此逻辑，再回头联系《民法通则》的规定来解释，可以认为第 106 条规定的违反义务承担责任就当然包括不特定人违反不侵害物权的义务而应承担责任，则返还财产、排除妨碍、消除危险应该是适用于绝对权的民事责任，是在毁损、灭失之前的权利救济手段。

但是，魏振瀛却认为使用停止侵害、排除妨碍、消除危险这些侵权责任承担方式的表述是具有优势的，可以避免德国民法上区分妨害与损害的困扰，因为这些表述包括了妨害除去和妨害防止的内涵，而且可以避免妨害防止包括损害防止的缺陷。[2] 实际上，该论述提到的德国法的困扰应该是不存在的，没有任何一种解释可以完全避免界限不清晰的问题，需要做到的仅仅是体系上的清晰、逻辑上的严谨，《物权法》的规定没有做到体系上区分物权和债权，既没有回归传统民法典的物权请求权的逻辑，也脱离了《民法通则》与债分离的民事责任的逻辑，在立法规范上表现为物权请

---

[1] 参见王洪亮：《物上请求权的功能与理论基础》，北京大学出版社 2011 年版，第 224 页。

[2] 参见魏振瀛：《〈民法通则〉规定的民事责任——从物权法到民法典的规定》，载《现代法学》2006 年第 3 期，第 55 页。

求权和民事责任的关系不清楚,在司法实践中则表现为规则适用上的混乱。[1]

三、《侵权责任法》规定的"侵权责任"扩大了民事责任的范围

在《物权法》立法之时,民法学界就对物权请求权和民事责任的关系多有探讨,但掀起讨论高潮的还是在《侵权责任法》立法之前,民法学界讨论了侵权责任承担方式究竟包括哪些内容,进而讨论侵权行为是否还是债的发生原因之一。《侵权责任法》的名称和其第15条与《民法通则》第134条保持了一致,相当于使该问题尘埃落定,从解释论的角度应该讨论的是债和民事责任究竟如何分离,甚至有可能得出债的概念消亡的结论。不过与《物权法》漫长的立法过程和轩然大波式的争论不同,《侵权责任法》近乎于在学界无声的状态下通过了,但是《侵权责任法》的制度安排却进一步放大了《民法通则》在体系逻辑上的问题。

(一)《侵权责任法》保护的权利范围

在《侵权责任法》颁布之前就有观点主张侵权责任应该单独成编,认为可以将侵权行为法作为所有绝对权和合法法益的保护法放在民法典的最后,形成一个事实上的权利保护(民事责任)编,既能够突出对民事权利的保护,又能对没有上升为权利的法益进行确认和保护[2],该观点的理由主要是认为《民法通则》统一规定了包含违约

---

[1] 在"连某诉臧某排除妨害纠纷案"中,法院并不是按照《物权法》的规则认定为"返还原物"或"排除妨害",而是按照《民法通则》规定的"排除妨碍"来审理,裁判适用的也是《民法通则》的条文。参见李国强:《论不动产善意取得的构成与法律效果——评"连某诉臧某排除妨害纠纷案"》,载《山东社会科学》2016年第11期,第96页。

[2] 参见丁海俊:《论民事权利、义务和责任的关系》,载《河北法学》2005年第7期,第121页。

责任和侵权责任的"民事责任",将违约责任与合同割裂是有问题的,应当独立成编的只能是侵权行为法。从《侵权责任法》第 2 条规定的保护的民事权益的范围看,似乎贯彻了这一观点,该条列举了 18 种典型权利,主要是人格权、身份权、物权等绝对权,最后又使用"人身、财产权益等"的开放式表述,可以说即使合同债权也可能是侵权责任保护的权利。[1] 以德国法为代表的近代传统民法涉及的责任有两种:违约责任和侵权责任,与此同时,合同债权的相对性是明确的,一般不具有排他或涉他的效果,而侵权责任所针对的绝对权也主要是物权,损害赔偿也是建立在物的毁损灭失的基础之上,但是,人格权的发展改变了传统民事责任的结构,侵权责任的范围被不断扩张,虽然德国民法典最初规定的具体人格权只有姓名权,随着社会的发展,各种具体人格权日益成为侵权责任保护的主要内容,因此,为了解决种种新的人身和财产损害赔偿的问题,民事义务体系在合同法上和侵权行为法上都得到了扩张。[2]《侵权责任法》第 2 条是这种扩张的最好的注脚,典型权利的列举已经不能满足日常处理纠纷需要,侵权责任保护的利益范围必须扩大,扩大的同时也改变了损害赔偿的单一救济方式,在人格权没有单独立法的情况下,没有规定人格权请求权的可能,因此就会把绝对权请求权的内容也纳入侵权责任承担方式中,《侵权责任法》制定中不一定真的有这样的思考过程,但事实上满足了这种客观要求。

从《侵权责任法》第 2 条采用列举权利的方式还可以间接得出另一个结论,在民法典体系结构中,《侵权责任法》应该位于整个法典的最后,因为它几乎是所有权利的保护方式,无论是物权编、合同编,还

---

[1] 参见魏振瀛:《民事责任与债分离研究》,北京大学出版社 2013 年版,第 290 页。
[2] 参见张素华:《请求权与债权的关系及请求权体系的重构——以债法总则的存废为中心》,中国社会科学出版社 2012 年版,第 135 页。

是婚姻家庭编、继承编都会涉及侵权责任保护的问题。全国人民代表大会的民事立法活动也印证这一观点,侵权责任法在2002年第九届全国人大常委会第三十一次会议审议的《中华人民共和国民法(草案)》总共九编结构中位列第八编,除了涉外民事法律关系的适用法以外位置最后,《民法典》也最终坚持了这一体系安排。对此观点,刘士国指出,任何民事法律关系,都离不开民事责任保护。[1] 按照《侵权责任法》的构成,侵权责任连债权都可以保护,除去违约责任特有的一些方式外,在民法体系结构中几乎替代了民事责任的功能。[2] 简而言之,《侵权责任法》立法前后理论和实践实际上创造了一个超越传统民法的侵权责任法,是承担整个民法典的权利保护功能的侵权责任制度,功能相当于《俄罗斯联邦民法典》的权利保护的规定。

(二)《侵权责任法》实质上取消了债的观念

我国的民事立法从《民法通则》开始逐渐确立了民事责任与债的分离,但是一直没有取消债的观念,《民法通则》第五章第二节规定的就是"债权",当然只规定了合同之债、不当得利之债、无因管理之债,而没有规定侵权行为之债。《侵权责任法》更是彻底不再把侵权行为作为债的发生原因来看待,债成为《合同法》的用语,《侵权责任法》则直接用民事责任替换传统民法有关债的说法。近代民法的"侵权—责任—请求权"的逻辑被打破,代之以"侵权—责任"的逻辑,损害赔偿请求权直接被各种责任承担方式代替。当然,这也会涉及

---

[1] 参见刘士国:《论民法总则之民事责任规定》,载《法学家》2016年第5期,第141页。
[2] 张新宝在论及民事责任竞合时认为,民事责任的竞合有违约责任和侵权责任的竞合、不当得利返还责任和侵权责任的竞合,没有物权请求权和侵权责任的竞合,显然物权请求权的内容已经为侵权责任所包括,而竞合现象的出现也说明了侵权责任的范围扩大。参见张新宝:《侵权责任法原理》,中国人民大学出版社2005年版,第93页以下。

一些传统的债法总则的一些规则适用的缺失问题,比如债权让与、债务承担等是否适用侵权责任的问题,从《合同法》和《侵权责任法》的条文表述看,应该是不适用,但是否有这种现实需求呢?魏振瀛认为,有了侵权责任法,并没有削弱债法的地位和功能,而是使债法体系更加严谨,使民法体系更加科学。[1] 这和前文提到的他认为侵权责任作为独立一编保护权利的说法有些不一致,既然侵权责任法还应该受到债法总则的约束,就不能吸收物权请求权的内容成为那个包括所有的绝对权请求权的民事责任。

这里我们不妨来回顾一下债与责任的关系问题。在解释德国法传统下的债与责任的关系时,日本学者石田文次郎认为,债权人没有强制债务人给付的权利,要强制债务人为给付,则必须另有人格的责任或财产的责任等关系存在。[2] 我国台湾地区学者林诚二也认为,债务与责任未必相结合,其发生的条件各有不同,有责任未必有债务,有债务未必有责任,无责任的债务亦有之。[3] 在《侵权责任法》的模式下,债务和责任不是直接相关的,无债务而有责任是一种常见的情况,主要是因为把绝对权请求权纳入到侵权责任法表述的内容,这就产生了一种假象,义务经常是不必要的,"权利—责任"成为可以接受的分析逻辑,对于强制性后果的追求成为侵权责任法立法的主要依据。其实传统民法解释债务和责任的关系也是试图强调责任的强制性后果表现,实际上仅有义务也能够解决利益纷争。日本学者石田文次郎认为,债权人基于责任关系,得以诉讼方式实现债权,则债权人将法律上当为之债务关系,转变为法律上应为之债务关

---

[1] 参见魏振瀛:《民事责任与债分离研究》,北京大学出版社 2013 年版,第 297 页。
[2] 参见[日]石田文次郎:《财产法中动的理论》,岩松堂书店 1942 年版,第 318 页。
[3] 参见林诚二:《论债之本质与责任》,林诚二:《民法理论与问题研究》,中国政法大学出版社 2000 年版,第 208 页。

系。[1] 所以，强制性后果是责任作为一个历史范畴共同的属性。

侵权责任法最终包含了绝对权请求权的内容主要原因是对于物权保护的理解，物债二分的财产法体系从来都不是绝对界限清晰的，典型的物权关系以所有权关系定之，典型的债权关系则以买卖合同关系定之，而二者之间的用益物权关系和租赁合同关系并无内容上的区别。对于典型物权的保护逻辑是，物权既然是一种对世权，则任何第三人均负有不可对之侵害的义务，所以如果有人对之侵害，则必须依据侵权行为的规定，对物权所有人负侵权损害赔偿责任。[2] 此时构成的是一种债的关系，在物债二分的财产法体系下，此种侵害必须是在物被毁损、灭失的情形下，因为如物还在则应适用物权请求权，但物的毁损和物仍存在之间有时候是非常模糊的，进而导致侵权责任范围的扩大，把对物侵害的所有情况都用侵权责任来解决。只不过产生了一个新的问题，当绝对权请求权的保护方式被侵权责任所涵盖后，《侵权责任法》第 6 条规定的过错归责原则就失去了普遍适用的根据。对此问题，魏振瀛认为，在将返还原物等物权请求权转而规定为侵权责任之后，作为独立一编规定的侵权责任的性质不再是侵权行为之债，返还财产、排除妨碍、消除危险等责任为无过错责任。[3] 但这种说法也有不足，无过错责任归责的条文依据是《侵权责任法》第 7 条，要求必须有法律的特别规定，返还原物、排除妨害、消除危险等责任形式并没有法律特别规定不需要过错[4]，所以显然《侵权责任法》在归责原则方面并没有做到有效地接纳绝对权请求权

---

[1] 参见〔日〕石田文次郎：《财产法中动的理论》，岩松堂书店 1942 年版，第 343 页。
[2] 参见林诚二：《论债之本质与责任》，林诚二：《民法理论与问题研究》，中国政法大学出版社 2000 年版，第 227 页。
[3] 参见魏振瀛：《〈民法通则〉规定的民事责任——从物权法到民法典的规定》，载《现代法学》2006 年第 3 期，第 58 页。
[4] 参见王轶：《民法原理与民法学方法》，法律出版社 2009 年版，第 193 页。

的内容。但是无可争议的事实是,《侵权责任法》规定的侵权责任已经脱离了债的观念了。

四、《民法典》最终确立作为民法独立范畴的民事责任

《侵权责任法》试图规定脱离债的观念的侵权责任,但是《民法总则》颁布后又一次扭转了这一趋势。《民法总则》现在成为《民法典》的总则编,其第五章第118条规定的内容明确债的观念还是存在的,侵权行为仍然是债的发生原因。事实上,依据《民法典》总则编第五章"民事权利"的结构,《民法典》的财产法体系已经基本确立了物债二分的结构,接下来的问题是在物债二分的体系之下,民事责任的单独成章是否意味着新的问题——民事责任和债务的关系需要重新解释。

(一)《民法典》总则编中"权利"和"责任"的对应关系

在"权利—义务—责任"构成的逻辑思路中,民事责任获得了独立范畴的地位,进而影响了整个民法典体系的构成,《民法通则》第五章第二节"债权"中并不包括侵权行为之债,但是在《民法典》总则编第五章"民事权利"第118条把侵权行为作为债的五种发生原因之一,因此,可以说《民法典》的"民事责任"和《民法通则》的"民事责任"在内涵上并不一致。"侵权"在《民法典》中成为一个内涵分裂的概念,既是债的发生原因的"侵权行为",也是包括了保护所有权利的后果归结的"侵权责任"。但是,应该明确这种表面上的错乱必然包含某种背后的合理性,民法解释学的功能应该是梳理其中的合理逻辑,这就应该从《民法典》总则编第五章规定的"权利"和第八章规定的"责任"的对应关系入手。

民事权利和民事责任的对应关系,源于近代民法以来发展形成的民事权利体系,不同民事权利构成的权利体系既有保护方法的不

同,也有共同点,对应权利体系而总结的权利保护方法即为民事责任的形式。[1] 基于权利和责任存在的对应关系,明确《民法典》总则编第五章规定的民事权利体系的构成,就能在一定意义上确定民事责任的体系构成。其一,人身权和财产权的区分。第 109 条至第 112 条规定了保护人格权、身份权以及随着社会发展而产生了基于个人信息而生的权利,基本上可以概括为人身权;第 113 条至第 125 条规定了物权、债权、知识产权、继承权、股权等权利,也在第 127 条列举了随着社会发展而产生的对于数据、网络虚拟财产的财产权,从整体看,人身权和财产权体系区分是明确的。其二,财产权又区分为物权、债权、知识产权、继承权、股权等投资性权利、数据和网络虚拟财产等新型财产权等六类权利,但从第 114 条、第 118 条两个条文看,物权和债权二分是财产权体系确立的基础,第 123 条、第 124 条、第 125 条、第 127 条规定的其他财产权都是这个体系的补充,或者说其他权利都是类比物权和债权而构建具体制度的。由此可以认为,在"权利—义务—责任"逻辑下,物权和债权都应该对应独立的民事责任,《民法通则》的处理是债权对应合同责任、不当得利责任、无因管理责任,物权对应侵权责任,但现在《民法典》总则编规定侵权行为是债的发生原因,则逻辑上(以物权为例)表现为:权利人享有物权,作为义务人的不特定人负有不得侵害物权的义务,但是特定人为侵害物权的侵权行为,因此发生侵害物权的侵权之债,基于此债务又产生民事责任,这里所说的"侵害物权"应该限于物毁损或灭失的情况,否则应该适用物权请求权对应的民事责任。另外,物权请求权对应的民事责任与侵权责任、违约责任等也是并列的。

《民法典》总则编第八章规定的"民事责任"虽然能够对应第

---

[1] 参见魏振瀛:《〈民法通则〉规定的民事责任——从物权法到民法典的规定》,载《现代法学》2006 年第 3 期,第 58 页。

五章的权利体系,但是逻辑上非常繁琐。刘士国就认为,《民法典》总则编对于民事责任规定的顺序排列,没有体现民事责任是违反民事义务后果的逻辑关系,而《民法通则》把民事责任紧接民事权利之后,更是没有体现民事法律关系内部构成要素与外部动因(法律事实)的逻辑关系[1],《民法典》也没有根本的改变。如此说来,看起来清晰的《民法典》规定的民事责任体系变得模糊起来,解释论上也产生了分歧。基于对民事责任内涵的不同理解,影响到民事责任的体系解释,进而导致对《民法典》总则编规定的民事责任适用范围理解也不同。崔建远认为,民事责任是民事主体违反第一性义务所产生的第二性义务[2],因此停止侵害、返还财产、排除妨碍、消除危险、恢复原状等方式不宜作为民事责任的方式,但是可以作为权利保护手段或曰救济方式,因而可以区分民事责任承担方式和权利救济方式,民事责任的着眼点在于不法行为及其实施主体,权利救济的侧重点则在权利人及其补救手段。[3] 此种观点是限缩了民事责任的范围,使民事责任不能对应所有的民事权利。与此相对,刘士国则认为,承担民事责任,是对违反民事义务人的民事制裁,是其违反民事义务应承担的法律后果[4],在违约与侵权两种责任之外,违反不当得利义务、违反无因管理义务及违反传统民法中的其他债,也应承担民事责任。[5] 不仅如此,物权请求权对应的也是民事责任的承担方式。而且不承认停止侵害、返还财产、排除妨碍、消除危险、恢复原状诸方式为民事责任承担方式不符合《民法典》文本的规定,《民法典》

---

[1] 参见刘士国:《论民法总则之民事责任规定》,载《法学家》2016年第5期,第144页。
[2] 参见崔建远:《民法总则应如何设计民事责任制度》,载《法学杂志》2016年第11期,第24页。
[3] 参见崔建远:《民法总则应如何设计民事责任制度》,载《法学杂志》2016年第11期,第26页。
[4] 参见刘士国:《论民法总则之民事责任规定》,载《法学家》2016年第5期,第140页。
[5] 参见刘士国:《论民法总则之民事责任规定》,载《法学家》2016年第5期,第140页。

并非简单按照违约和侵权两种责任解释民事责任的范围,应该从权利对应的角度去考虑,物权、人格权、知识产权等的绝对权也对应民事责任,其具体的承担责任方式可以概括为返还财产、消除危险等,而且这些承担责任方式不属于侵权责任,是违约责任和侵权责任以外的一种因保护绝对权而产生的民事责任,此种民事责任功能上对应传统的绝对权请求权的内容,侵权责任应该限定在如物的毁损、灭失一样的绝对权的不可恢复情况下的损害赔偿。

(二)作为民法范畴的民事责任对民法典体系的影响

第一,明确民事责任与各分则编的对应关系。《民法典》总则编第八章"民事权利"规定了民事权利体系,所以在"权利—义务—责任"的逻辑之下,民事责任作为保护权利后果应对应所有民事权利,民法典的所有分则编都应该有对应的民事责任的规定。在民法典编纂的讨论中,杨立新就认为,《民法典》总则编对民事责任规定了共通使用的一般性规定,是因为在民法分则各编都有关于各自民事责任的规定。[1]《民法典》第 179 条规定的"民事责任承担方式",是把《侵权责任法》第 15 条作为侵权责任承担方式规定的内容重新拿回总则编来作一般规定,从而可以解释民事责任一章中不仅规定了违约责任和侵权责任,还规定了与二者并列的妨碍物权的责任等保护各种绝对权的民事责任,即第 179 条第(二)(三)(四)项的规定。同时,侵权责任编删除了关于侵权责任承担方式的规定,这样就可以解释在对应民事责任方面,物权编和合同编、侵权责任编是并列的,《民法典》各分则编均系按照"权利—义务—责任"的逻辑关系展开。

第二,限缩侵权责任编承担责任方式的范围。因为《侵权责任

---

[1] 参见杨立新:《民法总则规定民事责任的必要性及内容调整》,载《法学论坛》2017 年第 1 期,第 13 页。

法》颁布的历史并不久远,一般意义上,《民法典》侵权责任编自然是接纳《侵权责任法》的全部内容,但需要注意的是,《侵权责任法》作为民事单行法虽然也要考虑体系逻辑的一致,却并没有真正严格的体系强制,尤其是在《民法通则》因时间和社会变迁而统摄能力日微的情况下,《侵权责任法》第 15 条的规定实际上就是一种缺乏体系认识的错位规定。将侵权责任法编和总则编作体系上一致的解释,这就需要按照民事责任的体系逻辑限缩侵权责任编的承担责任方式的范围,侵权责任应仅限于在绝对权招致如物的毁损灭失等需要损害赔偿的情形适用,而不是在能够通过返还财产、排除妨碍、消除危险等回复绝对权的圆满支配状态的情形下也可适用。如果不处理好绝对权请求权的内容脱离侵权责任适用的问题,就无法理顺侵权责任法与债法分离的问题,进而导致解释适用上的混乱。

第三,重新解释民事责任和侵权责任的关系。在民法典编纂过程中,就总则如何规定民事责任,存在回复传统民法民事责任仅为债法概念的观点,将侵害绝对权的后果归结为侵权责任,并和违约责任共同为民事责任[1],该观点没有区分物权请求权和民事责任的关系,其基本观点似乎表明民事责任仅为债法的概念,只不过需要独立,因为立法没有规定债法总则,而《民法典》确立的侵权责任承担方式有别于物权请求权的责任,同时因为保护权利的范围扩张至包括债权在内的各种人身和财产权益。作为债的发生原因的侵权行为对应的侵权责任,因为能够保护各种权利被放在最后一编,在将侵权责任法独立成编的体例下,实际上是对于民事责任进行两步抽象,第

---

[1] 参见刘士国:《论民法总则之民事责任规定》,载《法学家》2016 年第 5 期,第 141 页。试图把民事责任解释成回归传统民法的路线以以传统民法债的关系来解释民事责任的观点还有很多,例如,崔建远教授认为,民事责任分为三大类型,一是债务不履行责任,二是侵权责任,三是缔约过失责任。参见崔建远:《民法总则应如何设计民事责任制度》,载《法学杂志》2016 年第 11 期,第 28 页。

一步是将分则中的侵权责任抽象出来,归为侵权责任编;第二步是再将侵权责任、债务不履行民事责任的共通事项抽象出来规定与民法总则。[1] 民事责任制度体系构建的关键点都在于侵权责任的独立成编,同时也说明了在"权利—义务—责任"逻辑下按照民法典体系规定民事责任的难度。

可以说,民事责任的独立和与债的分离,改变了传统民法以请求权为保护权利方式的逻辑。虽然请求权保护的逻辑是顺畅的,《德国民法典》100多年的实践也证明了其是有效的,甚至中国的法官也因为法学教育的影响而普遍把"请求权"挂在嘴边,但需要注意的是,由于《民法典》的立法的逻辑已经脱离了德国法的逻辑,请求权保护转化为民事责任归结的替代逻辑。

民事责任制度自《民法通则》立法系统规定以来,历经30多年立法和理论演进的改变,其体系逻辑已经难以简单把握,立法者最初的想法缘起偶然,随着理论研究的渐进,尤其是对以德国民法为代表的传统民法理论研究的进步,我国理论界应逐渐意识到,创新理论和在制度上有所突破是异常困难的,民事责任作为民法的范畴构建制度需要理顺各种关系,《民法典》各分则编的解释应贯彻总则编有关民事责任体系逻辑的规定,但是有些问题,例如不同民事责任之间的竞合和冲突问题,应成为理论研究继续深入探讨的重要课题。

---

[1] 参见郭明瑞:《民法总则规定民事责任的正当性》,载《烟台大学学报》(哲学社会科学版)2014年第4期,第22页。

结　论

现代中国民法随着社会的发展变迁不断演化,其中财产法体系经受了来自内在和外在的各种因素的影响。虽然看起来和移植的欧洲大陆的民法体系还是很相像,但其实质已经发生了翻天覆地的变化。结合中国社会发展的现状和中国民法财产法的具体制度,来看待财产法体系的解释,成为民法学迫在眉睫的任务。由于民法典的编纂的历史契机,多数学者都着重于立法论的研究,试图提出立法建议,但如果没有解释论的深入探讨,恐怕看起来再美好的建议也只能是空中楼阁。笔者试图正视问题,从解释论的角度深入揭示财产法体系的真正内核。

财产法体系的基础是"人—物"对立区分的民法理念,即使现代社会发展冲击了传统观念对人和物的认识,究竟什么是人,什么是物,在现代社会的语境下恐怕很难简单说清楚,甚至出现了许多人和物纠结在一起的场合,但人格利益的保护和财产利益的保护仍然要依循不同的逻辑展开,人格权和财产权的截然区分的时代已经过去,但人格权和财产权遵循不同逻辑的时代还在延续,与人格利益相关的具有财产利益内容的权利还应该被认定为财产权,并遵循财产权的逻辑,只不过因为和人格利益密切相关还需要注意其对人格权的影响。而在物债二分的财产法体系中,物权和债权的区分还必须坚持,司法实践中存在物债混淆现象会在一定程度上冲击财产法科学的体系逻辑,进而破坏财产法制度构建的法律秩序。在坚持物债二分逻辑的基础上,还需要注意一些新生事物出现对既有体系的影响。随着网络虚拟财产等新生事物的出现,虽然仍然需要按照财产法的逻辑去解释,但其具有的和物权、债权皆有联系的新特征也必须得到关注,在法律没有为新生事物准备好规则的情况下,参照物权或债权的逻辑解决问题成为必须掌握的方法。财产法的体系逻辑不能容纳所有有关财产法的问题,在财产继承的场合,因为整体处理的原则,必然使物权和债权发生混淆的现象,而仅用物权的共有规则去解决共同继承财产的问题显然是错误的,虽然可以准用共有规则,但共同继承遗产场合的共同关系不同于物权法的共同共有,应继份和共有份额也不能画等号,在继承法没有作出具体规定的情况下,也必须参照物权共有的规范解释出其特有的规则来适用。传统财产权的典型类型也随着时代的发展发生了变化,由于社会主义公有制的经济基础决定,不动产尤其是土地所有权表现出了异于传统民法的特点,绝对所有权的观念被无形消解,公权力和私权相互影响。进而影响到所有权制度和用益物权制度,甚至物权法的基本原则也发生了适用上的修正。随着绝对所有权观念的逐渐消解,团体主义思维的相对所有权观念在具体制度上得到愈来愈明显的体现,现代法意义上的建筑物区分所有权成为所有权具体制度的特殊演进,但同时也代表了时代发展的新的趋势。而具有中国特色的土地制度,尤其是农村土地制度,也使财产法体系发生了本质的异化,传统的用益物权的逻辑虽然还要坚持,但"三权分置"的思维已经不是传统物权法的逻辑能够解释的,必须依循传统逻辑进一步展开,将物债二分的思维在"三权分置"的农地制度中贯彻。相对于物权在具体领域较多的变化,债法在具体层面好像基本坚持了传统民法的制度,但无论是从合同构成的基本理念还是侵权责任的独立分离,其实都证明了债法领域的变化可能是根本性的,合同以合意为基础受到了来自于合同解释以及合同义务确定等诸多方面的颠覆,签订合同越来越像是在做一道有关法定义务的选择题,公权力介入合同也成为一种常态。债与责任的分离进一步导致了合同和侵权顺应社会发展的巨大变迁,作为后果归结的侵权责任构成的理论还需要进一步解释融入民法体系。

  民法典的编纂并不是凭空而成的,既是对改革开放以来市场经济法制建设的成果总结,也是对民事司法实践的经验总结,从解释论的角度解释财产法体系既是对民法典编纂提供理论基础,也是确定对民法典解释逻辑的准备性工作,就民法理论的进化而言,解释论的研究都是必不可少的,而财产法体系所表现出来的需要修正的细节,也成为研究的重要起点。

参考文献

著作文献:

1. 常鹏翱:《物权程序的建构与效应》,中国人民大学出版社 2005 年版。

2. 常鹏翱:《物权法的展开与反思》(第 2 版),法律出版社 2017 年版。

3. 陈华彬:《建筑物区分所有权研究》,法律出版社 2007 年版。

4. 陈华彬:《民法物权》,经济科学出版社 2016 年版。

5. 陈小君等:《农村土地问题立法研究》,经济科学出版社 2012 年版。

6. 陈晓敏:《大陆法系所有权模式历史变迁研究》,中国社会科学出版社 2016 年版。

7. 崔建远:《物权法》(第五版),中国人民大学出版社 2020 年版。

8. 崔建远:《合同法》(第三版),北京大学出版社 2016 年版。

9. 丁关良:《土地承包经营权流转法律制度研究》,中国人民大学出版社 2011 年版。

10. 杜万华主编:《最高人民法院物权法司法解释(一)理解与适用》,人民法院出版社 2016 年版。

11. 杜万华主编:《〈第八次全国法院民事商事审判工作会议(民事部分)纪要〉理解与适用》,人民法院出版社 2017 年版。

12. 高富平:《土地使用权和用益物权——我国不动产物权体系研究》,法律出版社 2001 年版。

13. 高富平:《物权法》,清华大学出版社 2007 年版。

14. 高圣平、王天雁、吴昭军:《〈中华人民共和国农村土地承包法〉条文理解与适用》,人民法院出版社 2019 年版。

15. 高飞:《集体土地所有权主体制度研究》(第二版),中国政法大学出版社 2017 年版。

16. 郭明瑞、房绍坤、关涛:《继承法研究》,中国人民大学出版社 2003 年版。

17. 郭明瑞、房绍坤、於向平:《民事责任论》,中国社会科学出版社 1991 年版。

18. 韩世远:《合同法总论》(第四版),法律出版社 2018 年版。

19. 韩松等编著:《物权法》(第二版),法律出版社 2015 年版。

20. 韩振峰主编:《社会主义核心价值观基本问题研究报告》,社会科学文献出版社 2019 年版。

21. 贺雪峰:《地权的逻辑——中国农村土地制度向何处去》,中国政法大学出版社 2010 年版。

22. 黄薇主编:《中华人民共和国民法典释义》(上中下),法律出版社 2020 年版。

23. 季秀平:《物权之民法保护制度研究》,中国法制出版社 2006 年版。

24. 江平主编:《中国物权法教程》,知识产权出版社 2007 年版。

25. 金平主编:《民法通则教程》,重庆出版社 1987 年版。

26. 李国强:《物权法讲义》,高等教育出版社 2016 年版。

27. 李秀清:《日耳曼法研究》,商务印书馆 2005 年版。

28. 李宜琛:《日耳曼法概说》,中国政法大学出版社 2003 年版。

29. 李永军:《合同法》(第三版),法律出版社 2010 年版。

30. 李中原:《欧陆民法传统的历史解读——以罗马法与自然法的演进为主线》,法律出版社 2009 年版。

31. 梁慧星:《民法解释学》,中国政法大学出版社 1995 年版。

32. 梁慧星、陈华彬:《物权法》(第五版),法律出版社 2010 年版。

33. 林诚二:《民法理论与问题研究》,中国政法大学出版社 2000 年版。

34. 林旭霞:《虚拟财产权研究》,法律出版社 2010 年版。

35. 刘德权、陈裕琨、缪蕾编:《最高人民法院司法观点集成·民事诉讼卷I》(新编版),中国法制出版社 2017 年版。

36. 刘惠荣:《虚拟财产法律保护体系的构建》,法律出版社 2008 年版。

37. 刘言浩主编:《合同案件司法观点集成》(上册),法律出版社 2015 年版。

38. 马俊驹:《人格和人格权理论讲稿》,法律出版社 2009 年版。

39. 马俊驹、陈本寒主编:《物权法》(第二版),复旦大学出版社 2014 年版。

40. 马栩生:《登记公信力研究》,人民法院出版社 2006 年版。

41. 梅仲协:《民法要义》,中国政法大学出版社 1998 年版。

42. 孟勤国:《物权二元结构论——中国物权制度的理论重构》(第二版),人民法院出版社 2004 年版。

43. 苗延波:《中国民法体系研究》,知识产权出版社 2010 年版。

44. 潘灯、马琴译:《西班牙民法典》,中国政法大学出版社 2013 年版。

45. 邱聪智:《新订民法债编通则(下)》(新订一版),中国人民大学出版社 2004 年版。

46. 史尚宽:《物权法论》,中国政法大学出版社 2000 年版。

47. 石佳友:《民法法典化的方法论问题研究》,法律出版社 2007 年版。

48. 宋志红:《农村土地改革调查》,经济科学出版社 2016 年版。

49. 宋志红:《中国农村土地制度改革研究——思路、难点与制度建设》,中国人民大学出版社 2017 年版。

50. 苏永钦:《走入新世纪的私法自治》,中国政法大学出版社 2002 年版。

51. 苏永钦:《私法自治中的经济理性》,中国人民大学出版社 2004 年版。

52. 苏永钦:《民事立法与公私法的接轨》,北京大学出版社 2005 年版。

53. 孙弘:《中国土地发展权研究:土地开发与资源保护的新视角》,中国人民大学出版社 2004 年版。

54. 孙良国:《关系契约理论导论》,科学出版社 2008 年版。

55. 孙宪忠主编:《制定科学的民法典——中德民法典立法研讨会文集》,法律出版社 2003 年版。

56. 孙宪忠:《争议与思考——物权立法笔记》,中国人民大学出版社 2006 年版。

57. 孙宪忠编著:《物权法》(第二版),社会科学文献出版社 2011 年版。

58. 孙中山:《民权初步》,三民书局 1993 年版。

59. 佟柔主编:《民法原理》(修订本),法律出版社 1986 年版。

60. 王晨:《21 世纪人格权法的立法模式》,其木提译,载渠涛主编:《中日民商法研究》(第十卷),法律出版社 2011 年版。

61. 王洪亮:《物上请求权的功能与理论基础》,北京大学出版社 2011 年版。

62. 王洪亮、张双根、田士永主编:《中德私法研究》(2006 年第一卷),北京大学出版社 2006 年版。

63. 王利明:《国家所有权研究》,中国人民大学出版社 1991 年版。

64. 王利明:《违约责任论》(修订版),中国政法大学出版社 2000 年版。

65. 王利明:《物权法论》(修订本),中国政法大学出版社 2003 年版。

66. 王利明:《侵权行为法研究》(上卷),中国人民大学出版社 2004 年版。

67. 王利明主编:《民法》,中国人民大学出版社 2005 年版。

68. 王利明:《合同法研究(第三卷)》(第二版),中国人民大学出版社 2015 年版。

69. 王利明:《物权法研究》(第四版),中国人民大学出版社 2016 年版。

70. 王利明:《法律解释学导论——以民法为视角》(第 2 版),法律出版社 2017 年版。

71. 王利明等:《我国民法典体系问题研究》,经济科学出版社 2009 年版。

72. 王利明、杨立新、王轶、程啸:《民法学》(第五版),法律出版社 2017 年版。

73. 王珉:《建筑物区分所有权中的成员权行使研究》,法律出版社 2016 年版。

74. 王轶:《物权变动论》,法律出版社 2001 年版。

75. 王轶:《民法原理与民法学方法》,法律出版社 2009 年版。

76. 王泽鉴:《民法思维——请求权基础理论体系》,北京大学出版社 2009 年版。

77. 王泽鉴:《民法物权》(第二版),北京大学出版社 2010 年版。

78. 王泽鉴:《人格权法:法释义学、比较法、案例研究》,北京大学出版社 2013 年版。

79. 王泽鉴:《债法原理》(第二版),北京大学出版社 2013 年版。

80. 王泽鉴:《损害赔偿》,北京大学出版社 2017 年版。

81. 王竹:《侵权责任法疑难问题专题研究》(第二版),中国人民大学出版社 2018 年版。

82. 魏振瀛:《民事责任与债分离研究》,北京大学出版社 2013 年版。

83. 温丰文:《论共有》,三民书局 2011 年版。

84. 吴从周:《民事法学与法学方法:概念法学、利益法学与价值法学——探索一部民法方法论的演变史》,中国法制出版社 2011 年版。

85. 吴文平:《物权法原理》,知识产权出版社 2012 年版。

86. 奚晓明主编:《最高人民法院建筑物区分所有权、物业服务司法解释理解与适用》,人民法院出版社 2009 年版。

87. 奚晓明主编:《民事审判指导与参考》(2008 年第 3 集·总第 35 集),法律出版社 2009 年版。

88. 奚晓明主编,最高人民法院民事审判第二庭编著:《最高人民法院关于买卖合同司法解释理解与适用》,人民法院出版社 2012 年版。

89. 谢鸿飞:《合同法学的新发展》,中国社会科学出版社 2014 年版。

90. 谢在全:《民法物权论》(修订五版),中国政法大学出版社 2011 年版。

91. 徐国栋:《罗马私法要论——文本与分析》,科学出版社 2007 年版。

92. 徐国栋:《优士丁尼〈法学阶梯〉评注》,北京大学出版社 2011 年版。

93. 杨立新:《共有权理论与适用》,法律出版社 2007 年版。

94. 杨立新:《侵权法论》(第四版),人民法院出版社 2011 年版。

95. 杨立新:《物权法》,法律出版社 2013 年版。

96. 杨立新:《侵权责任法:条文背后的故事与难题》(第 2 版),法律出版社 2018 年版。

97. 杨良宜:《损失赔偿与救济》,法律出版社 2013 年版。

98. 姚明斌:《违约金论》,中国法制出版社 2018 年版。

99. 张红:《人格权总论》,北京大学出版社 2012 年版。

100. 张家勇:《合同法与侵权法中间领域调整模式研究——以制度互动的实证分析为中心》,北京大学出版社 2016 年版。

101. 张俊浩主编:《民法学原理》,中国政法大学出版社 1991 年版。

102. 张奎:《罗马法上的合意》,载《甘肃政法学院学报》2012 年第 6 期。

103. 张平华、刘耀东:《继承法原理》,中国法制出版社 2009 年版。

104. 张素华:《请求权与债权的关系及请求权体系的重构——以债法总则的存废为中心》,中国社会科学出版社 2012 年版。

105. 张新宝:《侵权责任法原理》,中国人民大学出版社 2005 年版。

106. 张新宝:《侵权责任法》(第四版),中国人民大学出版社 2016 年版。

107. 张新宝:《〈中华人民共和国民法总则〉释义》,中国人民大学出版社 2017 年版。

108. 张玉敏:《继承法律制度研究》(第二版),华中科技大学出版社 2016 年版。

109. 赵廉慧:《财产权的概念——从契约的视角分析》,知识产权出版社 2005 年版。

110. 郑华译:《苏俄民法典》,法律出版社 1956 年版。

111. 周树基:《美国物业产权制度与物业管理》,北京大学出版社 2005 年版。

112. 朱广新:《合同法总则研究》(下册),中国人民大学出版社 2018 年版。

113. 朱虎:《法律关系与私法体系——以萨维尼为中心的研究》,中国法制出版社 2010 年版。

114. 卓洁辉:《区分所有建筑物专有与共有部分的区分标准问题研究》,法律出版社 2012 年版。

115. 中国社会科学院法学研究所民法研究室编:《苏俄民法典》,马骧聪、吴云琪译,王家福、程远行校,中国社会科学出版社 1980 年版。

116. 全国人大常委会法制工作委员会民法室编著:《物权法(草案)参考》,中国民主法制出版社 2005 年版。

117. 最高人民法院物权法研究小组编著:《〈中华人民共和国物权法〉条文理解与适用》,人民法院出版社 2007 年版。

118. 全国人民代表大会常务委员会法制工作委员会民法室编:《中华人民共和国物权法条文说明、立法理由及相关规定》,北京大学出版社 2007 年版。

119. 全国人大常委会法制工作委员会民法室编:《侵权责任法立法背景与观点全集》,法律出版社 2010 年版。

120. 国家法官学院案例开发研究中心编:《中国法院 2015 年度案例·物权纠纷》,中国法制出版社 2015 年版。

121. 《马克思恩格斯全集》(第一卷),人民出版社 1995 年版。

122. 〔德〕鲍尔/施蒂尔纳:《德国物权法》(上册),张双根译,法律出版社 2004 年版。

123. 〔德〕鲍尔/施蒂尔纳:《德国物权法》(下册),申卫星、王洪亮译,法律出版社 2006 年版。

124. 〔德〕迪尔克·罗歇尔德斯:《德国债法总论》(第 7 版),沈小军、张金海译,中国人民大学出版社 2014 年版。

125. 〔德〕迪特尔·梅迪库斯:《德国债法总论》,杜景林、卢谌译,法律出版社 2004 年版。

126. 〔德〕弗里德里希·卡尔·冯·萨维尼:《论立法与法学的当代使命》,许章润译,中国法制出版社 2001 年版。

127. 〔德〕汉斯·哈腾鲍尔:《民法上的人》,孙宪忠译,载《环球法律评论》2001 年冬季号。

128. 〔德〕黑格尔:《法哲学原理》,范扬、张企泰译,商务印书馆 1961 年版。

129. 〔德〕霍尔斯特·海因里希·雅科布斯:《十九世纪德国民法科学与立法》,王娜译,法律出版社 2003 年版。

130. 〔德〕卡尔·拉伦茨:《法学方法论》,陈爱娥译,商务印书馆 2003 年版。

131. 〔德〕卡尔·拉伦茨:《德国民法通论》,王晓晔、邵建东、程建英、徐国建、谢怀栻译,法律出版社 2003 年版。

132. 〔德〕卡尔·拉伦茨:《法律行为解释之方法——兼论意思表示理论》,范雪飞、吴训祥译,邵建东校,法律出版社 2018 年版。

133. 〔德〕康德:《法的形而上学原理——权利的科学》,沈叔平译,商务印书馆 1991 年版。

134. 〔德〕康德:《道德形而上学》(注释本),张荣、李秋零译注,中国人民大学出版社 2013 年版。

135. 〔德〕雷纳·弗兰克、托比亚斯·海尔姆斯:《德国继承法》,王葆莳、林佳业译,中国政法大学出版社 2014 年版。

136. 〔德〕罗尔夫·克尼佩尔:《法律与历史——论〈德国民法典〉的形成与变迁》,朱岩译,法律出版社 2003 年版。

137. 〔德〕马克斯·卡泽尔、罗尔夫·克努特尔:《罗马私法》,田士永译,法律出版社 2018 年版。

138. 〔德〕维尔纳·弗卢梅:《法律行为论》,迟颖译,法律出版社 2013 年版。

139. 〔俄〕E. A. 苏哈诺夫主编:《俄罗斯民法》(第 1 册),黄道秀译,中国政法大学出版社 2011 年版。

140. 〔法〕弗朗索瓦·泰雷、菲利普·森勒尔:《法国财产法》,罗结珍译,中国法制出版社 2008 年版。

141. 〔荷〕胡果·格劳秀斯:《格劳秀斯私法导论》,张淞纶译,法律出版社 2015 年版。

142. 〔美〕伯尔曼:《信仰与秩序——法律与宗教的复合》,姚剑波译,中央编译出版社 2011 年版。

143. 〔美〕布赖恩·Z. 塔玛纳哈:《法律工具主义:对法治的危害》,陈虎、杨洁译,北京大学出版社 2016 年版。

144. 〔美〕黄宗智:《法典、习俗与司法实践:清代与民国的比较》,上海书店出版社 2007 年版。

145. 〔美〕黄宗智:《中国的隐形农业革命》,法律出版社 2010 年版。

146. 〔美〕黄宗智:《实践与理论——中国社会、经济与法律的历史与现实研究》,法律出版社 2015 年版。

147. 〔美〕詹姆斯·戈德雷:《现代合同理论的哲学起源》,张家勇译,法律出版社 2006 年版。

148. 〔美〕理查德·波斯纳:《法律的经济分析(第七版)》(中文第二版),蒋兆康译,法律出版社 2012 年版。

149. 〔美〕罗杰·伯科威茨:《科学的馈赠——现代法律是如何演变为实在法的?》,田夫、徐丽丽译,法律出版社 2011 年版。

150. 〔美〕麦克尼尔:《新社会契约论》,雷喜宁、潘勤译,中国政法大学出版社 1994 年版。

151. 〔美〕昂格尔:《现代社会中的法律》,吴玉章、周汉华译,中国政法大学出版社 1994 年版。

152. 〔美〕斯蒂芬·芒泽:《财产理论》,彭诚信译,北京大学出版社 2006 年版。

153. 〔美〕约翰·E.克里贝特、科温·W.约翰逊、罗杰·W.芬德利、欧内斯特·E.史密斯:《财产法:案例与材料》(第七版),齐东祥、陈刚译,中国政法大学出版社 2003 年版。

154. 〔日〕奥田昌道编集:《新版注释民法(10)Ⅱ》,有斐阁 2011 年版。

155. 〔日〕加藤雅信:《新民法大系·物权法》,有斐阁 2005 年版。

156. 〔日〕石田文次郎:《财产法中动的理论》,岩松堂书店 1942 年版。

157. 〔日〕我妻荣:《新订物权法》,〔日〕有泉亨补订,罗丽译,中国法制出版社 2008 年版。

158. 〔日〕五十岚清:《人格权法》,〔日〕铃木贤、葛敏译,北京大学出版社 2009 年版。

159. 〔日〕喜多了祐:《外观优越的法理》,千仓书房 1976 年版。

160. 〔苏〕格里巴诺夫、科尔涅耶夫:《苏联民法》(上册),中国社会科学院法学研究所民法经济法研究室译,法律出版社 1984 年版。

161. 〔英〕巴里·尼古拉斯:《罗马法概论》,黄风译,法律出版社 2000 年版。

162. 〔英〕冈特·特雷特尔:《二十世纪合同法的几个里程碑》,杨帆译,易继明校,北京大学出版社 2009 年版。

163. 〔英〕霍布斯:《利维坦》,黎思复、黎廷弼译,商务印书馆 1985 年版。

164. 〔英〕梅因:《古代法》,沈景一译,商务印书馆 1959 年版。

期刊文献:

1. 白江:《德国住宅楼管理制度之研究及启示》,载《中外法学》2008 年第 2 期。

2. 白江:《传统与发展:德国建筑物区分所有权法的现代化》,载《法学》2008 年第 7 期。

3. 蔡立东:《行政审批与权利转让合同的效力》,载《中国法学》2013 年第 1 期。

4. 蔡立东、姜楠:《农地三权分置的法实现》,载《中国社会科学》2017 年第 5 期。

5. 常鹏翱:《物上之债的构造、价值和借鉴》,载《环球法律评论》2016 年第 1 期。

6. 常鹏翱:《存量房买卖网签的法律效力》,载《当代法学》2017年第1期。

7. 陈传法:《人格财产及其法律意义》,载《法商研究》2015年第2期。

8. 陈锋:《从"祖业观"到"物权观":土地观念的演变与冲突——基于广东省Y村地权之争的社会学分析》,载《中国农村观察》2014年第6期。

9. 陈华彬:《业主大会法律制度探微》,载《法学》2011年第3期。

10. 陈甦:《城市化过程中集体土地的概括国有化》,载《法学研究》2000年第3期。

11. 陈华彬:《论区分所有建筑物的管理规约》,载《现代法学》2011年第4期。

12. 陈世杰:《唤醒"三权"的巨大能量》,载《中国农村金融》2014年第22期。

13. 陈小君:《构筑土地制度改革中集体建设用地的新规则体系》,载《法学家》2014年第2期。

14. 陈小君:《我国农村土地法律制度变革的思路与框架——十八届三中全会〈决定〉相关内容解读》,载《法学研究》2014年第4期。

15. 陈晓敏:《论大陆法上的集体所有权——以欧洲近代私法学说为中心的考察》,载《法商研究》2014年第1期。

16. 程雪阳:《土地发展权与土地增值收益的分配》,载《法学研究》2014年第5期。

17. 程雪阳:《国家所有权概念史的考察和反思》,载《交大法学》2015年第2期。

18. 戴孟勇:《物权法共有制度的反思与重构——关于我国〈物权法〉"共有"章的修改建议》,载《政治与法律》2017年第4期。

19. 戴永盛:《共有释论》,载《法学》2013年第12期。

20. 丁关良、阮韦波:《农村集体土地产权"三权分离"论驳析——以土地承包经营权流转中"保留(土地)承包权、转移土地经营权(土地使用权)"观点为例》,载《山东农业大学学报(社会科学版)》2009年第4期。

21. 董学立:《论"不动产的善意取得与无权占有"——兼评"连成贤诉臧树林排除妨害纠纷案"》,载《法学论坛》2016年第6期。

22. 杜志红:《法定继承中遗产分割纠纷的时效限制》,载《河北法学》2016年第6期。

23. 房绍坤:《建筑物区分所有权的构造》,载《法学研究》1994年第2期。

24. 房绍坤:《论继承导致的物权变动——兼论继承法相关制度的完善》,载《政法论丛》2018年第6期。

25. 房绍坤、曹相见:《标表型人格权的构造与人格权商品化批判》,载《中国社会科学》2018年第7期。

26. 冯乐坤:《共同继承遗产的定性反思与制度重构》,载《法商研究》2011年第2期。

27. 冯玉华、张文方:《论农村土地的"三权分离"》,载《经济纵横》1992年第9期。

28. 傅鼎生:《不动产善意取得应排除冒名处分之适用》,载《法学》2011年第12期。

29. 高飞:《论集体土地所有权主体之民法构造》,载《法商研究》2009年第4期。

30. 高飞:《农村土地"三权分置"的法理阐释与制度意蕴》,载

《法学研究》2016年第3期。

31. 高富平:《我国居住物业法律制度设计的缺陷及校正——物业小区开放的目的和意义》,载《河北法学》2017年第11期。

32. 高圣平:《新型农业经营体系下农地产权结构的法律逻辑》,载《法学研究》2014年第4期。

33. 高圣平、刘守英:《集体建设用地进入市场:现实与法律困境》,载《管理世界》2007年第3期。

34. 郭继:《土地承包经营权抵押的实践困境与现实出路——基于法社会学的分析》,载《法商研究》2010年第5期。

35. 韩鹏:《物权法视野中的农地承包权流转》,载《内蒙古农业大学学报(社会科学版)》2006年第4期。

36. 韩世远:《违约金的理论问题——以合同法第114条为中心的解释论》,载《法学研究》2003年第4期。

37. 韩世远:《民法的解释论和立法论》,载《人民法院报》2005年5月18日,第5版。

38. 韩松:《论成员集体与集体成员——集体所有权的主体》,载《法学》2005年第8期。

39. 韩松:《集体建设用地市场配置的法律问题研究》,载《中国法学》2008年第3期。

40. 韩松:《农村改革与集体所有权的完善》,载《江海学刊》2009年第1期。

41. 黄本莲:《普通公众肖像权侵害判定中的利益衡平——以典型的判决书为基础》,载《南京大学法律评论》2013年秋季卷。

42. 黄芬:《人格要素的财产价值与人格权关系之辨》,载《法律科学(西北政法大学学报)》2016年第4期。

43. 黄忠:《民法如何面对公法:公、私法关系的观念更新与制度构建》,载《浙江社会科学》2017 年第 9 期。

44. 霍存福:《中国古代契约精神的内涵及其现代价值——敬畏契约、尊重契约与对契约的制度性安排之理解》,载《吉林大学社会科学学报》2008 年第 5 期。

45. 荚振坤:《概括继承、遗产及遗产债务的清偿——我国〈继承法〉第三十三条评价》,载《法学杂志》1995 年第 3 期。

46. 姜福晓:《人格权财产化和财产权人格化理论困境的剖析与破解》,载《法学家》2016 年第 2 期。

47. 金可可:《私法体系中的债权物权区分说——萨维尼的理论贡献》,载《中国社会科学》2006 年第 2 期。

48. 金可可:《论支配权概念——以德国民法学为背景》,载《中国法学》2006 年第 2 期。

49. 金印:《冒名处分他人不动产的私法效力》,载《法商研究》2014 年第 5 期。

50. 匡小明:《试论"赋予农民更多财产权利"的政策含义和对策建议》,载《中国井冈山干部学院学报》2014 年第 6 期。

51. 冷传莉:《论人格物的界定与动态发展》,载《法学论坛》2010 年第 2 期。

52. 李大何:《未来民法典中人格权财产利益的保护模式》,载《华东政法大学学报》2017 年第 4 期。

53. 李东琦:《论惩罚性违约金的调整》,载《当代法学》2013 年第 6 期。

54. 李国强:《绝对所有权观念的检讨——以不动产所有权的观念变迁为视角》,载《吉林大学社会科学学报》2007 年第 3 期。

55. 李国强:《相对所有权观念在所有权平等保护中的解释论应用》,载《法制与社会发展》2009 年第 3 期。

56. 李国强:《"权能分离论"的解构与他物权体系的再构成——一种解释论的视角》,载《法商研究》2010年第1期。

57. 李国强:《论共同继承遗产的分割规则——以〈物权法〉的解释和〈继承法〉的修改为视角》,载《法学论坛》2013年第2期。

58. 李国强:《论农地流转中"三权分置"的法律关系》,载《法律科学(西北政法大学学报)》2015年第6期。

59. 李国强:《论不动产善意取得的构成与法律效果——评"连某诉臧某排除妨害纠纷案"》,载《山东社会科学》2016年第11期。

60. 李国强:《建筑物区分所有权内涵的重新解释和规则厘清——基于民法典物权编编纂的展开》,载《河南社会科学》2018年第8期。

61. 梁慧星:《制定中国物权法的若干问题》,载《法学研究》2000年第4期。

62. 李慧、宋晓亭:《论脐血干细胞的法律属性及其归属》,载《科技与法律》2017年第5期。

63. 李康宁、王秀英:《国家所有权法理解析》,载《宁夏社会科学》2005年第4期。

64. 李岩:《虚拟财产继承立法问题》,载《法学》2013年第4期。

65. 李拥军:《从"人可非人"到"非人可人":民事主体制度与理念的历史变迁——对法律"人"的一种解析》,载《法制与社会发展》2005年第2期。

66. 李永杰、靳书君:《马克思主义所有制术语的汉译与概念生成——以〈共产党宣言〉汉译为线索》,载《北京行政学院学报》2018年第1期。

67. 李忠夏:《宪法上的"国家所有权":一场美丽的误会》,载《清华法学》2015年第5期。

68. 林旭霞:《虚拟财产权性质论》,载《中国法学》2009年第1期。

69. 刘保玉:《盗赃与诈骗所及财物的善意取得和赔偿责任问题探讨——由一起骗卖房屋的纠纷案谈起》,载王利明主编:《判解研究》2009年第2辑。

70. 刘德良、许中缘:《物权债权区分理论的质疑》,载《河北法学》2007年第1期。

71. 刘贵祥:《论行政审批与合同效力——以外商投资企业股权转让为线索》,载《中国法学》2011年第2期。

72. 刘青文:《论共有的法律适用——以〈物权法〉为视角》,载《河北法学》2008年第9期。

73. 刘守英:《中共十八届三中全会后的土地制度改革及其实施》,载《法商研究》2014年第2期。

74. 刘守英:《农村集体所有制与三权分离改革》,载《中国乡村发现》2014年第3期。

75. 刘守英、邵夏珍:《贵州湄潭实行"增人不增地,减人不减地"24年的效果与启示》,载《中国乡村发现》2012年第4期。

76. 刘士国:《中国胚胎诉讼第一案评析及立法建议》,载《当代法学》2016年第2期。

77. 刘小玲:《制度变迁中的城乡土地市场发育研究》,中山大学出版社2005年版。

78. 鲁春雅:《论不动产登记簿公信力制度构成中的善意要件》,载《中外法学》2011年第3期。

79. 马凤娟、赵红霞、孙秀芳:《对我国农地产权"三权分离"相关问题的思考》,载《农业经济》2015年第1期。

80. 马新彦、邓冰宁:《论不动产占有的公示效力》,载《山东社会科学》2014 年第 3 期。

81. 马新彦、石睿:《论知识经济时代空间隐私权的侵权法保护——以美国侵权法空间隐私权保护为启示的研究》,载《法律科学(西北政法大学学报)》2010 年第 2 期。

82. 孟强:《论建筑物区分所有中管理规约的效力范围》,载《法学论坛》2009 年第 6 期。

83. 潘俊:《农村土地"三权分置":权利内容与风险防范》,载《中州学刊》2014 年第 11 期。

84. 彭诚信:《论民事主体》,载《法制与社会发展》1997 年第 3 期。

85. 齐恩平:《业主区分所有之共有权论》,载《北方法学》2008 年第 6 期。

86. 齐恩平:《业主区分所有之相邻权研究》,载《法学杂志》2009 年第 3 期。

87. 亓同惠:《重新理解"国家所有":类型、依据及其绩效风险》,载《华东政法大学学报》2019 年第 2 期。

88. 冉克平:《肖像权上的财产利益及其救济》,载《清华法学》2015 年第 4 期。

89. 任超:《区分所有建筑物共有部分的界定——从实证规范和理论学说的角度展开论述》,载《河北法学》2016 年第 5 期。

90. 石佳友:《区分所有建筑物中专有部分与共有部分的划分——兼评〈建筑物区分所有权司法解释(征求意见稿)〉第 2 条、第 3 条》,载《政治与法律》2009 年第 2 期。

91. 税兵:《自然资源国家所有权双阶构造说》,载《法学研究》2013 年第 4 期。

92. 宋志红:《三权分置下农地流转权利体系重构研究》,载《中国法学》2018 年第 4 期。

93. 隋彭生:《论肖像权的客体》,载《中国法学》2005 年第 1 期。

94. 孙良国:《夫妻间冷冻胚胎处理难题的法律解决》,载《国家检察官学院学报》2015 年第 1 期。

95. 孙宪忠:《再论我国物权法中的"一体承认、平等保护"原则》,载《法商研究》2014 年第 2 期。

96. 孙学致、韩蕊:《特约生效要件成就前合同的效力——未生效合同概念批判之一》,载《当代法学》2011 年第 6 期。

97. 谭峻:《区分所有建筑物空间关系与登记簿重构的思考》,载《中国房地产》2014 年第 8 期。

98. 汤文平:《德国法上的批准生效合同研究》,载《清华法学》2010 年第 6 期。

99. 王雷:《我国民法典编纂中的团体法思维》,载《当代法学》2015 年第 4 期。

100. 王利明:《不动产善意取得的构成要件研究》,载《政治与法律》2008 年第 10 期。

101. 王利明:《论人格权商品化》,载《法律科学(西北政法大学学报)》2013 年第 4 期。

102. 王利明:《使人格权在民法典中独立成编》,载《当代法学》2018 年第 3 期。

103. 王琦:《德国法上意思表示和法律行为理论的新发展——兼论对中国民法总则立法的启示》,载《清华法学》2016 年第 6 期。

104. 王卫国:《现代财产法的理论建构》,载《中国社会科学》2012 年第 1 期。

105. 王泽鉴:《人格权保护的课题与展望——人格权的性质及构造:精神利益与财产利益的保护》,载《人大法律评论》2009 年卷。

106. 温世扬:《财产支配权论要》,载《中国法学》2005 年第 5 期。

107. 温世扬:《析"人格权商品化"与"人格商品化权"》,载《法学论坛》2013 年第 5 期。

108. 温世扬:《农地流转:困境与出路》,载《法商研究》2014 年第 2 期。

109. 温世扬:《论"标表型人格权"》,载《政治与法律》2014 年第 4 期。

110. 温世扬:《集体经营性建设用地"同等入市"的法制革新》,载《中国法学》2015 年第 4 期。

111. 温世扬、武亦文:《物权债权区分理论的再证成》,载《法学家》2010 年第 6 期。

112. 吴汉东:《论财产权体系——兼论民法典中的"财产权总则"》,载《中国法学》2005 年第 2 期。

113. 吴汉东:《财产权的类型化、体系化与法典化——以〈民法典(草案)〉为研究对象》,载《现代法学》2017 年第 3 期。

114. 谢海定:《国家所有的法律表达及其解释》,载《中国法学》2016 年第 2 期。

115. 谢海定:《中国法治经济建设的逻辑》,载《法学研究》2017 年第 6 期。

116. 谢晓尧:《商品化权:人格符号的利益扩张与衡平》,载《法商研究》2005 年第 3 期。

117. 徐涤宇:《非常态缔约规则:现行法检讨与民法典回应》,载《法商研究》2019 年第 3 期。

118. 徐国栋:《商品经济的民法观源流考》,载《律师世界》2002 年第 5 期。

119. 徐国栋:《体外受精胎胚的法律地位研究》,载《法制与社会发展》2005 年第 5 期。

120. 许德风:《不动产一物二卖问题研究》,载《法学研究》2012 年第 3 期。

121. 许中缘:《论民法解释学的范式——以共识的形成为研究视角》,载《法学家》2015 年第 1 期。

122. 许中缘:《未生效合同应作为一种独立的合同效力类型》,载《苏州大学学报(法学版)》2015 年第 1 期。

123. 杨立新、王中合:《论网络虚拟财产的物权属性及其基本规则》,载《国家检察官学院学报》2004 年第 6 期。

124. 姚辉:《关于人格权商业化利用的若干问题》,载《法学论坛》2011 年第 6 期。

125. 姚明斌:《违约金双重功能论》,载《清华法学》2016 年第 5 期。

126. 叶金强:《精神损害赔偿制度的解释论框架》,载《法学家》2011 年第 5 期。

127. 叶兴庆:《从"两权分离"到"三权分离"——我国农地产权制度的过去与未来》,载《中国党政干部论坛》2014 年第 6 期。

128. 尹田:《人格权独立成编的再批评》,载《比较法研究》2015 年第 6 期。

129. 尤佳:《业主共有权行使主体研究——一种团体主义视角下的法经济学分析进路》,载《法商研究》2013 年第 2 期。

130. 张红:《肖像权保护中的利益平衡》,载《中国法学》2014 年第 1 期。

131. 张静:《不动产占有公示效力否定论——"连成贤诉臧树林"案的批判性分析》,载《苏州大学学报(法学版)》2017 年第 3 期。

132. 张力:《国家所有权遁入私法:路径与实质》,载《法学研究》2016 年第 4 期。

133. 张鹏:《论共同共有中共有份额优先购买权》,载《学习与探索》2016 年第 5 期。

134. 张仁枫、杨继瑞:《我国农村"三权"抵押贷款的实践与存在的问题》,载《南方农村》2012 年第 9 期。

135. 张双根:《共有中的两个问题——兼谈对〈物权法(草案)〉"共有"章的一点看法》,载《比较法研究》2006 年第 2 期。

136. 张玉敏:《论限定继承制度》,载《中外法学》1993 年第 2 期。

137. 赵紫玉、徐梦洁、於海美:《构建我国农地产权"三权分离"模式——现行农地产权制度改革的设想》,载《国土资源科技管理》2006 年第 6 期。

138. 郑立:《论合意(协议)是合同理论的基石》,载《法学家》1993 年第 4 期。

139. 郑倩:《社会主义核心价值观入法入规的民法路径——以公益性私权时代价值研究而展开》,载《求是学刊》2019 年第 2 期。

140. 朱道林、王健、林瑞瑞:《中国农村土地制度改革探讨——中国土地政策与法律研究圆桌论坛(2014)观点综述》,载《中国土地科学》2014 年第 9 期。

141. 朱广新:《不动产适用善意取得制度的限度》,载《法学研究》2009 年第 4 期。

142. 朱广新:《土地承包权与经营权分离的政策意蕴与法制完善》,载《法学》2015 年第 11 期。

143. 朱虎:《物权请求权的独立与合并——以返还原物请求权为中心》,载《环球法律评论》2013 年第 6 期。

144. 朱岩:《强制缔约制度研究》,载《清华法学》2011年第1期。

145.〔日〕潮见佳男:《日本债权法的修改与合意原则》,徐慧译,载《交大法学》2014年第3期。

后 记

　　从解释论的角度梳理我国民法的财产法体系,这个想法由来已久,2014年,我以"解释论视野下财产法体系研究"为题获批主持国家社科基金项目。申请项目时的想法是对改革开放以来的民法解释论研究进行系统的整理,并在此基础上形成对财产法体系的总结。但是,其后的研究却很难按照最初的想法简单进行下去,因为我试图寻找一条简洁的线索,也在反复思考一个问题:为什么我国的法学理论和司法实践之间有那么多的差异。在不能很容易找到答案的情况下,我开始逐渐尝试从具体问题入手进行思考。在累积了几个阶段性的想法之后,我形成了一个初步的认识:虽然我国民法移植的是西方法律的传统,但在中国的法意识和法文化浸染下,我们早已对民法理论产生了诸多中国式的误读,因此,在没有形成中国话语的情况下,盲目回答中国问题的中国方案是肤浅的;对于财产法体系的思考也应该在传统民法和中国现实之间寻找平衡点,让中国问题的解决真正回归法律的逻辑,而不是恣意解释和乱用名词。

　　2014年中国共产党第十八届中央委员会第四次全体会议通过的《中共中央关于全面推进依法治国若干重大问题的决定》提出"编纂民法典",其后我国开始了民法典的编纂,立法论的研究成为时尚。但是,民法典的编纂是建立在对改革开放30多年的经验总结的基础上,我对于财产法体系的解释论研究也正好应景,于是从具体问题思考到整体思考,终于在2019年10月提交了结项成果,该成果也被鉴定为优秀结项成果,作为一部书稿成为本书的前身。结项之后,我继续对书稿进行修改;2020年5月28日《民法典》颁布,我又开始结合《民法典》的规定进行系统的研究,对书稿进行了较大幅度的修改和完善,甚至删去了一些不必要的章节,增加了一些新的章节;2020年12月,最高人民法院公布了《民法典》相关的司法解释,我又对书稿进行了一次修改。

2020年我调离学习和工作了23年的吉林大学,入职大连海事大学。此前,因为家庭的原因,我从2013年7月到2020年12月在长春和大连之间奔波了7年多,在大连是为了照顾家庭,在长春是为了工作。这7年多之间无数次的700公里高铁的往返,对于常人来说是难以理解的,唯有我自己知道:难以割舍的是对吉林大学的感情。对于我来说,老师、师兄、同学,一切都那么亲切,一切都和自己的生活融为一体。在准备调离吉林大学时,我和我指导的研究生约定,每月继续"法学方法研究会"的阅读讨论,于是我每月继续往返长春一次,就像我对财产法的研究一样,一切还在继续。但我终究还是离开了母校。还记得2020年7月,我一个人开车拉着几箱书离开长春,每到一个服务区,我都会用微信发一下地点给长春的朋友,内心的不舍无法用语言形容。

书稿完成后,还需要对帮助过我的各位师友表达一下感谢。

感谢我的导师马新彦教授,老师对我的恩情,不是"感谢"二字可以表达的。自从成为老师的学生,人生的每一步路都有老师的关心和指导,包括财产法体系的研究,很多问题都是在和老师的讨论中逐渐清晰的。我虽然已经毕业多年,但仿佛又从未毕业。感谢房绍坤教授,房老师作为"长江学者"加盟吉林大学,成立了吉林大学财产法研究中心,我作为中心副主任给房老师当助手,在研究工作方面得到房老师的诸多指点,房老师严谨、勤奋,是我学习的榜样。感谢蔡立东教授,蔡老师既是我工作中的领导,也是我的良师益友,虽然蔡老师作为副校长工作很忙,但每次讨论问题都让我收获颇丰。感谢李建华教授,作为我编辑工作的领导,《当代法学》编辑部总是在不停进步,我也在李老师的指点下不断前行。感谢民法教研部的各位老师,孙学致教授是我生活中的理想,曹险峰教授是我工作中的榜样,李洪祥老师是让我常常感到温暖的师长,李昕师姐好像是我的亲姐姐,还有我的同学张丹丹老师、我的师弟王国柱老师都是我的亲人,离开长春最舍不得的就是这些师长亲友,这本书也是在各位老师的提点下完成的。感谢吉林大学法学院的领导和老师,何志鹏院长等的诸多帮助感怀在心,何老师也是我学生时代的老师,诸多教导让我受用终生。感谢我的师兄孙良国教授,他是对我学习、生活、工作帮助最多的人;感谢师兄以及王立栋副教授、贾志强副教授、邢斌文副教授、鲍文强博士等"小分队"的各位在长春的陪伴,一起吃饭和讨论问题的经历是我在长春最幸福的回忆。

感谢彭诚信教授,我的学生时代对我影响非常大的老师,即使老师离开吉林大学多年,每次交流仍然给我诸多指导帮助。感谢陈小君教授、韩松教授、高圣平教授、高富平教授、高飞教授、张洪波教授、王洪平教授、耿卓教授、宋志红教授、黄忠教授、单平基教授等,是土地法制研究让我有幸向诸位老师学习求教,诸位教授都是鞭策我进步的良师益友。感谢李昊教授,民法学界最著名的群主,颇有大哥风范。感谢张闯教授、霍海红教授,既是我的同学,也是我最好的朋友,和你们讨论问题让我成长。

感谢大连海事大学的领导和老师,大家对我的包容和帮助让我感恩在心。尤其是初北平校长和徐燕书记对我到海大工作提供了诸多帮助,让我铭记于心。

感谢我的妻子王潇和我的女儿李坤泽、李奕澄。回到大连工作就是为了家人,家人确实是我人生中最重要的人,不管从哪里回到家里,我都感到家是最温暖的地方。感谢父母、岳父母多年的关照,让我能安心写作。

  感谢我的同学靳振国编辑促成了书稿的出版,振国同学细致的工作让书稿的水平不断提高。

  修改好书稿后,这个后记的致谢写了很久,因为有太多的感谢不知从何说起,希望以后能好好努力,不负所有帮助过我的人。

李国强

于大连南台山下寓所

2021 年 2 月 26 日草

2022 年 2 月 26 日修改